本书系浙江外国语学院博达科研提升专项计划"'五位一体'的新时代高校生涯教育体系建构"（2022HQZZ2）、浙江省教育厅大学生思想政治教育专项课题"'五位一体'的新时代高校生涯教育体系建构"（Y202249446）研究成果

浙江外国语学院博达丛书

"五位一体"的新时代
高校生涯教育体系建构

The Construction of Five-sphere Integrated System for
the Cultivation of College Students in the New Era

陶 诚 刘 涛◎著

ZHEJIANG UNIVERSITY PRESS
浙江大学出版社
·杭州·

目　录

引　言

以系统思维建构高校生涯教育新体系

党的十九大正式宣告,中国特色社会主义进入新时代,这是我国经济社会发展新的历史方位。在这种新的历史方位中,我国社会主要矛盾已经转化为人民日益增长的美好生活需要和不平衡不充分的发展之间的矛盾①。中国社会主要矛盾的转型,对新时代教育改革发展提出了新的使命和要求,追求更公平、更有质量的美好教育,成为新时代教育改革发展最显著的特征。

促使受教育者追寻美好又完整的人是教育的永恒使命②。这既是教育本质的体现,也是教育实现其价值的内在要求。教育是促进人的生存和发展、提升生命质量的活动。近年来,在对教育本质和目标的追问之中,人们越来越清晰地感觉到,教育的核心价值在于促进生命成长,在于实现人类幸福。由此,从教育与幸福的维度推动教育变革成为教育内涵发展的新生动力。教育需通过有目的、有计划、有组织的人类活动教授个体生存所需的知识与技能,培育、塑造、提升个体内在的生命品质,为每个受教育者提供承载人类终极关怀的有价值的教育,赋予受教育者终极关怀以塑造受教育者的终极价值,使他们成为有灵魂、有追求的个体,以严肃的态度对待自己的学习与生活、生命价值、职业取向,换言之,就是为受教育者的终身幸福担当③。这就是教育与幸福的内在逻辑关系,也是推动

---

　　① 习近平.决胜全面建成小康社会 夺取新时代中国特色社会主义伟大胜利——在中国共产党第十九次全国代表大会上的报告[M].北京:人民出版社,2017.

　　② 孟筱,蔡国英,周福盛.新时代教育发展的历史逻辑、理论意涵与实践路径[J].北方民族大学学报(哲学社会科学版),2019(6):149-153.

　　③ 向晶.追寻目标:学生幸福的教育关照[J].全球教育展望,2014(11):17-24.

教育改革和发展的原始起点。

然而,值得注意的是,幸福既是现在的,也是未来的①。未来属性是幸福的一个重要特点。这一方面意味着对于幸福的追求是驱动生命个体不断超越现实走向未来的强大力量,另一方面也意味着教育对人类幸福的关怀不能仅仅聚焦于当下的生活,也应该着眼于未来的发展。正是从这个意义出发,生涯教育作为教育促进人类幸福的重要方式,开始成为教育改革与发展的重要关注点,成为教育研究的热点领域和教育实践的施力重心。

1971年,美国教育总署署长马兰(S. P. Marland)博士正式提出了"生涯教育"的概念,他认为就业指导不是单一的知识技能,也不是单纯以事业为中心的就业指导,生涯教育应该将单一的以知识技能与从事职业为中心的就业指导和个体的价值观、职业观教育相融合,并贯穿个体一生②。生涯教育的存在目的就是消除教育与现实生活、当前工作之间的壁垒,提升个体的生活方式与就业状况,使个体更好地适应社会的变迁与发展。21世纪以来,国际经济形势迅猛发展,新兴职业不断涌现,传统教育与当今社会人才储备需求间的矛盾日显。在人本主义思想与终身教育理念的影响下,关注个体职业幸福感与满意度的教育理念充盈各国。在此背景下,以个体职业幸福感和个体满意度为核心的生涯教育进入教育视野,各国逐渐将生涯教育纳入21世纪教育改革与人才培养规划之中③。

与此同时,在生涯教育与学校育人体系的整体变革互动之中,生涯教育与德育、课程、教学、教师发展、学生成长等学校教育的关键词之间的结合越来越紧密,生涯教育成为撬动学校育人体系改革的新支撑点,成为各级各类教育体系中不可或缺的重要组成部分。其中最为显著的标志就是生涯教育研究的文献产出数量总体上呈现增长态势,研究的领域和主题越来越丰富(见表0-1),这一切都有力地支撑了生涯教育的实践变革。

---

① 高德胜. 幸福·道德·教育[J]. 华东师范大学学报(教育科学版),2012,30(4):1-8.
② 南海,薛勇民. 什么是"生涯教育"——对生涯教育概念的认知[J]. 中国职业技术教育,2007(3):5-6.
③ 李金碧. 生涯教育:基础教育不可或缺的领域[J]. 教育理论与实践,2005(7):15-18.

表 0-1　近年来国内外"生涯教育"研究前沿主题①

年　份	研究前沿主题			
2010	学校职业教育目标	教学质量	职业发展变数	面对面教学
2011	职业理想	教学能力	创业能力	职业发展
2012	职业性别差异	教学信念	人格因素模型	职业满意度
2013	自我效能	职前教育	成就动机理论	早期职业研究
2014	自我效能信念	后备职业动机	社会认知理论	职业选择
2015	职业自我管理	职业教育工作者	职业咨询	健康职业生涯
2016	性别意识形态	职业自我导向	大五人格特质	
2017	职业价值观	职业能力情境化	叙事生涯理论	
2018	职业决策自我效能感	创业能力	生涯规划意识	
2019	生涯教育改革	生涯教育迁移	新时代生涯教育	生涯素养
2020	新时代生涯教育	生涯教育体系	大中小学衔接	生涯素养

　　作为学术研究和教育思想的生涯教育发端于国外,但是就生涯教育的内容及其所传递的思想看,生涯教育并非近年来才出现的新生事物。时至今日,生涯教育已然成为中国特色教育体系的重要组成部分,并且已经在实践中积累了丰富的经验。特别是在高等教育体系中,生涯教育的引入最早,探索也最为丰富。但总体上看,在当前的高等教育体系中,生涯教育往往是游离于正规的课程体系、教学体系和人才培养体系之外的,生涯教育的课程内容体系不健全,教学手段单一,师资力量薄弱,生涯教育的吸引力不足,对学生生涯的积极作用难以得到真正的发挥。这一切问题的存在,尽管是众多因素综合作用的结果,但究其根本,导致生涯教育低效的最重要元素就是生涯教育的碎片化、零散化。

　　新时代的高校生涯教育改革,是一项复杂的系统工作,其核心与关键是要解决两个层面的问题:

　　其一,要凸显生涯教育在人才培养体系中的重要贯通价值。任何层面的教育改革都无法回避价值层面的拷问。换言之,教育改革作为一种社会实践活动,是在一定的价值观指导下有意识、有目的的活动。价值是人与世界交往过程中的经验累积,表达了人类相互依存关系构成的生活关系。在一定的价值关系中,由于客观世界纷繁复杂,客观事物满足人需要的多样性,而主体人的利益需要和

---

① 潘黎,孙莉.国际生涯教育研究的主题、趋势与特征[J].教育研究,2018,39(11):144-151.

认识水平又有不同,这就决定了主客体之间价值关系的多样性[①]。在这种多样性的价值体系中,学生的全面成长与发展是最为根本、最为重要的。自教育产生之后,教育的本质始终是成人对于学生生活经验的主动干预,因此,学生的成长是教育的基本价值所在,也是不同历史阶段教育改革的基本目的所在。改革作为对各主体之间社会利益关系变迁或调整的行为,就是要构建满足极大多数人的需要的社会利益关系。因此,教育改革应该以追求人的全面发展作为其终极价值标准。从终极目标上说,评价教育改革成功与否的标准,要看教育改革在多大程度上促进了学生的全面发展[②]。高等教育是一个完整的育人体系,各部分教育活动在促进学生全面发展的实践中承担着不同的作用,尽管这种作用在内容和方式上存在差异,但其核心价值是相通的,那就是赋能学生全面发展。从这个角度出发,通过新时代高校生涯教育体系的重构,能够将零散的育人元素围绕学生全面发展进行有效串联和整合,更好地实现生涯教育促进学生全面发展的核心价值。

其二,要用系统思维推进高校生涯教育的体系建构。系统思维,是在复杂性问题的研究过程中提出的新的思维方式。按照复杂性问题的理论,所谓有组织的复杂性,主要指生命和社会领域的事物,特点是组成因素众多,形成有内在联系的整体,呈现整体大于部分之和的效应[③]。作为一种特殊的思维方式,系统思维就是有意识地运用"系统"一词中所把握的这种特殊的整体性概念来梳理我们的思想[④],强调把握对象的整体性,强调把思维成果系统化。正如前文所言,尽管近年来高校学生生涯教育的改革探索已取得较多显著的成效,但是,生涯教育的设计与实施普遍没有纳入人才培养的系统之中,没有用现代课程与教学理念重塑生涯教育的模式与实践路径,没有着眼学生的全面发展来整合生涯教育的元素。这就导致了生涯教育不成体系,缺少整体设计和实践,其成效不高也就在所难免。基于此,本书首次提出生涯教育的系统化建构理念,以学生的全面发展为核心价值指向,整合高校生涯教育元素,建构"以理想信念教育为引领,以专业素养教育为基础,以跨文化交际教育为特色,以就业创业教育和社会实践教育为支撑"的"五位一体"的新时代高校生涯教育体系,以系统思维推进生涯教育的变革与创新。

---

① 袁国,贾丽彬. 人的全面发展:教育改革的基本价值标准[J]. 教育理论与实践,2018,38(20):7-9.
② 袁国,贾丽彬. 人的全面发展:教育改革的基本价值标准[J]. 教育理论与实践,2018,38(20):7-9.
③ 苗东升. 系统思维与复杂性研究[J]. 系统辩证学学报,2004(1):1-5,29.
④ 切克兰德. 系统论的思想与实践[M]. 左晓思,史然,译. 北京:华夏出版社,1990.

　　笔者在高校工作多年,社会学、教育学的学习和研究经历,加上工作的性质,使得笔者对大学生生涯教育的价值与问题有较为直观和深刻的认识。上述研究命题提出后,笔者以样本学校的实践为基础开展思考研究。同时,笔者领衔的项目组以参与杭州市大学生就业创业项目理论研究为契机,对研究建构的模型、生成的方法等进行了区域层面的推广辐射,研究成果获得杭州市人力资源和社会保障部门的肯定,并被收录到杭州多所高校联合编纂的大学生生涯教育教材之中。这种推广和肯定,也在一定程度上体现了"五位一体"的生涯教育体系在理念和实践之中的价值。

　　在此基础上,笔者经过更深层次的思考和更系统的实践探索,结合新时代高校人才培养的现实需求,对"五位一体"的生涯教育体系相应的理论和实践问题进行了进一步思考和探索,特别是着眼于生涯教育的一贯性、系统性,补充了生涯教育的大学、高中衔接问题,让"五位一体"的生涯教育体系更加完善,更具开放性和包容性,最终形成本书稿,期待以这种一线教育工作者的"草根研究",勇担新时代高校生涯教育变革的使命,也通过高质量的生涯教育体系建构,更好地回应新时代高等教育高质量人才培养体系建构的现实问题,更好地赋能学生德智体美劳的全面发展。

第一章

奠　基——高校生涯教育研究的基础分析

教育与社会的关系是教育的两大基本关系之一,准确认识和把握教育与社会的关系是确保教育在社会中顺当发展的思想前提。改革开放以来,教育学界对教育和社会之间的关系基本可归纳为两句话,即教育既受社会制约,又反作用于社会[①]。对这两句话再进行深入分析可以发现,就教育的社会属性而言,本也不存在纯而又纯的教育[②]。教育发展需要相应的社会条件作为保障,教育自身的变革也在有力地回应和促进社会的发展。因此,真正有价值的教育活动或者教育变革,必须与社会的发展、时代的发展同频共振,必须顺应时代发展潮流,聚焦关键性问题,在主动的建构和创新中实现教育改革与社会发展的和谐共鸣。

中国正处于社会经济发展的重要转折期,经济增长方式转变,产业结构调整,使许多企业的人才需求模式发生了较大的改变。伴随着经济结构的调整,我国高等教育也经历了较大的发展与变革。根据《全国教育事业发展统计公报》,中国高等教育的毛入学率从 1998 年的不足 2%,提高到 2004 年的 15%,到 2010 年的 26.5%,到 2016 年的 42.7%,再到 2020 年的 54.4%。换言之,经过 20 多年的快速发展,中国高等教育成功地从精英教育向大众化教育过渡。与此同时,根据国家统计局的统计数据,自 1999 年中国实行高等院校大规模扩招后,中国的普通本专科毕业生数亦保持大幅度增长,从 1999 年的 84.8 万人增长到 2018 年的 753 万人,数量增加了近 8 倍(见表 1-1)。

---

① 南京师范大学教育系.教育学[M].北京:人民教育出版社,1984.
② 吴康宁.教育究竟是什么——教育与社会关系的再审思[J].教育研究,2016,37(8):4-12.

表 1-1　1999—2018 年普通本专科毕业生数　　　　　单位：万人

年　份	2018	2017	2016	2015	2014	2013	2012	2011	2010	2009
普通本专科毕业生数	753	736	704.2	680.9	659.4	639	624.7	608.2	575	531.1

年　份	2008	2007	2006	2005	2004	2003	2002	2001	2000	1999
普通本专科毕业生数	512	448	377.5	306.8	239.1	188	133.7	103.6	95	84.8

高等院校毕业人数增加，意味着进入劳动力市场找寻工作的大学生人数增加。但随着中国经济结构向供给侧方向的调整，经济运行从以前的高速增长逐渐转变为高质量增长，经济增速放缓，就业弹性降低。我国大学生在就业方面显现的问题日渐增多，亦日趋复杂，这是大学生的发展危机，甚或可以说是生存危机。当承载着国家、社会、家长等无限期望的大学生不能就业之时，人们对大学的质疑、思考、希冀就不再限于枝节或某些方面，而是触及大学的根本。破解大学生就业困难，提升大学生的能力与素养，不仅是优化高等教育人才培养体系的重要课题，也已经成为党和政府，乃至整个社会普遍关注的重要问题。

习近平总书记在党的十九大报告中指出，就业是最大的民生。要坚持就业优先战略和积极就业政策，实现更高质量和更充分就业[①]。大学生的就业问题，不仅关系到国计民生、社会和谐稳定，还关系到经济发展与民族复兴。大学生就业问题的产生，表面上是因为高校扩招，造成毕业生基数庞大，但究其根本主要是外因与内因两个方面。就外因来说，主要是社会转型对大学生就业造成较大影响。具体来说，其一是当前中国社会正在由传统社会向现代社会转型，转型期中的中国面临着经济结构的战略性调整，人才市场供需矛盾显现，高等教育的学科和专业培养难以跟上这种变化，造成毕业生就业困难；其二是企事业单位吸收毕业生的能力下降。具体表现为政府机构与事业单位大幅度精简，国有企业改组改造、减员增效等措施，使过去的毕业生主要接收渠道变得日趋狭窄；其三是大学生就业市场与就业体系不够健全，人力资本价格机制还未形成，就业信息不灵，就业成本高，难度大。

就内因来说，有的大学毕业生就业如鱼得水，有的却举步维艰，问题的根

[①]　编写组.中国共产党第十九次全国代表大会文件汇编[M].北京：人民出版社，2017.

源还在于大学毕业生自身。伴随着我国经济制度与人事制度的调整,大学生就业制度也发生了翻天覆地的变化,逐渐从"统包统配"与"包当干部"向"双向选择"与"自主择业"转变。大学毕业生不再是天之骄子,之前"千军万马争过独木桥"的现象也变成了"千万大学生参加招聘会"。在此过程中,一方面,大学生不仅要实现"学校人"向"社会人"的角色转换,而且还要进行准确的社会定位;另一方面社会对大学生提出了更高的要求,基本定位于复合型人才,不仅需要知识面广、人品优异,更要求实践能力强、团队协作力好、心理素质硬等。大学毕业生个体未能取得社会所认可的"毕业证书"是大学生就业难的关键性因素。

在内外因的共同作用下,大学毕业生就业难成为不争的事实。但实质上全面建成小康社会需要数以亿计的高素质劳动者。一方面大学毕业生总量远超市场所能提供的岗位数量而引起"供求关系失衡";另一方面却又存在着"大学生就业难,企业招人难"的"人才供应悖论"。有学者将这种"说难不难,说不难也难"的尴尬现象总结为"有效供给不足与无效供给过剩的矛盾现象"[①]。而产生这一矛盾的根本就是大学生的自身就业能力的严重不足。

因此,在就业竞争如此激烈的今天,只有构建更全面、更完善的大学生生涯教育体系,将生涯规划、决策能力内化为一种素质,全面地认清就业形势和自身特点,全方位提升大学生的自身素质,才能缓解大学生的就业压力,破解大学生就业困境。

第一节　新时代高校生涯教育研究的背景

高校生涯教育的改革是复杂性教育改革体系中的重要一环,也是更好地重构政府、学校、社会关系的重要纽带。作为一项有目的、有计划、有意识的社会性变革活动,其变革理念的提出、路径的设计和成效的达成都不是偶然的,而是植根于对当代中国经济社会发展特征的深刻把握,对中国高等教育改革与发展现实问题的清醒认识以及大学生生涯教育实践经验的系统总结基础上。具体而言,本书的研究背景主要集中在以下四个方面。

---

① 孙长缨.当代大学生就业研究[M].北京:高等教育出版社,2008.

一、充分关注大学生就业问题的时代背景

习近平总书记在党的十九大报告中指出:"经过长期努力,中国特色社会主义进入了新时代,这是我国发展新的历史方位。"这是党中央对当前所处的历史方位作出的重大战略判断,这一判断对指导我国未来社会发展方略谋断、政策制定、制度安排等都具有极为重大的意义[①]。进入新时代的中国经济社会发展面临着很多新的问题,也呈现出一些新的特征和要素,其中对于民生的关注被提到了一个更高的高度。在党的十九大报告中,习近平总书记先后十二次提及"民生",确立了民生理念,牢固树立了"以人民为中心"的发展思想;将民生理念可操作化为民生实务,确定人民群众最关心最直接最现实的民生五大领域(就业、教育、医疗、居住和养老);为解决"民生五难",努力推进民生建设七项内容[②](优先发展教育事业、提高就业质量和人民收入水平、加强社会保障体系建设、坚决打赢脱贫攻坚战、实施健康中国战略、打造共建共治共享的社会治理格局、有效维护国家安全)[③]。上述系列重要论述的提出和相应的举措设计充分表明,关注民生、保障民生是新时代党和政府的重要奋斗目标,是经济社会改革与发展的重要施力点。

审视民生建设,就无法忽视就业工作。就业关系着经济增长、结构升级、民生改善与社会和谐,决定着国民参与社会经济活动、共享经济发展成果的方式与程度,是我国经济社会发展中的重大问题。就业是最大的民生,是经济社会发展的基石。党和政府历来重视就业工作,从"十二五"时期的就业优先战略,至"十三五"规划纲要中的实施就业优先战略,实施更加积极的就业政策,创造更多就业岗位,着力解决结构性就业矛盾,鼓励以产业带就业,实现比较充分和高质量就业。党的十八大以来,习近平总书记高度关注和重视就业工作,多次发表关于就业问题的系列重要讲话。2013年,习近平总书记在天津视察时强调就业是民生之本,就业是永恒的课题,改善民生根本是要解决就业问题;2016年,习近平总书记在与知识分子、劳动模范、青年代表座谈时指出,坚决扫除制约广大劳动群众就业创业的体制机制和政策障碍,不断完善就业创业扶持政策、降低就业创业成本,支持广大劳动群众积极就业、大胆创业。对于青年学生的就业创业工

① 张建云.新时代的内涵阐释[J].学术界,2018(9):18-26.
② 童星.新时代民生概念辨析[J].内蒙古社会科学(汉文版),2019,40(1):2,19-23.
③ 罗来君.十九大报告聚焦"民生":坚持以人民为中心的发展思想[EB/OL].(2017-11-06)[2022-05-10].http://theory.people.com.cn/n1/2017/1106/c148980-29628235.html.

作,习近平总书记曾多次强调,青年学生富有想象力和创造力,是创新创业的有生力量。希望广大青年学生把自己的人生追求同国家发展进步、人民伟大实践紧密结合起来,刻苦学习,脚踏实地,锐意进取,在创新创业中展示才华、服务社会;在党的十九大报告中,习近平总书记又一次强调了"就业是最大的民生"。由此可见,关注和解决民生问题是新时代经济社会发展的关键问题,而更好地实现就业,化解社会就业问题则是其中的关键环节。

大学生的就业问题是整个社会就业问题的缩影,也是其中最为复杂的组成部分之一。关注和解决大学生就业难问题不仅是一个教育问题,更是一个社会问题。在当今全球经济一体化不断深化、新一轮科技革命加速演进的趋势下,世界各国综合国力的竞争本质越来越体现为创新的竞争。创新是引领发展的第一动力,是提高社会生产力和综合国力的战略支撑。实施创新驱动发展战略是有效推动经济社会发展动力根本转换、实现中华民族伟大复兴的中国梦的关键途径。大学生是推动社会发展、实现民族振兴的重要有生力量,大学生的就业创业能力、创新创造意识在很大程度上决定了国家和民族的整体创新能力与发展水平。正是基于这样的认识,注重生涯教育,解决大学生就业难问题,越来越成为高等教育改革过程中政府、社会和高校均重视的命题。优化大学生生涯教育体系,提升大学生的就业能力、创业能力,已经成为新时代社会发展和教育改革中无法回避的现实问题,具有鲜明的时代特征。

二、大学生就业困难不断加剧的社会背景

高校毕业生就业,涉及千家万户,影响学生一生,被党中央、国务院列为就业工作的重中之重,领导关心、群众关注、媒体聚焦[①]。习近平总书记明确指出,高校毕业生就业问题,关乎社会安定稳定,一定要高度重视。要强化就业创业服务体系建设,支持帮助学生们迈好走向社会的第一步[②]。然而,进入新世纪以来,随着我国高等教育规模的急剧扩张和经济社会转型发展,大学生就业困难问题越来越突出,成为影响教育发展、社会稳定和人民幸福的重要问题。在经济下行的大背景下,部分企业提高用人门槛、缩减招聘规模乃至停止了面向应届生的校园招聘,也为负重求职的大学生们增加了压力。学生找不到满意的工作,思想负担过重,不仅容易产生悲观、失望的情绪,引发个人和家庭的生存危机、心理危

---

① 荆德刚.新常态视角下的大学生就业形势与任务[J].中国高教研究,2015(12):37-40.
② 徐京跃,霍小光.青年要自觉践行社会主义核心价值观[N].人民日报,2015-04-05.

机,还成了影响学校安全和社会安宁的不稳定因素。

大学生就业困难的原因是多方面的,其中首要的是高等教育自身结构的影响。重视数量、忽视质量,高校的大面积扩招,为大学生就业带来压力。我国在实行教育改革之后,高校为求发展,实行大规模扩招,大学生数量从 2001 年的114 万增加到 2018 年的 820 万,近年来高校毕业生人数更是呈现出逐年递增的态势。十几年来,高校扩招为国家培养出了更多的大学生,但是相对于数量的增长幅度,质量的提升情况仍待观望。学生数量激增,对学生的就业带来冲击。同时,学校专业设置不合理,不能顺应社会发展需求。为了招生需要,部分高校在专业设置时,着眼于该专业能招收的学生数量,而忽视了该专业对学生长远发展的规划。部分高校虽具有较大的办学规模,但专业不精,对专业缺乏长远考虑,只要能招到学生,就跟风设置专业。没有市场的支撑,这些专业毕业出来的学生走上社会的第一课便是就业难。

其次,过去一段时期我国经济发展方式的影响。过去几十年我国经济持续高速增长,但这个时期我国的经济增长是粗放式的,也就是以消耗大量能源、资源甚至污染环境为代价的增长。这样的发展方式很难让大学生实现充分就业。从各国的发展历程来看,随着工业化和城市化的不断推进,产业结构也必随之发生变化,主要是农业和工业的比重不断减少,服务业的比重不断提升。产业结构的不断转换和迭代升级,需要教育机构供应具有相当知识水平与知识结构的劳动力,与此同时,教育带来的创新积累也会促进各产业的高质量发展。而我国的经济增长长期以来主要靠第二产业(即工业)的发展带动,第三产业(即服务业)发展缓慢。现有的服务业又以低端服务业为主,能够适合大学生就业的高端服务业更少。

此外,高校和社会对于大学生的就业创业教育与帮扶机制不够健全,成效不够明显,也是导致大学生就业困难的重要因素。高等教育之于劳动力市场,既相对独立,又相互牵制,甚至在不同发展阶段影响彼此的内涵和构成。多年的扩招,我国高等教育早已进入大众化阶段。但众多高校的办学理念、课程设置、培养方案、教学方法等仍停留在精英教育阶段,这就导致人才供给与用人单位的需求矛盾[1]。近年来,很多高校尽管设置了相应的生涯教育课程、创新创业教育课程,但是在课程体系的建构、课程内容的选择、师资力量的配备和教学方法的设计上没有很好地呼应社会发展与学生需求,导致就业创业教育实效性不高,再加

---

① 赖德胜.大学生就业难在何处[J].求是,2013(20):52-54.

上政府、社会和家庭没有与学校一起建构起完善的就业创业教育、支持和帮扶体系,导致很多大学生在踏上社会之时并没有形成科学的就业观念,没有养成相应的就业创业能力和素养,其在就业市场上难以找到自己的心仪岗位也就"顺理成章"了。

三、高校生涯教育低效的教育背景

总体而言,就业观念陈旧、就业能力不足和就业创业意识缺乏是大学生就业困难的重要原因,而上述能力培养的成效与高校提供高等教育服务的数量与质量[①],特别是生涯教育的成效密切相关。自1991年10月国务院发布《关于大力发展职业教育的决定》以来,我国对职业教育的重视程度不断提高。从规定职业学校需开展职业指导,到强调职业教育在现代化建设中的重要地位,到将大学生职业发展与就业指导课程列入教学计划,以及近年来在学校教学与管理两项基本职能外,加入"发展"职能,均预示着职业教育向职业生涯教育转变。在此过程中,职业生涯教育的理念日趋完善,并逐步走向体系化、内涵式的发展向度,逐渐成为高校育人体系中的重要组成部分。

激发大学生职业生涯发展的自主意识,树立正确的就业观,促使大学生理性地规划自身未来的发展,并努力在学习过程中自觉地提高就业能力和生涯管理能力,这是2007年教育部发布的《大学生职业发展与就业指导课程教学要求》中的有关课程教学要求。十多年来,在严峻的就业压力与国家相关政策的推动下,各高校结合自身的人才培养特色,陆续开展生涯教育,取得了显著的成效,即普遍成立了学校专门的生涯教育管理和组织机构;普遍建构了适应于本校学生需要的生涯教育课程,为大学生提供职业能力、职业兴趣等的测试,成立了相应的师资团队,保证了生涯教育的课时量;普遍注重通过职业生涯规划大赛和主题性质的社会实践活动提升大学生生涯规划的实践能力;普遍注重加强高校与校外组织、企事业单位等之间的合作,引入优质的校外教育资源,提升高校生涯教育的整体质量与水平。但值得注意的是,尽管高校生涯教育这几年在实践中取得了一定的成效,但这一新型的教育模式和教育体系在理念、架构和实践操作上依然存在着诸多突出的问题。比如,生涯教育内容局限于就业创业教育。若仅仅以就业为导向进行专业、课程以及管理方面的改革,意味着高校要时刻关注劳动

---

① 黄敬宝.就业能力与大学生就业——人力资本理论的视角[M].北京:经济管理出版社,2008.

力市场的变化,做出应对,而市场本身是多变的,这将让高校陷入应接不暇的尴尬境地,未必就能获得所谓的"就业优势"。又比如,生涯教育实施的主体不明确。有的学校由创业学院统筹实施,有的学校由校团委、学工部、教务处等行政部门负责实施。单部门主导的生涯教育有助于落实责任,但也受制于各部门工作职责的界限而无法统筹全校资源,更难以调动师资力量,生涯教育也就只能停留在活动组织、竞赛参与的层面,无法实现真正的第一、第二课堂联动的局面①。这就导致生涯教育工作被当作一项独立的工作在开展,而不能很好地融入人才培养和教学体系中。再如,生涯教育的课程体系建设相对滞后。目前来看,各高校基本是以选修课的形式开展生涯教育,课程内容老套,课程形式单一,开设数量较少,无法惠及全体学生。而且,多数高校没有形成系统完善的课程设置,教材选取也比较随意,课堂教学缺乏权威性,导致生涯教育缺少科学完善的课程载体和教学依据。另如,生涯教育的师资建设不够健全。教师质量是决定教育质量的最关键因素,目前高校实施的生涯教育,实施的主体大多是高校学生思政辅导员,受限于自身学历和专业,他们对于生涯教育的整体把握和教育方式往往难以满足开展教育的实际需要,生涯教育的专业化水平整体偏低。尽管有学校认识到这一问题,加强了学校与企业及其他校外机构的合作,引进了一些兼职的生涯教育导师,但是名义上的导师、开展工作的零散性、指导实践的不规律性等都难以从根本上解决高校生涯教育师资团队整体质量不高的窘境。

上述诸多问题的存在从根本上影响了高校生涯教育的实施成效。综合现有的相关实证研究结论,结合笔者在高校一线开展学生工作的实践体验,学生对于高校生涯教育的总体满意度不高,不少学生修读生涯教育课程只是迫于学分压力下的无奈之举,大量学生表示不知道在生涯教育课堂上自己到底学到了什么。面对这样的问题,首要的任务固然是持续推进高校生涯教育的理念与方式改革,优化课程体系,改进教学方式,不断提升师资队伍的整体水平。同时也应该清醒地认识到,高校的基本职能是教学、科研和服务社会,其人才培养质量的高低自然会关乎大学生的就业能力水平,但这只是重要影响因素而非唯一的决定性因素。在大学生就业难的背景下,高等教育人才培养质量几乎被等同于就业,给高校带来了莫大的压力,甚至影响到部分高校的自我发展定位,使其

---

① 温雅.我国高校创业教育的现状、问题及完善——基于 25 所高校《2014 年毕业生就业质量报告》的分析[J].江西社会科学,2015,35(3):251-255.

"迷失于杂多、纷繁、流变甚至毫无基本共识的外在诉求当中"[①]。换言之,若高校的生涯教育仅仅是帕森斯式的"就业安置",那与真正的生涯教育内涵相去甚远。

四、倡导个体全面发展的现实背景

全球化、信息化趋势导致社会变革加速,科学技术迅猛发展,各类新兴职业不断涌现,人与人之间的联系更加密切,合作机会愈加增多,社会和文化变得空前复杂和多元,价值观、情感观念、人际关系等冲突不可避免,对人的综合素质也提出了更高的要求。教育所能做的,是培养人的全面发展能力[②]。人的全面发展是教育的终极目标与根本价值取向,但人的全面发展并不是一个静止的概念,其内涵随着社会的发展不断深化。

顺应新时代教育理念,我国的生涯教育也不仅仅是单纯的就业指导行为,而是更关注受教育者的幸福与成长,其根本目标是促进人的全面发展。2014 年 3 月,教育部在《关于全面深化课程改革落实立德树人根本任务的意见》中指出,需研究各学段学生发展核心素养体系,明确学生应具备的适应终身发展和社会发展需要的必备品格与关键能力。而在全球化发展日益加剧的今天,若是要加快构建人类命运共同体,进一步提升国家的国际影响力、感召力、塑造力,加大我国世界话语权[③],就需培养年轻一代的全球素养能力。

2016 年 9 月,习近平总书记在中共中央政治局第 35 次集体学习会上指出,参与全球治理需要一大批熟悉党和国家方针政策、了解我国国情、具有全球视野、熟练运用外语、通晓国际规则、精通国际谈判的专业人才[④]。根据习近平总书记对全球治理人才的描述,全球素养涵盖多维度能力,不仅要求个体了解"本土"与"全球"的问题,更应了解世界文化的多样性、差异性,以包容理解的姿态去欣赏不同的思维模式和世界观,并进行有效的跨文化交际,为全球发展贡献力量。在此基础上,有学者提出,培育大学生全球素养应涵盖三个方面:其一是熟知我国的国情和政情,其二是具备全球视野和跨文化沟通能力,其三是具有参与

---

① 阎光才.毕业生就业与高等教育类型结构调整[J].北京大学教育评论,2014,12(4):89-100,185.
② 时龙.追问"人的全面发展"[J].教育科学研究,2010(5):1.
③ 马建堂.构建人类命运共同体为世界贡献中国智慧[J].内蒙古水利,2020(6):2-4.
④ 习近平:加强合作推动全球治理体系变革 共同促进人类和平与发展崇高事业[EB/OL].(2016-09-29)[2022-05-10].http://www.cac.gov.cn/2016/09/29/c_1119646058.htm? from=timeline.

全球治理所需要的国际知识储备①。

生涯教育无论是作为一种教育理念抑或是教育实践，作为高校育人体系的重要环节，更应立足培养什么人、为谁培养人的根本性问题，遵循人才成长规律，着眼更高维度进行科学顶层设计，基于大学生的全面发展，建构契合时代发展和学生成长的特色模式。而从当前时代发展和人才培养趋势看，大学生的全球素养越来越成为人才培养的重要目标向度。《国家中长期教育改革和发展规划纲要（2010—2020 年）》提出，要培养大批具有国际视野、通晓国际规则、能够参与国际事务和国际竞争的国际化人才。2017 年，《国家教育事业发展"十三五"规划》要求提升人才供给能力，使各类人才服务国家和区域经济社会发展、参与国际竞争的能力显著增强。因此，高校的生涯教育，不应局限于就业指导，而应在提高专业教育质量的同时，提高大学人才培养的综合质量，让来自不同地区、具有不同个性、拥有不同价值追求的大学毕业生在不同领域发挥才能。通过多方位的教育与实践，消解横亘在大学生生涯发展道路上的障碍，让大学生在习得专业知识的同时，更好地走向社会，实现自身的价值和自我的全面发展。

第二节　新时代高校生涯教育研究的价值

任何层次的教育研究活动，首先应该经受价值层面的考量。从概念上来说，教育研究是一种兼具理论理性和实践理性的活动，其理论理性意味着教育研究首先要关注教育"是什么"的问题，即要通过对现象的分析把握教育的内在规律，对纷繁复杂的教育现象存在的状况、内在结构、本质和发展规律进行认识，建构"真"的知识；其实践理性则意味着教育研究不仅要关注教育"是什么"的问题，还要关注教育"应该怎么做"以及"做得怎么样"的实践问题，即教育研究要在观念的指引下，合理地建构教育活动，并预设其结果②。从此种视角出发，真正有价值的教育研究，必然是理论价值与实践价值的有机融合。近年来，随着我国教育研究事业的繁盛，教育研究的主体范围不断扩大，这种范围的扩大必然滋生出不

---

① 洪岗.基于人类命运共同体理念的外语院校人才全球素养培养[J].外语教学,2019,40(4):50-55.

② 李太平,刘燕楠.教育研究的转向:从理论理性到实践理性——兼谈教育理论与教育实践的关系[J].教育研究,2014,35(3):4-10,74.

同研究主体研究核心价值的差异。作为一线的学生工作者和教学人员,笔者所关注的是通过生涯教育体系的建构化解高校生涯教育的零散性、低效性问题。因此,本书的核心价值必定彰显于实践领域。这意味着,有价值的教育研究是以教育的方式研究教育,意识到教育研究本身所蕴含的实践本性,体会到教育研究本质上是一种实践性的社会活动,从而在教育研究中达成基于这一实践本性之上的实践理性[1]。综合而言,"五位一体"的新时代高校生涯教育体系的建构具有如下价值。

一、研究的实践意义

教育研究的价值彰显,首先应该立足于教育的生活世界,解决教育生活世界中面临的现实问题。按照现象学派创始人胡塞尔的理解,"生活世界"包括三个层面的含义:第一,"生活世界"是一个非理论性的世界,它是一个始终在先被给予的、始终在先存在着的有效世界,但这种有效不是出于某个意图、某个课题,不是根据某个普遍的目的。每个目的都以生活世界为前提,就连那种企图在科学真实性中认识生活世界的普遍目的也以生活世界为前提[2]。第二,"生活世界"是具有奠基意义的世界,它是科学世界以及一切抽象世界的基础,是自然的世界。第三,"生活世界"是直观的世界,它是一个被经验之物构成的世界,它与经验主体在交互中产生意义和价值。从生活世界出发,在最直观的真实世界观察与发现问题,发掘教育的意义与价值,揭示教育与实践的各种关系、问题和规律,架起生活世界与科学世界、逻辑世界的桥梁,这是教育活动研究的深层内涵[3],也是教育研究最重要的价值彰显。从高等教育和高校人才培养的"生活世界"出发,"五位一体"的新时代高校生涯教育体系研究,呈现出以下几个维度的实践价值。

1. 契合国家政策需要,有利于满足学生个性化、差异化需求

2016 年 3 月,教育部办公厅发布《教育部办公厅关于开展全国普通高校毕业生精准就业服务工作的通知》(教学厅函〔2016〕14 号),明确指出要建立

---

① 王兆璟.论有意义的教育研究[J].教育研究,2008(7):39-43.
② 胡塞尔.欧洲科学的危机与超越论的现象学[M].王炳文,译.北京:商务印书馆,2017.
③ 刘燕楠.对教育研究的再认识——教育理论研究与教育实践研究之辩[J].教育理论与实践,2014,34(10):11-15.

健全精准推送就业服务机制,促进毕业生更加充分和更高质量就业。所谓精准化就业,是指通过全面调查毕业生需求及企业需求,实现供需双方需求的精准匹配和对接。所谓"精",即细致、高效、专业。所谓"准",即目标导向,分类明确。精准化就业意味着生涯教育需针对学生多元化、复杂化的成长路径和发展需求,开展不同内容、不同类型、不同维度的生涯教育,在衡量学生能力与市场需求的前提下,助力学生成长成才,在适宜自己的领域发挥自己的价值。本书正是在此基础上提出了"五位一体"的生涯教育体系建构模式。新常态下,传统的生涯教育模式面临转型和调整,全过程、全方位的精准化生涯教育模式已逐步成为高校生涯教育改革的新方向。如何拥抱变化、迎接挑战,实现从单线条与平面化的"就业指导"到精准化与立体式"生涯教育"的转型,是高校需要思考的问题。基于对这个问题的思考,本书在尊重大学生个体特质差异化的同时,紧跟时事,顺应新时代的发展,将理想信念教育、专业素养教育、跨文化交际教育、社会实践教育以及创新创业教育融入生涯教育的启蒙期、积累期、发展期、反馈期全过程,将通识教育与个体咨询相结合,唤醒学生的职业生涯规划意识,尽早确立学生的职业定位,提升生涯决策与发展能力,提升其职业技能,拓宽发展路径,在生涯教育的过程中,完成对学生的职场教育,促进人职匹配的最优化,最终实现大学生个体价值的最大化。

2. 契合高等教育改革方向,有利于改善高校教改的碎片化现象

自国家实施科教兴国战略以来,高等教育的重要性日益凸显。其后,政府在国家层面陆续提出建设人力资源强国、建设创新型国家、创新驱动等重大发展战略,在高等教育领域实施一流大学建设等重点专项建设,高等教育的规模快速增长。

自高校扩招以来,中国高等教育发展的成就有目共睹。但从全国来看,自2010年5月《国家中长期教育改革和发展规划纲要(2010—2020年)》颁布至今,去行政化、质量公平、章程建设、内涵式发展、治理现代化、创新创业教育等高等教育改革主题涉及高等教育方方面面,但却存在碎片化的现象,缺少系统的集成。教学改革亦是如此。自2014年来,我国以全面深化课程改革作为新时代落实立德树人根本任务的标志性工程。这项工程传播了先进教育的理念,推进了人才培养模式的变革,促进了高校教学方式的创新,教师的教学观念与行为也在悄然变化。在课程改革走向深化的过程中,尽管教改课题、教改项目、教改成果涉及教学改革方方面面,但是具体到某一学校的某一专业,就会发现教学改革的碎片化现象仍然存在。有学者提出要改变高等教育改革碎片化的现状,就需要

小原则遵从大原则,既要符合教育规律,又要满足社会需求①。而本书致力于打造基于学生全面发展的"五位一体"生涯教育模式,将学生的理想信念教育、专业素养教育、跨文化交际教育、社会实践教育、就业创业教育统合起来融入终身教育理念,贯穿学生的整个成长成才过程,为学校专业建设、教学改革、人才培养方式转变、师资建设等工作提供整合的平台,符合当前高等教育教学变革的价值趋向。

3.契合个体全面发展的价值诉求,有利于大学生自身发展

教育是关于人的学问,教育的原点和归宿都是人。然而,在许多研究与实践中,特别是在大量的教育政策研究和制定中,学生仅是"形式上的存在",或被作为政治、经济、社会目的的实现工具,或被视为成人的附庸。结果,被承载外赋功能的个体困于教育之中,个体、社会都未能完满。因此,彰显学生的生命价值,使"学生"不再成为对象化、口号化的"人",真正把学生作为教育改革的逻辑起点②,已经成为迫在眉睫的改革命题。从个体的人、现实的人、具象的人的视角看待教育变革,就是要弘扬教育促进人的全面发展的需要,让教育改革真正惠及每个学生,让学生立场成为生涯教育改革发展的起点和归宿。随着社会进步与教育水平的提高,大学生对受教育与职业的追求也发生了深刻变化,不仅是为了求得知识的满足、温饱问题的解决,更是为了求得自身人生价值的实现。大学阶段,不仅是大学生人生中最朝气蓬勃与热情洋溢的阶段,同时也是不断地走向理性和成熟的阶段,如果仅是知识的储备和专业化的培养绝对涵盖不了大学教育的全部内涵,大学生终要面向社会,完成"高校人"向"社会人"的转变。因此,大学毕业生如何快速地融入和适应社会,促进自身的生涯发展,是高等教育不能回避的问题,而生涯教育在某种程度上正好弥补了这一不足。

生涯教育,不仅体现了高校人才培养的目标,还须遵循人才发展规律。在中国的教育背景下,大学生在进入大学之前,普遍缺乏自我认知与职业认知,对个人职业与生涯发展方向也缺乏必要的实践与思考。因此,本书构建的生涯教育模式,将生涯教育的启蒙期、积累期、发展期、反馈期贯通大学生完整的大学生活,让大学生必须明确三方面的问题:"我要什么","我能做什么",以及"社会需要什么"。追求自己乐于从事的事业毋庸置疑会给大学生持久的动

---

① 于佳乐,马陆亭.高教改革须防止碎片化[J].经济,2006(34):72-73.
② 陈玉华.学生立场:教育研究与实践的出发与回归[J].中国教育学刊,2017(1):19-22.

力,但是大学生也需要了解自身能力,若自身的能力达不到要求,就需要进行适时的调整。因此,生涯教育不仅是让大学生了解"我要什么",还是让大学生了解"当下我"与"理想我"之间的差距,更是创造条件让大学生去拉近"当下我"与"理想我"之间的距离。同时,要注重培育大学生全方位的素质,唤醒大学生的生涯规划意识,提升大学生的生涯决策与发展能力,拓宽大学生的发展路径,提升大学生的就业适配性与竞争力。与此同时,让生涯教育成为一种终身教育,让大学生通过"五位一体"的生涯教育,树立坚定的理想信念,理性地进行职业定位,挖掘自身潜力,提升自身各方面素质,成为具有全球素养的高素质人才。

二、研究的理论意义

学校教育活动是一项以信仰为基础的公共活动,这种信仰从本质上讲是一种哲学信仰。德国哲学家雅斯贝尔斯曾说过,"教育须有信仰,没有信仰就不称其为教育","教育,不能没有虔敬之心,否则最多只是一种劝学的态度,对终极价值和绝对真理的虔敬是一切教育的本质,缺少'绝对'的热情,人就不能生存,或者人就活得不像一个人,一切就变得没有意义"[①]。学校教育中的哲学思想,不是一种学科意义上的哲学[②],更多地体现为学校中的各类主体对教育教学和人才培养活动的共同理性认知。这种理性认知,构成了教育实践变革的智力支持与精神力量。高校学生生涯教育体系的建构,尽管在本质上是一种实践领域的变革行为,但实践背后一定有思想,行动背后一定有哲学,这种哲学和思想,核心就体现在本书自身所蕴含的理论意义之上。

1. 研究提出了完善生涯教育体系的新理念

自 2007 年教育部办公厅印发《大学生职业发展与就业指导课程教学要求》,大学生生涯教育成为大学生在校期间所接受教育的一部分。但由于历史问题、认知偏差、经验不足、理念落后等一系列因素,生涯教育至今仍是就业服务工作中毕业生满意度最低的领域,学生参与生涯教育的积极性不高,生涯教育在人才培养过程中应该发挥的重要价值没有得到充分的体现,也没有形成完善的生涯教育体系。本书基于生涯教育的碎片化现象,倡导着眼学生的全面发展,建构

---

① 雅斯贝尔斯.什么是教育[M].邹进,译.北京:生活·读书·新知三联书店,1991.
② 陈建华.学校应该有自己的教育哲学追求[J].教育科学研究,2007(1):22-26.

"五位一体"的生涯教育完整体系。这是新时代适应人才培养和高校课程教学变革的新的生涯教育理念,对于完善生涯教育的研究视角、研究成果体系等,具有积极的价值。

2.研究提出了提升生涯教育意识的新思路

生涯教育是引导个体有目的、有计划地规划自身职业生涯的教育活动。有学者表示,对大学生进行职业生涯教育,即引导他们发现自己的需求与兴趣、能力与才干、价值观与理想,从而确定自身的奋斗方向,有步骤、有计划地习得专业知识,养成职业素养,为职业生涯做好准备[①]。有学者指出大学生生涯教育,有利于提升大学生生涯成熟度,助力学生职场环境认知,提升学生的职业能力素养等[②]。但也有学者认为,尽管国内大学生职业生涯指导机构已成为高校的必备机构,但大学生生涯教育却尚未得到足够的重视,不少高校甚至没有专职的职业生涯指导教师[③]。基于这样的现实问题,本书从"三全育人"的理念出发,倡导"人人都是生涯规划师"的理念,通过制度性的设计和"五位一体"生涯教育模式的建构,将思政教育、专业教育、社会实践、校园文化、创新创业等工作在人才培养的统一目标下进行整合,让高校系统的各类教师都能够以一种特定的方式参与到生涯教育之中,提升其生涯教育意识,建构完善的生涯教育实施系统。这种理念,与当前高等教育体系中的"三全育人""全员德育""课程思政改革"等高度契合。

3.研究提出了扩大生涯教育功能的新模型

大学生生涯教育质量不高、效用没有得到充分发挥的原因是多样的,其中最为关键的是在构建大学生生涯教育模式的过程中,大量高校所运用的都是"自上而下"的外部干预式教育模式,即立足于学校的现有资源,设计学校理想的生涯教育模式,并为之配备相应的教师(由于专业的限制,生涯教育的教师往往来源广泛,质量不高),组织学生参加相应的教育活动。在这样的过程中,学生更多的只是一种被动的参与,他们在职业生涯过程中的自我需求没有得到应有的考虑和满足。此外,从生涯教育的功能来看,最主要的问题是仅仅关注到生涯教育与

---

① 刘丽红.加强大学生职业生涯规划指导实现精准就业[J].中国高等教育,2018(6):44-45.
② 杨云.大学生职业生涯教育的缺位与补位——以重庆市部分普通高校生涯教育为例[J].教育理论与实践,2019,39(21):15-17.
③ 张文.大学生职业生涯教育课程体系改革与创新[J].大学教育科学,2017(1):110-116.

创业就业的关系,并没有从课程、教学、育人的整体高度对生涯教育的价值进行充分的挖掘。基于上述生涯教育存在的问题,特别是生涯教育功能发挥的制约性因素,本书以系统论的思维,将生涯教育视作复杂现象,注重整合大学各类教育元素和教育资源,建构指向于学生全面发展的"五位一体"生涯教育模型。这既是一种生涯教育系统的实践创新,也是一种运用系统观念变革生涯教育的新型思维方式。

第二章

溯　源——高校生涯教育研究的文献梳理

生涯教育理念的提出和演进,伴随的既是人们对未来社会发展和职业变迁挑战的认知,也是人们对适应未来社会完善的教育体系的追求。美国教育社会学家珍妮·H.巴兰坦在其著作《教育社会学》(*The Sociology of Education*)中提及,科技在如此迅速地变化着,以至于明天不可预测,所以教育领域的预测总是困难的,但是许多教育学家和社会学家依然希望利用社会经济环境知识、预测的新技术、人口统计学知识和特别的调查报告结论来勾勒未来教育的情境。早在1985年,美国著名的《未来的学校:21世纪的教育》报告就明确提出了未来学校教育观念:缩短工作周而延长学习周;为适应迅速变化的职业界限而降低开始教育的年龄;提供更多的教育以及全体劳动力的再教育;学年延长至不少于210天;增加家庭内运用新技术的教育;商业活动涉入学校教育;提高教师工资待遇;运用计算机软件替代一些教科书;安排学生进行职业尝试、职业培训等①。这充分说明,国际上对于生涯教育的安排是未雨绸缪的。这种提前的规划和预期也造就了西方教育发达国家在生涯教育上的先行一步。相较于这些国家,我国的生涯教育起步较晚,目前尚未形成完善的教育体系,对于一些基本概念、基本理论的认识亦存在模糊之处。

在教育研究的过程中,文献研究是一种常见的方式。文献研究法是一种以证据为基础的实证教育研究方法②,尽管这一方法能否作为一种独立存在的研究方法一直存在争议,但是文献研究作为一项系统、正规的研究开始之前所必须

---

① 巴兰坦.教育社会学[M].朱志勇,范晓慧,译.南京:江苏教育出版社,2011.
② 肖军.教育研究中的文献法:争论、属性及价值[J].当代教育理论与实践,2018,10(4):152-156.

经历的重要阶段,其对于研究开展的价值已成为共识。对于研究而言,通过文献资料研究,可以获得新论据、找到新视角、发现新问题、提出新观点、形成新认识①。也正是因为如此,文献研究法在哲学社会科学领域的运用日趋广泛,国际著名的《教育心理学期刊》的编辑居尔·勒温和黑姆·马歇尔认为,如果想要使自己的研究有实际性的贡献,必须把它建立在该领域充分翔实的知识基础之上,这也充分说明了文献研究的价值。基于这样的认知,笔者认为,有必要通过国内外生涯教育研究文献的梳理和比较,明晰生涯教育研究的现状、成效及存在的问题,为建构指向于学生全面发展的"五位一体"生涯教育体系提供理论借鉴。

第一节 生涯教育的国内研究梳理

为了研究大学生生涯教育的国内研究热点与现状,笔者对中国知网中的资料进行了检索,以"生涯教育"为主题或篇名,对 1999 年 1 月 1 日至 2019 年 12 月 31 日的所有文献进行了检索,共检索到 1603 篇文献。考虑到样本量、研究难度与普通期刊的代表性等问题,增设文献来源的限制条件,仅搜索 SCI、EI、核心期刊、CSSCI、CSCD 来源期刊,获得文献 261 篇,经过仔细筛选,剔除重复刊登的文章以及关于中小学生涯教育的文章,最终获得 196 篇文献。随后笔者以研究年份、研究主题、研究取向等维度作为分析单位,对文献资料进行了整理和分析。

一、研究的年份分布

研究显示,自 2005 年至 2019 年,生涯教育的核心论文数量呈上升趋势且上扬幅度显著,尤其是自 2010 年 5 月《国家中长期教育改革和发展规划纲要(2010—2020 年)》明确提出要建立学生发展指导制度后,2011 年的核心论文发表数量为 27 篇,比 2005 年至 2007 年 3 年间的论文数量还要多。这表明,在国家政策的推动下,大学生生涯教育开始引起我国学者的关注和重视。核心论文的发表数量在 2013 年后呈现下滑的趋势。2014—2016 年核心论文发表数量相较前面 3 年少了 15 篇;2017—2019 年相较 2014—2016 年,论文数量少了 8 篇。这也表明,尽管大学生就业难困境一直存在,但学者的关注度并没有上升,换言

---

① 杜晓利.富有生命力的文献研究法[J].上海教育科研,2013(10):1.

之,高校可能在生涯教育领域遇到瓶颈,这更凸显本项目研究和本书撰写的重要性。

二、研究的主题分析

笔者对 196 篇文献进行分析后发现,20 多年来我国生涯教育的研究主题排前三位的分别是生涯教育现状与策略分析,占总数的 31.12%;生涯教育的思路创新研究,占总数的 17.86%;生涯教育的意义研究,占总数的 14.80%。研究较少的则为生涯教育的体系建构,占总数的 5.10%;生涯教育的影响因素研究,占总数的 1.02%;生涯教育的评价机制,占总数的 0.51%。

值得注意的是,在这些生涯教育文献中,对国外生涯教育的现实进行阐述的研究,占总数的 11.22%;通过对国外生涯教育的思考,从而对国内生涯教育现状进行反思的研究,占总数的 8.67%;对国内外生涯教育进行比较研究的文献,占总数的 2.04%。此种现象一方面反映了国外生涯教育研究成果的先进和丰富,另一方面,也昭示着对具有中国特色、中国气质的本土化生涯教育研究成果的渴求。

三、研究的视角选择

根据文献分析情况,从生涯教育的研究视角上看,目前尽管国内生涯教育的研究成果体系比较庞大,但是研究的视角相对集中。一种视角是引介国外的生涯教育研究成果,并以此反思、审视国内生涯教育的变革;另一种视角是剖析我国生涯教育的现实问题,基于实证研究,建构生涯教育的改进策略。此两种研究视角的具体体现如下。

一方面,自 2007 年以来,我国学者比较关注国外生涯教育的理论发展动态,主要的研究取向包括三个方面:其一是对国外生涯教育的现实阐述;其二是先介绍国外生涯教育,然后提出我国生涯教育的对策和建议;其三是通过国内外生涯教育的比较,有针对性地提出改进思路。但是这些研究并没有对国外生涯教育的精髓进行进一步的阐释,也没有对国外生涯教育的适用范围进行讲解,更没有针对我国大学生生涯教育的现状进行深刻的审视。

另一方面,数据表明,有 61 篇文献对我国生涯教育的现状及问题进行了研究分析,并提出了相应的对策,有 12 篇文献将生涯教育与思政工作相结合,有 10 篇文献对我国生涯教育的体系进行了重新建构,有 6 篇文献将"中国梦""社会主义核心价值观"等融入生涯教育,这说明我国的生涯教育已经从"借鉴性、移植性"研究转向"本土化、建构性"研究。但 61 篇文献中的大部分文献并没有提出具体性或系统性的解决对策，一般仅仅是对机制需健全、管理需规范、师资需保障等泛泛而谈；仅有的 10 篇建构性的文献虽对生涯教育进行了重新建构，但并没有基于大学生生涯教育的现状进行深度的剖析，而仅是针对现存问题进行尝试性的解答。概括来说，目前国内关于大学生生涯教育的研究的深度、广度仍然不够。

四、研究的成果结论

伴随世界开放格局的形成，我国学者逐渐认识到生涯教育的重要性，尤其是在高等教育大众化、大学毕业生人数日渐增多、大学毕业生就业压力不断加大的背景下，生涯教育已成为一个研究热点。特别是 2007 年教育部办公厅发布了《大学生职业发展与就业指导课程教学要求》后，关于生涯教育的研究明显增多。在这些研究中，从课程建构的视角看待生涯教育变革成为一种流行的研究范式。从研究内容来看，学者主要从生涯教育课程的目标与定位、生涯教育课程的意义与价值、生涯教育课程的内涵与内容、生涯教育课程的现状与问题、生涯教育课程的对策与评价等不同的角度对其进行细致深入的研究。

1. 生涯教育课程的目标与定位研究

在生涯教育课程目标研究方面，主要是对教育部办公厅印发的《大学生职业发展与就业指导课程教学要求》的衍生。该要求指出大学生职业发展与就业指导课程主要包括三个方面，即态度、知识与技能。所谓态度层面，就是大学生对生涯教育的态度，即大学生应培育关于职业生涯发展的自主意识，树立积极正确的人生观、价值观和就业观；所谓知识层面，就是大学生应该掌握的生涯教育知识，即大学生应基本了解本领域职业发展的阶段特点、自己的人格特质、职业的特性、社会环境、就业形势、政策法规等基本知识；所谓技能层面，就是大学生应该掌握的有关生涯教育的通用技能，即应当掌握自我探索、信息搜索与管理、生涯决策、求职以及其他通用技能等。

在此基础上，尹晨曦提出，大学生生涯教育的主要目标是大学生的能力培养，能力培养不仅是要培养学生的实际操作能力，也要培养学生在创新创业方面的能力及搜索、语言能力等[①]。张文则表示生涯教育要立足于学生，建立发展为

---

① 尹晨曦. 能力培养基础上的大学生职业发展与就业指导课程教学研究[J]. 才智,2013(9):112.

本的课程观念,坚持可持续发展的课程定位,整合创新课程内容以及实施全程全面式课程教学①。

2.生涯教育课程的意义与价值研究

随着大学生就业难等现实问题的涌现,越来越多的学者认可了生涯教育课程的意义。叶迎阐述了大学生职业生涯教育在高等教育体系中的地位,丁翠玲更是将大学生职业生涯教育的重要性上升为国情之必需,提出生涯教育是实现个体和谐与可持续发展的需要②。孙国胜从人力资源强国的建设发展、高校人才的培养目标以及大学生的自身发展需要这三个维度出发,认为职业生涯教育是建设人力资源强国的需要,是高校实现人才培养目标的需要,是大学生成长成才的客观需要,对于实现学生的最优化发展至关重要③。薛思雅等则论述了在研究生培养中生涯教育所起到的作用和意义,他们指出学生的主观需求、客观就业状况以及研究生培养目标都要求开展生涯教育④。王丹以贫困大学生为研究对象,从贫困生的现实情况入手,论述了因缺乏生涯教育,贫困大学生就业能力更为低下,贫富差距拉得更大⑤。

关于生涯教育课程开发的价值取向方面,有研究认为生涯教育应从社会的需求出发,关注就业市场的综合背景,坚持以社会需求为导向,增强生涯教育课程的实效性和适切性。阮娟则认为高校生涯教育已从"职业指导"跨入"生涯辅导"时代,生涯教育的价值取向应该从匹配到适应,从理性决策到主动建构,从确定目标到拥抱变化,契合当代个体生涯的真实发展历程⑥。

3.生涯教育课程的内涵与内容研究

许多学者从不同的视角对生涯教育课程概念进行阐述,其内涵大致可以分成三个部分:以人为本、终身教育、职业素质教育。以人为本的理念,其出发点与落脚点都是人。辜芝兰认为生涯教育就是以人为本的教育,在她看来,生涯教育

① 张文.大学生职业生涯教育课程体系改革与创新[J].大学教育科学,2017(1):110-116.
② 杨振斌,冯刚.高等学校辅导员培训教程[M].北京:高等教育出版社,2006.
③ 孙国胜.大学生职业生涯教育探析[J].思想教育研究,2010(7):85-87.
④ 薛思雅,阮壮.地学研究生职业生涯教育体系的构建及实施路径探究[J].中国地质教育,2019,28(4):74-78.
⑤ 王丹.广西独立学院贫困生个性化职业指导的探索——基于霍兰德职业兴趣理论[J].中国成人教育,2017(3):104-106.
⑥ 阮娟.后现代生涯理论视野下的高校生涯教育改革[J].江淮论坛,2017(6):127-131.

理念是培养生涯智慧,倡导教育应在知识、技能与态度等方面给个体提供更多的生涯选择自由,促进个体实现生命的价值①。终身教育的理念认为,生涯教育应该立足个人的终身发展。魏燕明指出,尽管在人生不同阶段,有着不同的发展任务,但"活到老,学到老"是人生的基本教育原则之一,因此,"全体—全面—全程"的发展观是其生涯教育的一个基本原则②;王征等则强调,生涯教育是指高等学校依据职业生涯规划的基本理论和大学生成长成才的基本规律,为其一生的健康发展奠定基础的教育③。职业素质教育的理念主要是培养个体的职业生涯选择、决策能力与技巧等。陈军认为生涯教育主要就是有目的、有计划、有组织地培养个体,引导其具有规划自我职业生涯的意识与技能,发展个体综合职业能力,促进个体的职业生涯发展活动④。

我国的职业生涯教育是在就业指导的基础上逐步发展而来的,但其内涵不断丰富。李吉庆指出,对于大学新生的生涯教育应该包括专业思想教育、学习方法教育、自我认知教育与职业目标教育等方面⑤。朱炎军等则认为,生涯教育是在高校人才培养过程中萌生的一种新的教育理念,应该注重对大学生的自我认识能力、生存和创造能力、职业理想和价值追求能力的培养⑥。王勋则提出,大学生职业生涯教育中需深入挖掘、阐释中华优秀传统文化的时代价值,融入爱国主义精神,用以引导大学生精神成人,确立远大理想,成为国家的有用之才⑦。还有学者提出,生涯教育课程应针对不同学历、不同层次的学生建立起系统化、全程化、专业化的生涯教育体系,从而实现生涯教育的全覆盖。为了达到全覆盖,保障生涯教育的效果,在此过程中,需让不同学历、不同层次的学生均能得到不同的生涯教育和指导,从而使学生的职业发展更加科学,也更加符合自身的愿景⑧。

---

① 辜芝兰.生涯教育理念下成人职业意识的教育[J].成人教育,2011,31(10):60-63.

② 魏燕明.美国生涯教育发展历程、特点与借鉴[J].成人教育,2011,31(7):125-126.

③ 王征,陈国祥.职业生涯教育:高等教育不可缺少的内容[J].黑龙江高教研究,2007(9):91-94.

④ 陈军.大学生职业生涯教育研究[D].长春:东北师范大学,2005.

⑤ 李吉庆.浅谈大学新生职业生涯规划教育的必要性和内容[J].吉林工程技术师范学院报,2010,26(3):55-56.

⑥ 朱炎军,李爽.高校人才培养框架下的职业生涯规划教育目标——兼论高校职业生涯规划教育的课程设置[J].教育发展研究,2012,32(z1):109-114.

⑦ 王勋.将中华优秀传统文化融入大学生职业生涯教育的思考[J].学校党建与思想教育,2017(24):77-78.

⑧ 杨云.大学生职业生涯教育的缺位与补位——以重庆市部分普通高校生涯教育为例[J].教育理论与实践,2019,39(21):15-17.

4. 生涯教育的现状与问题研究

自教育部重视生涯教育并形成相应政策后,各大高校结合自身优势,纷纷探索适合本校的生涯教育模式,例如设立职业生涯相关课程、创办职业生涯专题网站、成立职业生涯教育团队等。笔者在对我国高校生涯教育开展现状的现有文献进行梳理后发现,国内学者基本上都提到,生涯教育是从国外引入的新兴教育,在我国起步较晚、发展欠成熟,尚未完全本土化,而后就是对生涯教育目前存在问题的概述。

概括来说主要有以下几个问题:

其一,生涯教育理念缺失。我国生涯教育课程的设计不自觉地受到国外思潮的影响,缺乏本土化的思考,也尚未建立自成体系的生涯教育理念。尽管各大高校对生涯教育课程的重视程度加大,但对课程重要性认识不充分,尤其是生涯教育的社会根基仍然偏弱。

其二,生涯教育针对性缺乏。我国生涯教育仍然未形成系统的培养模式,大部分高校仍然停留在应急式工作状态,而且生涯教育课程的开设,大多是针对大学生普遍关心的话题和可能出现的问题进行指导,是一种应急式的教育。这种教育不仅缺乏深度,而且没有系统性,更不具有针对性。

其三,生涯教育管理体制混乱。尽管许多高校设置了生涯教育课程,但是没有专门设置独立的职业生涯规划教学单位,多数高校将其挂靠在就业指导中心或就业指导办公室,没有形成规范的管理。

其四,生涯教育师资队伍匮乏。目前高校的生涯教育课程授课教师专业化程度不高,一般是由做学生工作的教师或思想政治辅导员承担大学生职业生涯规划教育课程,而这些授课者自身往往未接受过系统培训,亦缺乏相应的职业生涯规划专业知识与技能。同时,不同高校的生涯教育授课教师的数量也存在较大差异。

其五,生涯规划授课内容及形式单一。授课内容陈旧,对大学生生涯教育意识的启蒙、自我人格的探索、职业世界的认知等教育内容鲜有涉及,对于大学生整体素质的提高更是无从谈起;授课形式一般以讲授法为主,对于大学生吸引力不足,较难调动大学生的学习积极性。

5. 生涯教育的对策与评价研究

如何完善高校生涯教育,对高校生涯教育的对策分析,是当前国内学者研究最多的领域。他们从不同层面、不同视角,运用理论和实践相结合、定量和定性等研究方法,对完善我国高校生涯教育做出尝试,大致可分为两种方式:一种是针对问题提出对策;另一种是重新建构生涯教育体系。

房欲飞针对生涯教育的现状及问题,提出需在加强职业素养教育、创新教育形式、教育设计系统化、注重实践环节、加强面向基层就业的价值观导向、提供政策支撑等方面下功夫①。张雄等则指出,生涯教育是国家人才培养的重要组成部分,是创新人才成长成才的重要举措,需在实践中以系统性、实用性和前瞻性为视角,构建"第一课堂"与"第二课堂"相结合、"小班讨论"与"大班教学"相结合、"理论"与"实践"相结合的生涯教育模式,开展生涯规划讲座,进行职业测评活动,参加生涯规划实践,组织生涯规划沙龙,制作生涯规划书,建立"掌握工具—认识自己—认识社会—设定目标—制定规划—行动执行"的生涯规划逻辑模型,引导大学生科学地进行职业生涯规划,助力其实现职业理想与人生目标②。赵红灿提出要回归大学生的本真生存,重构生涯教育,以"现实的个人"为逻辑起点,以"完整的人"为价值依归,以"塑造健全人格"为主要内容开展生涯教育,从此种视角出发,她试图通过系统激发大学生教育的主体性、教师教育的主导性、教育环境的保障性和教育介体的创新性等要素,为大学生破解就业难的困境提供有效路径③。孔夏萌则提出以人本理念、职业教育理念、激励教育理念、终身教育理念此四种理念构成生涯教育课程的基本理念,从而通过专业与学习、职业规划、就业教育三部分的内容来重构高校生涯教育体系④。

有关课程评价的研究在搜集到的文献中是最为少见的,评价主要集中在课程的目标与性质、课程管理、课程设置、课程内容、教师队伍、教学方式、教学评价与保障等方面。涉及生涯教育效果的评价更是寥寥无几,仅有的也是以考试为主的终结性评价及其与观察、档案袋等形式的过程性评价相结合的评价方式,并没有相对系统的评价方法。

综上,尽管我国对生涯教育课程重视程度不断增加,但是仍缺乏对高校生涯教育课程的系统研究,对课程的实践探索的做法和思路多有重复,研究缺乏整合与深入。

---

①　房欲飞.大学生职业生涯教育存在的问题和对策建议——基于实证调研的分析[J].现代大学教育,2013(4):104-110.

②　张雄,王麒凯,唐胜利,等.高校拔尖创新人才"五个一"生涯规划教育模式的构建[J].西南大学学报(社会科学版),2016,42(3):98-104.

③　赵红灿.学生生存困境超越的生涯教育路径研究[J].江苏高教,2017(10):96-98.

④　孔夏萌.高校职业生涯教育课程研究[M].重庆:西南师范大学出版社,2017.

第二节　生涯教育的国际研究梳理

回溯教育研究方法的历史沿革可以发现,从19世纪初期比较教育学诞生以来,200多年的发展历程,比较社会学已成为教育科学中不可或缺的重要学科,为人类认识教育提供了不可替代的学术视野。它不仅具有稳定的学术体系,而且拥有庞大的世界性学术组织;不仅在教育研究成果体系中占有重要的地位,而且是影响世界各国教育政策制定和改革发展的重要学术力量[①]。"他山之石,可以攻玉",对比分析生涯教育起步较早的西方教育发达国家的生涯教育特色,对于构建我国生涯教育理念与实践体系具有重要借鉴意义。

自1908年帕森斯提出"职业指导"这一概念至今,国外生涯教育的发展不断成熟,实践经验不断丰富。相比于国内研究起步晚的现状,国外关于生涯教育的研究无论是从时间上还是从研究成果上都有着较大优势。国外对生涯教育的研究始于19世纪末20世纪初,主要有三个阶段:约1894年至1970年,生涯指导初期阶段,该阶段生涯指导开始萌芽,并开始与课堂相融合,相关理论不断涌现;约1971年至1990年,生涯指导成熟阶段,该阶段生涯指导具有法律保障,理论研究逐步成熟,资金投入逐渐加大,形成了较为系统的生涯指导体系;约1991年至今,生涯指导调整阶段,该阶段主要是通过总结前面的生涯指导发展规律和成果,开展总结反思,并在此基础上进一步助推生涯指导的发展[②]。

一、美国的生涯教育研究

美国是生涯教育的发源地,经过多年的持续发展,已经形成了完善成熟的生涯教育体系。早在20世纪70年代,美国就兴起了职业生涯教育运动。1971年,时任美国教育总署署长马兰提出了"职业生涯教育"新概念,强调将生涯发展、态度和价值观等内容融入常规的专业课程中,提倡职业教育应成为引导学生自我规划,协助学生将规划转变为现实的综合性教育活动。该理念得到美国联邦政府的大力支持,并发展成为影响范围广泛、程度深远的教育改革运动。1974年,美国国会专门颁布了《生涯教育法》,通过立法的形式来助推生涯教育的落

[①]　陈时见.比较教育学的概念建构及其现实意义[J].比较教育研究,2013,35(4):1-10.
[②]　李明.生涯规划视角下普通高中升学指导研究[D].郑州:郑州大学,2017.

实。2006 年,美国国会通过了《卡尔·帕金斯职业技术教育改进法案》。该法案使用"生涯与技术教育"(career and technical education,CTE)的概念来取代传统的"职业教育"(vocational education),这一新概念带来了生涯教育从理论到实践的革命[①]。

　　生涯教育的课程建设是美国生涯教育最具代表性的经验。美国生涯教育的课程建设具有三个方面的突出特点:其一,生涯教育目标具体,富有较强的针对性和可操作性。美国把高中阶段视作学生职业生涯的重要准备期,侧重于培养学生的职业能力和职业技巧,帮助学生合理定位自己将来所要从事的职业领域[②]。在此基础上,生涯教育课程目标的呈现不是提出学生要具备哪些能力,而是关注生涯教育课程学习后,学生能够达成怎样的水平,注重目标指标的细化与可操作化。以《国家生涯发展指导方针》制定的学生生涯发展目标为例,它将学生的生涯发展目标分为自我认识、教育和职业探索、生涯规划三个方面,并提出了达到各个目标的具体指标。正因美国学生生涯教育的课程目标明确、内容具体,可操作性强,可达成度高,各州在开发课程时不茫然,有理有据,对学生应达成的水平有较清晰的认识。其二,生涯教育内容丰富,富有整合性,注重培养学生全方位的职业素养。美国学生的生涯教育课程整合了专业学习与职业技能,充分利用各学科中可与学生生涯发展相契合的要素,在学生掌握学术知识的同时培育其职业技能。美国学生的生涯课程还统合了校内和校外。学生在校内学习相关的理论知识,培育良好的职业习惯;在校外则通过就业跟踪、青年学徒制计划等活动感受真实的工作世界。值得一说的是,美国的生涯教育还通过整合性主题课程培养学生的生涯发展能力。例如,有的州立学校结合自身区位优势,开展"我的经历对未来职业选择有何价值""我理想的职业以及应该为这种职业所做的准备""为什么我现在的学习和选择对未来的职业有很强的现实意义"等专题学习和主题探究,通过这种实践性的探究引导学生更好地形成科学的职业认知。其三,课程实施方式贴近学生实际,注重彰显"以学生为中心"的生涯教育理念。美国学生的生涯教育课程更注重学生的内在感受,更贴近学生的生活,在具体的实施过程中,通过多种方式、多种途径引导学生去参与、感受将来或许会生存的环境,激发学生的内在力量。具体实施方式包括课程介入、教学渗透、生涯咨询、实践体验、模拟演练、计算机辅助、教室演讲、高中或大学实地考察、导师

　　① 王世伟.美国高中阶段生涯教育课程评析[J].比较教育研究,2013,35(9):40-44.
　　② 杨婧.从美国生涯教育的经验看我国普通高中生涯教育及其课程设置[D].天津:天津师范大学,2007.

制等①。为了扎实推进生涯教育的课程实施，美国有专门负责生涯教育的部门，有专门从事生涯教育管理和服务的人员，每所学校也都成立了专门的生涯教育师资队伍，形成了上到政府下到每所学校的完善的生涯教育网络体系。学校之中普遍设有名为"counsellor"的岗位，这种岗位的工作内容主要是承担学生生涯发展顾问的角色，专门为学生的生涯发展提供帮助和指导。由此可见，美国的生涯教育，不仅有完善的课程体系，而且有开展课程的相关师资保障。在具体的课程实施中，注重理论与实践的统合，很好地满足了学生需求，体现了以学生为本的教育原则。

二、英国的生涯教育研究

相比较于美国，英国正统的生涯教育起步稍晚，但是依托强大的教育系统，英国生涯教育的后续发展强劲有力，形成了富有特色的经验和思路。根据英国的教育政策，英国的学生从入校开始，就必须接受系统的生涯教育。在这样的政策引导下，英国的各学校也都能够结合本校实际，探索科学的生涯教育实施路径。同美国一样，英国的学生生涯教育在世界上也处于领先地位。究其原因，这一方面源于其深厚的教育积淀，另一方面也与英国政府对于生涯教育强有力的政策和制度支持密不可分。早在1948年，英国政府就通过《雇佣和训练法》，明确规定英国的各级学校都必须对学生进行生涯教育。生涯教育主要由学校的指导教师和校外的职业官员协作负责。指导教师主要负责生涯教育的课程教学，协助职业官员开展学生咨询，提供最新的职业资讯，对学生进行个别咨询或集体咨询，帮助制定职业教育家庭计划，协助使用计算机辅助职业指导系统，参加家长会议，举办咨询会、职业参观、职业演讲等活动。2000年，英国教育与技能部颁布了相关指导性文件《新课程中的生涯发展教育》，明确规定了生涯教育的具体目标。2003年，英国教育与技能部又制定了《全国生涯教育框架》。2005年，在英国教育与技能部发布的纲领性官方指导文件《14～19岁教育与技能白皮书》中，再次重申加强中学阶段生涯辅导，并要求通过行业技能委员会，使雇主广泛地参与到现行的教育改革中②。

综合而言，英国的学生生涯教育体现如下几个方面的特征：其一，重视系统性的生涯规划指导。英国教育与技能部针对学校设计的生涯发展框架具有科学

---

① 索桂芳,高艳春.美国中学生涯教育的特点及启示[J].教学与管理,2018(1):82-84.

② 刘晓倩.英国中学生涯教育述评[J].外国中小学教育,2014(6):28-32.

性和指导性,各教育执行部门能在此框架的指导下注重发展、培育学生的自我意识,引导学生意识到个体在兴趣、能力、价值观、家庭环境等方面的差异,判断自身与职业之间的匹配度。与此同时,学校还会请专业人士根据学校实际评估、调整职业指导计划,使其更符合学生的心理发展特点。其二,重视学生职业决策能力的培养。职业生涯教育内涵丰富。从英国的生涯教育课程体系看,虽然其涉及的内容宽泛,但是这些内容在很大程度上都指向于帮助学生培养良好的职业决策能力。英国的生涯教育一般是通过特色化的学校开设生涯教育课程实现的。在实施的过程中,教师会有意识地指导、培育学生的职业自我认知、职业决策、两难选择的能力,开设校外知名人士的专业讲座,引导学生评价和分析职业信息,让学生意识到职业选择的重要性及其可能产生的后果,并鼓励学生利用好职业指导服务为更好地决策奠定基础。其三,注重开展实践性的体验活动。英国学校通过开展多种实践实训活动,如安排学生到工作岗位亲身体验,设置工作场景模拟等让学生以实际经验感受职业选择范畴,获得职业讯息。此外,英国学校还会根据地区与学校的差异,邀请不同行业的专业人士分析不同职业的异同,由此,帮助学生建立起自身实际情况与未来职业选择的内在联系,形成最终的职业选择。其四,注重建设完善的生涯服务体系。英国各个地方教育部门均设有专门的生涯服务机构,协助学校实施生涯教育。地方生涯服务机构的主要职能是为学生熟悉各种职业提供咨询指导和建议,建立学校与企业、学校与工厂的广泛联系,为学生提供参观学习机会等。同时,为了弥补学校生涯教育资源短缺的问题,也为了与学校生涯教育更好地开展合作,英国教育与技能部还开设了有关生涯教育方面的专属网站。在该网站上,学生可申请开放式的职业发展教育项目,进行在线职业指导与评估,为自己的职业选择做更好的准备,弥补学校生涯教育的不足。

三、德国的生涯教育研究

众所周知,德国是世界上职业教育最为发达的国家之一。德国学生生涯教育的最突出特征就是针对各种不同的职业,搜集整理关于该职业学生应该了解的各种知识、资源,在此基础上形成课程资源,并向各地劳动局、学校、师生和家长免费发放,从而建构了完善、庞大的职业信息系统。就学校教育而言,德国的职业生涯教育课程囊括于普通教育阶段的劳动技术教育专业中,其目标是给予学生尽可能多的、实用的意见与建议,使其最终能找到理想的职业,并在其后的职业生活中持续受益。简单地说,德国职业生涯教育的主要目的:其一是促进学生自由选择职业的能力的提高;其二是促进学生个性的全面发展。德国职业生涯教育课程涉及面广,内容包罗万象、丰富多彩,囊括了经济、社会和人等内容,主要通过课堂教育、访问职业信息中心、参观工厂、到企业实习等方式实施[①]。德国职业生涯教育的内容主要包括三个方面:其一,帮助学生合理地选择职业道路。学校、劳动部门和信息中心加强合作,通过《现今的职业》《阶梯》等图书与分门别类的职业资料和影片,向学生详细介绍各种职业的性质、要求、工作职责、发展前景,以及本地区劳动力市场的形势等,让学生对就业市场有广泛、深入的了解。在帮助学生了解职业世界的同时,指导学生客观评估学习成绩,参加各类心理、生理自测,使学生理性地进行自我剖析,有理有据地进行职业选择。同时,在教师、职业咨询员、家长等帮助下,学生理性地评估与衡量自身的能力与兴趣、优势与劣势、客观条件与主观愿望、供与需等各种矛盾,在此基础上进行职业的选择,从而使职业选择的过程科学、合理、系统。其二,指导学生正确地进行求职申请。具体步骤有:教师指导学生书写求职信,这种指导不仅仅是针对求职信的格式,还包括了求职信的内容、书写技巧;帮助学生调整心理状态,修饰外表形象,模拟面试内容,把握谈话过程,提高面试成功概率;对某些要求笔试的行业,教师还会精选试卷,有的放矢地训练学生的计算、逻辑推理和形象思维等能力。其三,帮助学生树立职业的自我保护意识。讲授相关法律知识,指导学生学习职业培训法、青少年劳动保护法、企业法、经济资助法、劳资合同法及有关职业培训的规定,让学生懂法、守法,并学会用法律维护自己的正当权益[②]。总而言之,为了帮助学生更好地提高职业规划与职业选择能力,德国建构了一套完善的职业规划课程体系,与未来的职业实现有效对接,成为学生了解职业、选择职业的有力参考。

第三节　生涯教育研究的对比分析

　　生涯教育最早起源于美国,之后在英国、德国等教育发达国家迅速得到发展和应用,西方心理科学的发展促进了学校生涯教育的演进和普及,生涯教育(亦称生涯发展教育、生涯规划教育等)也由此成为学校教育体系的一个重要组成部分。伴随着西方资本主义的高速发展,人们对于生涯教育重要性的认识越来越

---

① 黄岳辉.职业生涯教育研究及其对我国普通高中的启示[D].上海:上海师范大学,2006.
② 傅小芳.德国基础教育阶段的职业指导课程[J].教育理论与实践,2005(8):48-50.

得到强化,学校积极探索开展生涯教育的理念和方法,国家和政府对生涯教育的相关政策、保障也逐渐完善。到 20 世纪 80 年代,生涯教育在发达国家的整个教育体系中已经逐渐形成了一套相对完善和独立的系统,并在实践之中发挥了重要价值。综合而言,主要发达国家的生涯教育实践,大多依托特色化的课程和主题式的活动,通过多种有效途径,将生涯理想、职业意识、职业素养、生涯探索、生涯规划、职业体验等相关教育引入学校课堂教学和课外实践之中,使学生逐步理解行业发展的特点与趋势,体会职业的工作要求,熟悉职场的工作环境,发掘自我兴趣特长,掌握必要的职业技能,并在此过程中深刻理解学校教育与未来职业发展的关系,学会如何依托社会发展、职业需要和自身特征进行合理的学业规划与人生发展规划,从而提高自身的生涯素养、职业竞争能力和综合学习能力。

综合世界主要发达国家的生涯教育,可以发现以下五方面的共同特征:[1]

其一,生涯教育面向的是所有学生,而不仅是职业学校学生课程的一部分,在任何层级的教育系统里,都应该将其纳入学生教育体系中。特别是要通过课程化的设计,让生涯教育成为学生日常的生活方式,成为学校人才培养体系和课程教学改革的重要领域。

其二,生涯教育不是大学阶段教育所特有的教育命题,而是应该贯穿于从小学到大学的所有年级之中,需要一以贯之的整体设计。在确保生涯教育整体性目标达成的同时也要充分考虑不同年龄段学生的特点,对每一阶段学生生涯教育的核心目标进行科学设计。

其三,生涯教育具有包容性,这种包容性体现在生涯教育对象是所有的学生,即便是没有办法真正完成学业的退学的学生,也将因为职业生涯教育而掌握维持其个人或者家庭生活需要的各种技能。也就是说,生涯教育是面向每个人的,应该赋予每一个学生职业生涯选择和实践的能力。

其四,生涯教育是学校通往社会的桥梁,生涯教育拓展了学校课程的内涵,为专业教学增强导向性与针对性,旨在促进人的全面发展,并体现出终身受益的情怀。

其五,生涯教育通过"综合性教育"与"合作制"计划,注重自我认识、自我接纳和自我发展,通过各种教学活动或教学体验,促使学生更好地了解自己,探索自我,并进行不断地选择,追寻、体验生活的过程与意义,其本质是一种发展性教育。

---

① 黄岳辉.职业生涯教育研究及其对我国普通高中的启示[D].上海:上海师范大学,2006.

　　基于上述特征分析我国高校体系中的生涯教育,可以发现以下几个显著的问题:

　　其一,生涯教育的体系没有真正建构,特别是没有从课程建设的视角审视生涯教育,没有将生涯教育真正作为人才培养的有效手段、作为课程教学体系的重要组成部分。

　　其二,生涯教育缺少与高中阶段的有效衔接,不同学段的生涯教育在教育目标、教育内容、教育方式等维度上缺少整体性的设计,没有办法通过制度性的设计保障学生生涯教育的贯通性、一致性和递进性。

　　其三,生涯教育的重要性尚没有得到全社会的一致认可,即便是在高等教育的人才培养过程中,也并非所有的教师都能够认识到生涯教育的重要价值,认识到自己应该担负学生生涯指导的责任,全员参与生涯教育的意识和格局没有真正形成。

　　从上述问题出发,基于新时代高等教育改革发展的学生全面发展需要,涵养新的生涯教育理念,重构生涯教育的系统,已经成为迫在眉睫的改革命题。

第三章

明　理——高校生涯教育研究的理论框架

　　高等教育的课程教学和人才培养改革，首先是观念层面的改革。从这个角度出发，笔者将本章写作的主题界定为明理，就是要形成新时代高校生涯教育一系列基本理论问题的科学观念。"观念"一词源自古希腊语"永恒不变的真实存在"。它同物质和意识、存在和思维的关系密切。从这个角度来看，观念既是一个常用的名词，又是一个重要的哲学术语。它是在意识中反映、掌握外部现实和在意识中创造对象的形式化结果，同物质的东西相对立，它隶属精神层面。在现实生活中，"观念"往往被理解为人们在长期的生活和生产实践中形成的对事物的总体的、综合的认识。它一方面反映了客观事物的不同属性，另一方面又加上了主观化的理解色彩。所以，观念是人们对事物主观与客观认识的系统化之集合体，对于人类认识和改造客观世界的实践活动而言，观念的形成具有重要的基础性价值。正如前文所言，生涯教育经历了较长的发展时期，不同时期的教育与社会发展造就了对于生涯教育的不同理解，教育主体也必然形成不同的生涯教育观念，而要在新时代教育发展的宏观背景下审视高校生涯教育的体系重建，首要的任务就是形成对生涯教育研究与实践的一系列清晰而明确的观念。

第一节　生涯教育的基本概念

　　概念是反映事物本质属性的思维形式，生涯教育的概念是生涯教育发展的基础支撑，是深化生涯教育的必经之路，是适应现代教育理念的根本诉求。而我国生涯教育概念相关文献寥若晨星,生涯教育概念系统化研究仍是一个空白点①,因此对生涯教育概念进行鉴定与明晰迫在眉睫。本书试图在生涯教育概念的多维度比较分析之中,形成新时代高校生涯教育的概念体系。

一、何为生涯

日常生活中,我们常听到"生涯"一词,如"戎马生涯""艺术生涯""学术生涯"等说法。溯其渊源,关于"生涯"的论述最早始于《庄子·养生主》:"吾生也有涯,而知也无涯。""吾生也有涯"中的"生涯"二字意为生命的边际、限度,后指生命或者人生。《现代汉语词典》对"生涯"一词的定义是"从事某种活动或职业的生活"。生涯的英文是"career",这与 occupation 与 vocation 有较大的差别,尽管这三个单词都有职业的意思,但是 occupation 指的是比较宏观的职业的概念;vocation 强调适合个体兴趣和能力的职业,是一个较为微观的概念,而 career 更多强调的是职业经历。在希腊语中,"career"一词有疯狂竞赛的精神,最早常被用作动词,如驾驭赛马(to career a horse)。在西方国民的概念里,使用"career"一词就隐含着未知、冒险、克服困难的精神②,后来引申为道路,即个体一生所要行经的道路或指个体一生的发展过程和一生中所扮演的角色及从事的职业。

学者们对生涯的认识与研究由来已久,观点却不尽相同。随着年代的不同,不同的学者对生涯的定义也自有分说,表 3-1 罗列了国外学者对"生涯"的定义。一般来说,生涯的定义大致分为两种:一种为广义概念,指个体整个人生的发展,从这个定义出发,生涯不仅包括了个体所从事的职业,同时也包括了整个生活形态的发展,如 Hood 等(1972)、Super(1976)、McDaniels(1978)、Webster(1986)等;一种为狭义的概念,从这个定义出发,生涯只是针对个体终身所从事的职业或者与职业相关事态的发展,如 Shartle(1952)、McFarland(1969)、Hall(1976)等。

---

① 张玉改.生涯教育概念的多维透视[D].南京:南京师范大学,2018.
② 金树人.生涯咨询与辅导[M].北京:高等教育出版社,2007.

表 3-1 国外学者对"生涯"的界定统计

学 者	年 份	定 义
Shartle	1952	个体在工作生活中所经历的职业或职位的总称
McFarland	1969	个体根据心中的长期目标所形成的一系列工作选择及相关的教育或训练活动,是一个有计划的职业发展历程
Hood & Banathy	1972	个体对工作世界职业的选择和发展,非职业性或休闲性活动的选择与追求,以及在社交活动中参与的满足感
Hall	1976	个体终其一生,伴随着和工作或职业有关的经验或活动
Super	1976	生涯是生活中各种事件的演进方向与过程,统合个体一生中的各种职业和生活角色,由此表现出个体独特的自我发展形式;同时,它也是人生自青春期起讫退休之后,一系列有酬或无酬职位的综合
McDaniels	1978	个体终其一生所从事的工作与休闲活动的整体生活形态
Webster	1986	个体终身发展历程,即个体一生的职业、社会与人际关系的统称

对上述的概念进行简要分析后,笔者发现三个一致性的特点:第一,生涯的主体为一般个体,指的是个体经历,而非群体或组织经历;第二,不管是狭义的生涯概念还是广义的生涯概念,生涯是具有时间上的延展性的,一般是个体从出生到死亡,涵盖了整个人生的时间跨度;第三,生涯是一个动态的发展过程,不管是个体职业的选择,还是职务的晋升或者降低,还是人际关系的发展都是一个动态的过程。而目前学界比较认可的生涯定义是美国生涯理论的集大成者舒伯(Super)于 1976 年提出的论点:生涯是生活中各种事件的演进方向与过程,统合个体一生中的各种职业和生活角色,由此表现出个体独特的自我发展形式;同时,它也是人生自青春期起讫退休之后,一系列有酬或无酬职位的综合。根据舒伯的定义,笔者对生涯的六方面特质进行详细的分析。

第一,生涯的方向性。生涯是生活中各种事件的演进方向和过程,贯穿个体一生发展,是看不见的手,却有方向可循。至于这个方向在哪里,不同的理论或者不同的个体会有不同的答案。决定阿里巴巴集团主要创始人马云生涯方向的,可能就是那一句"因为相信中国互联网时代的必将到来",正是这个信念的引导,让马云成就了他的电商王国。

第二,生涯的阶段性。生涯统合个体一生,但生涯并非一蹴而就,生涯的发展是一生当中连续不断的过程。人在不同的生涯阶段就会有不同的目标和任务。每一个现在的位置,都受到过去位置的影响,也为未来的"位置"预备着。《论语》有曰:"吾十有五而志于学,三十而立,四十而不惑,五十而知天命,六十而耳顺,七十而从心所欲,不逾矩。"正是生涯阶段性的体现。

第三,生涯的整合性。生涯统合了个体一生中的各种职业和生活角色,尽管生涯以事业角色为主轴,却也囊括了其他与工作有关的角色,这就是生涯的整合性。值得一提的是,事业是当仁不让的主轴角色,因为从青春期到退休,职业是个体一直要从事的事情。同时,从生涯的不同年龄发展阶段来看,它会呈现不同的角色。譬如,在大学阶段中,大学生不仅是学生,亦是子女,或许还承担班长、学生会主席等不同的角色。

第四,生涯的独特性。生涯所展示的是个体独特的自我发展模式,每一个体的生涯都是独一无二的,不可复制。即使从事相同的职业、有着相同的人生轨迹的个体,也会因为自身努力程度、家庭教养模式、人生境遇、所处社会环境等的不同而成就自己独一无二的生涯。

第五,生涯的现象性。尽管生涯贯穿人的一生,但若你不寻求它,它就像空气一样,存在而不自知。生涯不等同于生命,生命是客观存在的,但生涯是个体主观意识所认定的,只有当个体开始思考自己的未来,生涯才如影随形。这个现象就如同当下让你回忆清晨你走过的道路上有多少穿了红衣服的人。尽管身着红色衣服的人在人群中是非常显眼的,但却鲜有人注意到,而这就是选择性注意。生涯亦是如此。

第六,生涯的主动性。个体是生涯的主动塑造者,个体的生涯全凭自己做主。在个体生涯的发展过程中,遗传因素、家庭因素、社会因素等都会影响个体生涯的发展,而在此过程中,个体不是被动地受环境的制约,而是发挥主观能动性去改变环境,思考未来。这就是生涯的主动性。

二、何为生涯教育

生涯教育发源于美国,其最初的形态即职业辅导。正如生涯的概念一样,不同的研究者对生涯教育的理解也不尽相同。

有研究者认为,生涯教育贯穿于个体的孩提时代至成年,参与个体的孩提至成年的整个教育过程。美国教育总署(USOE)对生涯教育进行如下界定:生涯教育是一种综合性的教育计划,其重点放在个体的全部生涯,即从幼儿园到成年,按照"生涯认知(career awareness)—生涯探索(career exploration)—

生涯定向（career orientation）—生涯准备（career preparation）—生涯熟练（career proficiency）"等步骤，逐一实施，使学生获得谋生技能，并建立个体的生活形态[①]。该观点不仅明确了生涯的起止，更详细阐释了教育群体、教育目标、教育阶段，明晰了整个生涯教育的达成。

在此基础上，有学者将生涯教育的阶段性进行延展，认为生涯教育不应该仅仅包含幼儿园至成年的教育活动。职业生涯应是指一个人终其一生，伴随着与工作或职业有关的经验和活动。由此，Hall 将职业生涯分为三个阶段：早期职业生涯、中期职业生涯与后期职业生涯。布罗林等也认为生涯教育是一个终身过程。在这个过程中，将对职业的强调融入各个阶段的实质性领域之中，包括工作培训、工作见习、工作学习、个别辅导、生涯探索，以及作为家庭成员、公民与休闲参与者所从事的志愿服务或无偿劳动中[②]。该观点将生涯教育的时间范围进一步延展，但其内涵仍然是围绕职业生涯教育方面，强调生涯教育与职业相关活动的融合。

还有学者认为，生涯教育不单单是一种学校教育，更是一种综合性的教育活动。日本第六届国际生涯教育研讨会对"生涯教育"的理念作了较为明确的阐述，认为生涯教育应包括学校教育、家庭教育、社会教育、环境教育，不仅要重视知识教育，而且要特别重视人格培养[③]。美国北达科他州政府将生涯教育定义为一种整体性教育，即在"家庭—学校—社会"等共同努力下，促进所有人客观评价工作的社会环境与自身能力，使学生习得职业选择能力、职业准备能力、职业学习能力以及进入劳动世界的其余各种能力[④]。该观点不仅强调生涯教育所要达成的目的与意义，更强调了生涯教育资源的社会性与整合性。

在生涯教育的动态演变中，不同时期有不同的代表性理解，诸如：

生涯教育的创始人马兰认为，所有的教育都是生涯教育。典型的生涯教育应含有四方面的基本特征：其一，强调职业教育是生涯教育的核心；其二，强调每位毕业生均已具备继续深造或走入职场的准备；其三，强调涉及工作的教育或为工作而开展的教育可运用多种教学方式达成；其四，强调教育应为个体拓宽生涯选择提供机会。马兰的理念既是"生涯教育"概念的初始形态，也是对该概念的经典释义。它不仅洞察了生涯教育的核心要义是职业教育，更看到了教育的本

①　沈之菲.生涯心理辅导[M].上海：上海教育出版社，2000.
②　布罗林，洛依德.生涯发展与衔接教育（第 4 版）[M].张顺生，等译.南京：江苏教育出版社，2009.
③　李倩，徐谨.日本高校生涯教育的理念与实践[J].思想理论教育，2006(21)：58-63.
④　韩瑞连，韩芳.生涯教育与职业教育及其相关概念内涵解析[J].中国职业技术教育，2009(3)：14-17.

质即为个体终身成长服务。

沃辛顿(R. M. Worthington)认为,生涯教育是改变所有教育系统,以求造福全民的革命,它强调所有教育的经验、课程、教学及咨询,都是为个体将来经济独立、自我实现及敬业乐群生涯所做的预备,它通过改善职业选择的技巧与获得职业技能的方式,提高教育的功能,使得每位学生能享受成功及美满的生涯。该观点的贡献之处在于其强调了生涯教育的目的是让每位学生享受到成功与美满生涯的目的,更指明了生涯教育对于教育系统的革命性意义与价值。

1972年,美国职业教育学会(American Vocational Association)在推广教育工作报告书中指出,生涯教育囊括所有国民,涵盖了孩提时代到成年的整个教育过程。生涯教育的重心和目标就是为了使学生明晰学习目的,对所从事工作充满热忱。为达成这一目标,就需要运用教育家的智慧以及社会与家庭的资源。该观点明确了生涯教育的施行时间,更强调了生涯教育对象的全民性和参与对象的社会性。

我国台湾学者许永熹认为,生涯教育的内涵主要是帮助个体认识真实的工作世界与探索自己可能的发展形态,帮助个体准备、规划与抉择,使个体在各个阶段都更满足和舒适,并逐步实现自我与社会的融合。该观点是目前对"生涯教育"较为普遍的认知,其核心就是协助个体认识真实的工作世界并探索自己可能的发展形态。

南海等人认为,生涯发展教育是协助个体认识真实的工作世界并探索自己可能的发展形态,以便做较佳的抉择、规划与准备的综合性的教育计划。他们强调,生涯发展教育中的课程、教学以及辅导咨询,均是为了个体将来的经济独立、自我实现以及敬业乐群生涯做准备。生涯教育包含了个体一生的历程,它是以工作相关的教育以及为工作而准备的教育为载体,使个体能认识自我,具有一定的工作决策能力以及规划未来的能力,从而实现自己的理想人生;生涯教育的最终结果旨在让每一个人能享受成功及美满的人生,过上适合自身特点的美满的生活[①]。从教育的目的、内容、时间出发,该观点是对上述观点的总括,具有较高的综合性和概括性。

综上,生涯教育是一个连续性和长期性的过程,其目的是提升个体的能力,使个体达成自我与社会的实现,使其能享受完满的人生。从生涯教育的概念来看,生涯教育在一定程度上是学校教育的补充,填补了学校教育和社会职场之间

---

① 南海,李金碧.什么是"生涯"——对"生涯"概念的认知[J].中国职业技术教育,2006(33):16-17.

的鸿沟。在教育的过程中,生涯教育不仅应该注重个体在社会化进程中一般知识的传授与一般技能的养成,同时也应该注意到个体的差异性,依据不同个体的兴趣、特质进行专项知识与能力的培养,要重视知识教育,更要特别重视人格培养。在"人类命运共同体"构建和终身教育的背景中,我们更应当以发展的眼光界定"生涯教育"的概念,并结合当下我国的教育理念以及课程改革的具体实践,在教育坐标体系当中找寻其应有的位置。

　　基于以上分析,本书认为"生涯教育"是一种针对所有人,贯穿其一生的终身教育,其实质统合了各级各类的教育理念,其内涵是帮助个体综合能力的提升,不仅是专业知识能力,更是态度、生活技能、职场世界的了解、综合素质等各方位的提升,在此过程中需要家庭、学校、社会、个体的通力合作,最终协助个体达成自我与社会的实现。

第二节　生涯教育的相关概念

　　生涯教育是一个系统而非单一的概念。这种系统性体现在两个维度:其一,从理论研究的范畴看,生涯是一个引自职业教育的概念,也是一个舶来的概念,翻译和理解过程中的差异容易导致生涯教育、职业教育、生涯指导、职业规划等不同的表述;其二,从实践的范畴看,生涯教育包罗万象,很多教育的元素都可以归于其中。因此,与生涯教育相关的教育概念非常多,有必要在建构"五位一体"的新时代高校生涯教育体系的过程中,对生涯教育的相关概念进行对比分析,以形成关于生涯教育概念更清晰的理解与认知。

一、生涯教育与职业教育

　　职业教育起源于 18 世纪 60 年代的欧洲,根据《国际教育标准分类法》职业教育的主旨是为了引导学生掌握特定职业或行业中所需的实际技能、知识和认知而设计的教育[①]。它会根据社会与经济发展的需求,针对个体就业的要求,为个体提供从事职业所必需的实践经验的特定的职业能力教育。因此,从教育目的来说,生涯教育旨在制定个体一生的发展历程,而职业教

---

　　① 刘来泉.世界技术与职业教育纵览——来自联合国教科文组织的报告[M].北京:高等教育出版社,2002.

育更注重培养个体的职业能力;从教育的受众来说,生涯教育强调的是所有的职业教育均应融合于受教育者的所有阶段,这是从孩提时代就开始的教育,而职业教育是面向较为成熟的个体,为了培养技术应用型与技能型人才开展的教育。

尽管生涯教育与职业教育有着本质上的区别,但是两者又是相辅相成的。职业教育可弥补生涯教育过分关注个体未来发展的现象,生涯教育则可弥补职业教育过分关注学习职业技能与知识的现象。新西兰政府将职业教育与生涯教育相融合,培育学生终身适用的职业发展能力,以适应现代社会职场需要,促进学生素养的全面提升;谷峪等亦指出,生涯教育是对职业教育更深层次的理解和规划,生涯教育不单单是对学生职业综合水平的提升,更侧重于学生创新创业意识与技能的培育,更注重学生职业精神与职业情感的养成,使学生能够合理规划自身的职业发展[①]。

二、生涯教育与生涯辅导

随着生涯教育理念的提出,生涯辅导以落实措施的姿态应运而生。生涯辅导指的是根据一套系统性的辅导计划,通过辅导人员的协助,引导个体探究、评价与整合,运用从学校、家庭、社会获得的有关知识或经验,而开展的促进个体生涯发展的活动[②]。这些知识或经验不仅包括个体的自我兴趣,还包括了潜能挖掘、职业需求信息等生涯规划与决策中所必须包含的各种因素。

因此,生涯辅导的着眼点在于个体生涯的发展,是生涯教育的重要组成部分,侧重于协助个体度过某个生涯发展阶段。更具体地说,当个体面临生涯发展困境或想要生涯更好地发展时,例如个体需要确立事业发展方向,个体需要确立激发自身工作动力的价值观,抑或是个体面临人生重要事项抉择关口,就需要寻求生涯辅导。换言之,生涯辅导能帮助不同年龄层与不同社会阶层的个体顺利度过生涯发展的各个阶段。

三、生涯教育与职业指导

与生涯教育中的核心环节生涯辅导相比,职业指导的着眼点在于帮助学生

---

① 谷峪,姚树伟.职业教育·生涯教育·终身教育[J].江苏教育,2015(4):6.
② 冯观富.教育心理辅导精解[M].台北:心理出版社,1993.

学会根据自身特点与社会需要,进行职业择选、职业获取、职业适应、职业改进等。其强调的是个体与职业的契合度,是局限于一定范围内的、短期的指导。生涯教育则以尊重个体的个性和发展为目标,以个体生命历程中职业生涯的发展为核心,关心个体一生中的教育与职业。从职业指导到生涯教育这是时代的诉求,更是时代发展的必经阶段,这是以发展的职业观取代了静止的职业观,是关注职业终身发展的需要。

第三节 生涯教育的历史演进

生涯教育理念起源于西方,其发展历程可追溯至百年前。以美国、英国为代表的西方资本主义国家,由于社会经济的快速发展,为缓解就业和失业等问题引发的阶级矛盾,诞生了生涯教育的相关理念,以寻求职业指导活动的开展。生涯教育理念具有一定的发展性,自 20 世纪初以来,生涯教育理念的产生与发展大致经历了职业指导、生涯辅导、生涯教育三个阶段。

一、职业指导阶段

生涯教育最初的实践形式便是职业指导。19 世纪的工业革命,戏剧化地改变了人类的生活条件和工作环境,经济迅速发展,工业从轻工业扩至重工业,新兴职业迅速产生与发展。机器的节奏开始支配个体的自主性,缺乏人性化的管理扼杀了个体的生存尊严。现实的困境与愈演愈烈的革命浪潮让许多科学家开始关注个别差异研究。关注人类能力的专著的出版,第一个研究人类行为的实验室的成立,以心理测验为工具衡量个别差异的问世,杜威的教育改革,都为强调个体的动机、兴趣和发展奠定基础。

1908 年 1 月 13 日,热衷于社会改革,毕业于康奈尔大学的工程师帕森斯(F. Parsons)成立了世界上第一个职业指导机构——波士顿职业局(Boston Vocation Bureau),也就是我们所谓的职介所。职介所的功能是引导找不到工作的个体接受职业的教育与培训,并帮助个体选择职业。1909 年 5 月,帕森斯等人出版了第一本职业指导专著《职业选择》(*Choosing a Vocation*),首次提出了"职业指导"这一专业术语,并系统阐述了"人职匹配"理论,创建了帮助个体选择生涯的概念性构架,也预示了职业指导活动的历史性开端。帕森斯建立的波士顿职业局以系统的步骤辅导前来寻求协助的求职者,为职业指导事业的发展奠定了基础,并使得职业指导成为有组织性、专业性的活动。帕森斯也因此被后人称为"职业指导之父"。随后,职业指导在苏联、日本、德国等国发展起来,并受到社会各界的重视。

1909 年,波士顿学区的督学布鲁克斯(S. Brooks)在中小学中安排了 117 名教师作为"职业咨询者"进行专门的职业指导,并在学校中开始培养专业的职业指导教师。1912 年,美国正式成立了全国职业指导协会(NVGA),围绕教育、就业、生活、社会等内容开展工作,规划、组织全国的职业指导活动。伴随着人职匹配理论的逐渐深入,职业指导开始进入教育领域。1916 年,哈佛大学首次为在校学生开设就业指导课程。1936 年,美国实施了"国家青年管理项目"(NYA),其核心任务就是在学校教育中提高职业技能培训的比重,开展职业指导,提高学生对职业的认知度,从而提升学生的就业能力。

值得一提的是,20 世纪初的职业指导运动是以心理测试运动的茁壮发展为基础的。在帕森斯以前,心理测试尚未发展起来,但在帕森斯总结了他的波士顿职业局工作理念后,心理测试进展迅猛,这使得生涯辅导运动的发展如虎添翼。1917 年第一个团体智力测验诞生并开始作用于职业指导,在美国社会获得较好反响,职业指导逐渐被国民所接受。其后,美国斯坦福大学的斯特朗(E. K. Strong)发表了斯特朗职业兴趣量表(The Strong vocational interest blank),帮助学生发现职业兴趣,确定适合的大学专业领域;帮助职场新人找寻职业发展方向,明确兴趣和职业选择之间的契合点等。霍尔(C. L. Hall)发表了特殊能力倾向测验,专为职业指导的应用而设计,强调如何将个体的特质与工作的需要相匹配。心理测量研发为职业指导人员提供了有力的辅导工具,为职业指导运动的滋长飞跃提供了良机。

在这个阶段中,尽管社会和个体对职业指导的认可程度、重视程度不断增加,"人职匹配"理念渐入人心,"心理测量"更使职业指导逐渐走向科学化、系统化。但在此阶段中,也出现了很多弊端和不足,譬如没有将职业选择的过程看成是一个动态的过程,将职业观念与职业能力的形成看作是一蹴而就的,同时对心理测量工具的依赖程度较高,忽视个体能动性以及社会、家庭等外部环境对个体职业选择的影响等。

二、生涯辅导阶段

自 20 世纪 50 年代开始,职业指导发生了重大变革,其一是职业指导冲破了此前静态的职业选择,将职业指导的阶段放置于人的一生中;其二是从注重"人职匹配"开始向"以人为本"的辅导理念转变。因此,这一时期的职业指导开始重视个体的心理特质,将职业行为置于个体发展历程中加以研究,更为人性化。

第二次世界大战后,由于工作经验缺乏,退伍军人流离失所;社会局势动荡,社会变革加剧,自主择业机会增多,青少年难以适应。退伍军人的再就业与广大青年如何寻找职业成为美国社会的突出问题。1949 年 1 月,全国职业指导协会(NVGA)指出了美国职业指导方向,即在整个教育体系中开设职业指导,为青少年和成人提供生涯规划的服务。所谓的生涯规划服务,既包含雇佣者和劳动者的选择、职业相关的调整,还包括了个体与职业的协调和发展。

在此背景下,金兹伯格(E. Ginzberg)于 1951 年提出了一种全新的、心理学的职业生涯发展理论。该理论认为职业选择是个体终其一生的过程,与此同时职业生涯选择过程中,充满了不确定性,绝大多数是不可逆转的,最终的个体职业选择显示的是个体在理想与现实中做的妥协。在此基础上,他将职业发展分为三个阶段进行研究。1951 年,罗杰斯(C. R. Rogers)发表《咨询者中心疗法》,阐述了以人为中心的心理咨询理念。他指出,咨询者和被咨询者之间内在的关系比外在器械、药物等外在因素更为重要。罗杰斯的"以人为中心"的咨询理念,成为职业指导历史上一个转折点。舒伯(D. E. Super)在对"特质—因素"理论、发展心理学、个人结构理论的研究进行总结的基础上,从生命周期的角度来看待职业生涯发展,在其《职业生涯心理学》一书中首次提出生涯发展理论。他将个体职业发展阶段分为成长、探索、建立、维持和衰退五个阶段,由此建构了他的职业生涯选择和发展理论。

综上,该阶段的主要特点为:动态发展的择业观取代了一次性终结的择业观,职业指导由最初的职业选择向终身生涯发展转变;以咨询者为中心的职业指导克服了传统职业指导的弊端,强调咨询者的主体性地位,强调个体的主观能动性;关注个体的生涯阶段研究,对被指导者的职业观念、能力、价值观等方面如何形成、发展进行深入研究,为科学定制生涯奠定了基础。

三、生涯教育阶段

20 世纪 70 年代初,终身教育理论传播至美国,越来越多的教育家意识到科学技术发展速度和职业的更新换代在某些方面影响了人类的生活。在他们看来,一方面,个体应获得工作或生活的技能,而不是仅仅获得某种劳动技能;另一方面,生涯咨询应该建立在终身教育理念的基础上。1971 年,在全美中学协会上,美国教育总署署长马兰教授和其他成员一同提出"生涯教育",从而开启了这场以"生涯教育"为旗号的教育改革浪潮。

这种全新的教育理念认为,所有的教育都应是生涯教育,即将职业教育与普通教育融为一体,从而贯穿于个体一生。马兰提出,教育应以学生的未来工作为导向,为每个个体拓展生涯选择的机会,做好继续升学或参与职业活动的准备①。1972年,美国尼克松总统从财政和法律的途径对生涯教育的实施给予保障,他指出生涯教育是由政府创办的一种最有前途的教育事业。在此背景下,为顺应社会发展的需求,舒伯将生涯定义为是生活中各种事件的演进方向与过程,统合个体一生中的各种职业和生活角色,由此表现出个体独特的自我发展形式。他自1976年深入研究生涯,通过四年研究,提出了以生活广度、宽度、深度为基础的生涯彩虹图。

20世纪80年代,生涯教育不再像70年代那般家喻户晓,但是生涯教育理念已深入人心,对美国教育产生深远影响。同时,为了向职业转型中的公民提供重要服务,私人咨询员应运而生。这也是国家接受生涯咨询的直接产物②。20世纪90年代以来,生涯教育在各个新的领域得到延伸,同时各国的教育理念开始趋同,将职业教育和普通教育的理念进行统合。一些国家开始探索"从学校到生涯"运动,后逐步形成"从学校到生涯"的职业教育理念。1994年,美国以生涯教育为基础,面向幼儿园至高等教育发布《从学校到工作机会法案》,为学生提供职业方面的帮助。1998年,美国职业协会还以"生涯和技术教育"代替术语"职业技术教育",以更好地适应教育改革。

此阶段的生涯教育主要是强调"终身性",即生涯教育为个体一生的生涯进行指导,而不单是"职业"的终身性。与职业指导或者职业生涯辅导相比,此阶段生涯教育理念承认职业生涯在个体历程中的重要地位,同时站在个体一生的立场上,综合审视多重角色之间的冲突与协调,认为个体一生(从出生至死亡)各个阶段都需要规划。

第四节　生涯教育的理论依据

教育理论与实践的关系是教育学领域的一个基本问题,是一个常谈常新的

---

① 石伟平. 比较职业技术教育[M]. 上海:华东师范大学出版社,2001.

② POPE M. A brief of career counseling in the Unites States[J]. The Career Development Quarterly,2000(48):194-194.

问题,也是一个亟待解决的问题。多年来,众多学者从不同角度、不同层面给予了不同解答,有代表性的主要有"指导说""中介说""实践优先说""统一说"和"双向滋养说"等①。这些观点的确为教育理论与实践关系问题的解决提供了丰富的理论视角,也在当前的基础教育改革实践中有一定的体现②。不论我们如何解读教育理论与实践的关系,基本的价值判断未曾改变:教育的实践变革离不开相应的理论支撑,只有具备厚实的理论基础,才能在思想上给予教育实践者变革的信心和勇气,也才能提升教育实践改革成功的可能性。

如前所述,生涯教育从人职匹配的职业指导阶段到关注个体全面发展和终生发展的生涯教育阶段,产生了较多影响深远的理论,为生涯教育改革提供了理论的支撑。根据时间的推演以及重要程度,大致可以分为三类,也就是选择与匹配理论、生涯发展理论及生涯决策理论。其中,选择与匹配理论以"人"和"事"的结合为核心;生涯发展理论则以"生活阶段"为关键点;生涯决策更侧重于决策过程的"历程"与"形态"。具体如下所述。

一、选择与匹配理论

1. 特质因素理论

特质因素理论由帕森斯创立。1909年,帕森斯在其《职业选择》一书中提出了"人职匹配"是职业选择的重要依据。"特质"就是指个体的人格特征,包括能力倾向、兴趣、价值观、人格等,这些均可以使用心理测量工具进行测量。"因素"就是指工作要取得成功所必备的条件或资质。在他看来,每个个体都有自己独有的人格模式,而每个人格模式又对应着相应的职业类型。因此,该理论假设世界上的每个个体都具有自己独特的能力模式与人格特质,而这些不同的能力或人格又与某些特定职业存在着相关性。每个个体都有选择职业的机会,在认识并了解个体主观条件和社会职位需求条件的基础上,将两者进行对照,最后选择与个人特质相匹配的职业。

职业成功的可能性依赖于个人特质与工作需求的匹配程度,两者越契合,职

---

① 此部分结论主要参考:①曹永国.也谈"教育理论指导实践"——兼与彭泽平同志商榷[J].教育理论与实践,2003,23(1):16-19;②宋秋前.行动研究:教育理论与实践相结合的实践性中介[J].教育研究,2000(7):42-47;③康丽颖.教育理论工作者回归实践的自识与反思[J].教育研究,2006,27(1):62-67;④宁虹,胡萨.教育理论与实践的本然统一[J].教育研究,2006,27(5):10-14.

② 邱芳婷.从合作视角看教育理论与实践的关系[J].教育理论与实践,2014(17):3-5.

业发展取得成功的可能性越大。所以特质因素理论的重点在于,职业抉择时,有三个明显的因素:准确定位自己;明晰不同领域获取成功的条件与环境;对于这两部分关系的准确认知。据此,人职匹配分为两种类型:

其一,因素匹配(活找人),指职业所需的技术与专业知识同掌握该项技术与知识的择业者相匹配。例如,脏、累、苦等条件较差的职业,就需要吃苦耐劳、体格健硕的劳动者与之匹配。

其二,特性匹配(人找活),指个体的人格特性与工作之间的匹配性。例如,中规中矩、规则意识强的人,适宜从事常规性、流水线工作。

因此,特质因素理论凭借测量工具和方法对个体的特性进行测评,主要强调个体具有的特性与职业需求的素质和技能之间的匹配性。尽管这是最早的职业生涯规划理论,但是对那些自我概念清晰、职业选择明确并且有工作经历的人来说,特质因素论效果仍然显著。但该理论的局限性在于强调个人特质与工作需求相匹配的同时,忽略了社会因素对职业选择的影响。

2. 霍兰德的生涯类型理论

生涯类型理论是美国霍普金斯大学心理学教授约翰·霍兰德(John L. Holland)于1971年提出的[①],这是在帕森斯的特质因素理论基础上发展起来的,该理论统合了职业意图、职业兴趣、人格等重要知识,认为职业选择是个人特质的反映。

该理论主要想解决两方面问题:个体与环境的哪些特征可以带来生涯决定、生涯投入、生涯成就的满意度;个体与环境的哪些特征可以影响个体的工作稳定程度。在此基础上,寻求最行之有效的方式帮助个体解决生涯上的困难。为解决以上问题,霍兰德提出了六个基本原则:任何一种职业的选择,都是人格的表现;既然职业兴趣是人格的表现形式,那么职业兴趣测验就是一种人格测验;职业上的刻板化印象是可靠的,而且具有心理与社会的意义;从事相同职业的个体,有相似的人格与个人发展史;从事同一职业的个体有相似的人格,他们对各种情境或问题的反应也大致相似;个体的职业满意度、职业稳定度与职业成就取决于个体的人格与工作环境之间的匹配性。

其后,霍兰德将美国社会中的职业分为六大类型,并提出了一系列的假设:

(1)在美国的文化中,个人特质类型可以归类为现实型(realistic)、研究型

---

① HOLLAND J L. Making vocational choices: A theory of vocational personalities and work environments[M]. Odess, FL: Psychological Assessment Resources, 1997.

（investigative）、艺术型（artistic）、社会型（social）、企业型（enterprising）及常规型（conventional）六种，根据这六种类型的英文首字母分别简称为 R、I、A、S、E、C 型。

（2）在美国的社会中，也存在与上述人格类型相对应的六种环境类型。

（3）个体都要追求某类工作环境，在这类工作环境中，个体能够发挥特长、实现价值、解决问题或胜任任务。

（4）个体的行为由人格和环境交互作用，当人格类型与职业环境类型协调一致时，个体会产生更高的工作满意度和更高的工作绩效。

这六大类型的首字母按照一个固有的顺序排成一个六角形——RIASEC（见图 3-1），显示出该理论的精华。

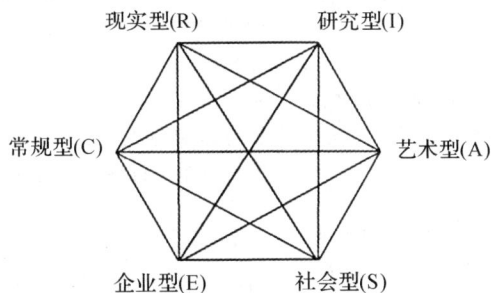

图 3-1　Holland 的生涯发展与选择六角形模型

在理论假设的基础上，霍兰德提出人格特质类型与职业类型的匹配模式，认为同一类型的劳动者与职业互相匹配，就能达到人格特质类型与职业类型的匹配状态，即劳动者找到适合的职业岗位，职业岗位获得了适宜的人才，劳动者的才能与积极性便能得以很好的发挥。六种劳动者的个人特质类型与六种职业类型的具体内容，如表 3-2 所示。

表 3-2　人格特质类型与职业类型的匹配模型

类　型	个性特点	职业特点	主要职业
现实型	动手能力强，动作灵活，愿意使用工具从事操作性工作，偏好从事具体事务，不善言辞，机械呆板，体格健壮，避免处理人际关系	工程技术工作、农业工作、需要体力、运用工具或操作工具	木工、电气工程师、建筑工程师、运动员、电工、测绘员等

续表

类　型	个性特点	职业特点	主要职业
研究型	思考问题透彻清晰,喜欢独立,富有创造性,知识渊博,不善于领导他人,好奇心强,个性内向	科学研究和科学实验	生物学家、化学家、地理学家、医学技术人员、心理学家、自然科学与社会科学方面的研发人员等
艺术型	有创造力,乐于创造新颖、与众不同的作品,渴望表现自己的个性,实现自身价值	单独工作,长时间工作	艺术家、作家、摄影师、节目主持人、演员、广告管理人员等
社会型	责任感强,乐于助人,有人际交往技巧,渴望发挥自己的社会作用	高水平的与人沟通	教师、行政人员、医护人员、社会工作者、管理人员等
企业型	追求权力、权威和物质财富,喜欢竞争,敢冒风险,精力充沛,善交际,有口才	善于口头表达,组织与影响他人,共同完成组织目标	企业家、金融家、律师、政府官员、经理、采购人员等
常规型	尊重权威,喜欢按计划办事,习惯接受他人领导,不喜欢冒风险,工作踏实,责任心强,依赖性强	各类与文件档案、图书资料、统计报表相关的工作	会计、出纳、速记员、统计员、秘书、文书、图书馆管理员、审计员等

　　霍兰德的生活类型理论为生涯教育的发展提供了重要的理念,即将个体的人格特质与适合这一人格特质的工作联结起来。借助霍兰德的理论,求职者能够迅速、系统地在一个特定的职业群中,进行职业探索活动。

3. 选择与匹配理论同大学生生涯发展

　　对于生涯发展目标,大部分学者都认可生涯发展课程的总体目标是促进学生的发展。具体是通过协助学生自我探索、生涯探索、拟定生涯规划、做出生涯决策,帮助学生达成生涯成熟,挖掘学生的潜能。而这正是选择与匹配理论所强调的选择工作最重要的三步:认识自我,包括兴趣、人格、价值观等;认识工作世界,包括职业信息、职业要素、职业分类等;整合自我与工作世界,包括确定职业方向、明确行动计划。因此,为了将选择与匹配理论同大学生生涯发展相融合,我们就应该在大学生未走出校门之前,引导其重视对自我的评价、对职业环境要求等信息的收集与整理,在此基础上,发展大学生自我评价、自我决策的能力,从而主动融入社会与工作世界,成就自身的生涯。而这也是高校生涯教育取得成效的关键所在。

二、生涯发展理论

自帕森斯开创了职业指导的工作模式后,其后半个世纪,理论的发展基本在特质因素的人职匹配的架构下进行,很少有学者对生涯发展问题感兴趣。金兹伯格和舒伯的出现,让生涯发展的概念取代了职业指导的模式。相比选择与匹配理论,生涯发展理论更关注个体发展的各个阶段,也就是关于"到什么时候做什么事情"的理论。该理论从个体的角度,以发展的眼光探讨自我概念的形成,明确个体每个阶段的议题与任务,为个体的职业选择和生命意义的丰富提供了更大的可能性。

1.金斯伯格的生涯发展阶段理论

金斯伯格受"生命阶段"学说的启发,对生涯发展进行了长时间的实证研究。在他看来,个体在进行职业选择时,不仅要考虑自身的兴趣、能力与价值观的发展,还要平衡自身发展与社会需求之间的关系。他的理论主要包含以下几方面内容:第一,职业选择是一个连续的、长期的过程;第二,职业选择的过程不可缺少且不可逆转,是由一系列起决定性作用的阶段构成的;第三,个体的职业行为来自个体的早期生活并伴随着时间不断发展;第四,职业选择显示的是个体在职业理想与可获得现实可能性之间的妥协[①]。他将职业生涯发展分为三个阶段:幻想期、探索期、现实期。

(1)幻想期(11 岁之前)。该阶段个体的职业心理纯粹由自身的兴趣爱好所决定,具有较强的情境性。在此阶段中,个体对世界与所能够看到的、接触到的各类职业工作者充满好奇,幻想自己将来所从事的职业工作,并在游戏中扮演自己所喜爱的角色。个体在这个阶段,不会对自身条件、能力水平、社会需求、发展机遇进行现实的评估。

(2)探索期(11～17 岁)。该阶段个体的职业心理仍被主观因素主导,希望未来从事的职业与自己的爱好相关联。在此阶段中,个体的身心快速成长,独立意识、价值观念开始形成,知识、能力显著增强,并初步懂得社会生产与生活的经

---

① GALOTTI K M,KOZBERG S F. Adolescents' experience of life-framing decision[J]. Journal of Youth and Adolescence,1996(25):3-16.

验。个体逐步开始有意识地、客观地审视自身兴趣、条件、能力与价值观,关注职业本身的社会地位和社会需求。

(3)现实期(17岁之后)。该阶段是个体正式的职业选择决策阶段,最大的特点是理性客观并讲求实际,寻找适合自己的职业生涯角色。在此阶段中,个体职业需求不再模糊,甚至为了实现特定的职业目标,个体会从现实出发,进行折中的选择与调试。

金斯伯格指出,生涯发展的各个阶段相互关联,如果各阶段的任务能够完成,就能达到各阶段相应的目标,反之,就会影响下一阶段的职业成熟,最终导致职业选择障碍。尽管金斯伯格的划生涯划分并不科学,他更侧重于青少年时期,轻视了个体一生的生涯发展研究,但他开启了学者们对生涯发展阶段性的研究。

2. 舒伯的职业生涯发展理论

20世纪50年代,舒伯受金斯伯格等学者理论的启发,以差异心理学、发展心理学与职业社会等研究视角,对生涯辅导等开展综合研究,提出了生涯发展理论。在舒伯看来,个体的职业生涯发展阶段可以分为五个阶段,即成长阶段、探索阶段、建立阶段、维持阶段与衰退阶段,并提出了各阶段的发展特点与注意事项(见表3-3)。

表3-3　舒伯的生涯发展阶段与发展任务[①]

阶　段	年　龄	发展任务	阶段特征
成长阶段	0～14岁	自我概念形成;对工作世界开始形成正确的态度	通过学校、家庭、重要他人的认同反馈,个体日趋成熟的自我概念得以发展;需求与幻想成为该时期的主要特质;随年龄增长,学习行为出现,社会参与程度增加,对社会现实逐渐产生注意和兴趣。该阶段又分为三个具体阶段: ①幻想期(4～10岁),以需求为中心,以游戏、幻想等方式来发展职业角色的认同; ②兴趣期(11～12岁),以兴趣为中心,理解、评价职业,并发展职业爱好与兴趣; ③能力期(13～14岁),以能力为中心,考虑职业所需要的条件与自身能力之间的差距,并进行能力培养

---

① 金树人.生涯咨询与辅导[M].北京:高等教育出版社,2007.

续表

阶　段	年　龄	发展任务	阶段特征
探索阶段	15～24 岁	实现职业偏好；发展自我概念；开创学习机会	通过学校学习、休闲活动、实践工作等，进行自我考察、角色感知与职业探索。该阶段又分为三个具体阶段： ①试探期（15～17 岁），综合自身的意愿、兴趣、能力、就业机会，对职业发展方向作初步的判断，对未来职业进行暂时性选择； ②过渡期（18～21 岁），个体正式进入劳动力市场或者进入专业教育培训期，在现实与环境中，寻求"自我概念"的实现，并进行特定的选择； ③尝试期（22～24 岁），初步进行职业选择，试探其作为终生职业的可能性，并对职业目标的可行性进行验证
建立阶段	25～44 岁	找寻机会从事个体想做的事；学习与他人建立某种联系；探求和精进专业知识与能力；确保工作的安全与稳固	确定真正适合自己的职业领域，并建立稳固的职业地位。在该阶段初期，个体会进行"试验"，从中确定职业选择与决定是否正确，并逐渐在某种职业上稳定下来。该阶段又分为两个具体阶段： ①适应期（25～30 岁），寻求安定，也可因满意程度进行略微的调整或者回到探索阶段进行重新规划； ②晋升期（31～44 岁），致力于实现稳固与安定的职业，该阶段大多数人处于富有创造性的时期，身负重责大任
维持阶段	45～64 岁	客观地接受自身条件的局限；应对工作难题；发展新技巧；专注于本职工作；维持既有的职业地位与成就	个体根据既定目标，力求保有已取得的成就和社会地位，较少有创意与新意，面对新进人员会全力应对
衰退阶段	65 岁以后	发展职业外角色；学习并适应退休人员的生活；做以前想做的事；减少工作时间	精力、体力逐渐衰退，退离工作岗位，发展新角色； ①减速（65～70 岁），工作效率变缓，改变工作重心或性质以适应逐渐衰退的体力与心理。许多人会找代替全职的兼职工作； ②退休（71 岁～死亡），停止原有工作，转移精力

从成长阶段、探索阶段、建立阶段、维持阶段到衰退阶段,这样的生命全程式发展标记着个体生涯成熟的程度。换言之,在该理论的每个发展阶段都有特定的任务需完成,每个发展阶段都需达到一定的发展水平或达成某个目标,而前一阶段的发展任务的达成情况直接关系到后一阶段的发展。例如,对于 60 岁的中年人而言,他所处的发展阶段是维持阶段,其生涯发展任务就应该是客观地接受自身条件的局限,专注于本职工作,并维持既有的职业地位与成就。这反映了个体在生理与社会层面的成熟程度,也是社会期待他在生涯发展阶段中所应呈现的水平。

继生涯发展理论后,舒伯对发展任务的看法又有了新的突破。他认为在个体一生的生涯发展中,每个生涯发展阶段同样要面临成长、探索、建立、维持和衰退的问题,形成"成长—探索—建立—维持—衰退"的循环。举例而言,一个 20 岁的大学新生,他正处于生涯阶段的探索阶段,但是在此阶段中,他首先必须先适应新的角色与学习环境,经过"成长"与"探索",然后"建立"一定的适应模式来"维持"大学的学习生活,其后,他又要开始面对另一个阶段即准备求职阶段。此前原有的惯用模式会逐渐"衰退",新阶段的任务又开始新一轮的循环,周而复始。

3. 生涯发展理论与大学生生涯发展

生涯发展理论所体现的就是个体的生涯成长是按照一个固定的序列发展的,是一个不断发展、循序渐进的过程,并且每一个个体在不同的年龄阶段中,有不同的角色和任务。换言之,职业选择的过程是由一系列起决定性作用的阶段构成的。大学生所处的阶段正是探索阶段,在此阶段中,大学生会通过学校学习、休闲活动、实践工作等,认识到自身对工作的需求,认识到自我兴趣、自身能力与价值观的重要性,并将能力与兴趣相整合,进一步具化职业选择。因此,在这个时期,对职业生涯之路进行合理规划,不仅可以帮助大学生缩短职业适应期,而且可以帮助其减少职业试错过程,对其今后的职业成功及其对社会的贡献都大有助益。

三、生涯决策理论

研究生涯发展的学者们一直重视和关心的主题之一就是影响个体生涯决定或者生涯选择的因素。学者们关注的侧重点因不同的门派而各有差异。大致来说,社会学家比较关注社会环境对个体的影响,心理学家则比较关注个体的内在发展。克朗伯兹的"社会学习理论"则兼顾了社会学和心理学的观点。彼得森的

"认知信息加工理论"则主张通过"认知"生涯选择的内涵,帮助个体增强生涯选择的能力,从而做出正确的生涯选择。

1. 克朗伯兹的社会学习理论

社会学习理论的论点主要在于个体在经历了环境的制约及强化后,会主动根据自己的行为目标及需求做适当的控制。换言之,它所要阐明的是个体行为是怎样通过学习进行的。

克朗伯兹的社会学习理论,试图解释个体的教育与职业兴趣、技能是如何形成的,以及这些兴趣和技能如何影响个体对职业或工作领域的选择。换言之,在克朗伯兹看来个体的许多选择很大程度上受外界环境的控制和影响。在此基础上,他提出了职业选择的四种影响因素(见表3-4)。

表 3-4　克朗伯兹职业选择的四种影响因素①

因素名称		具体内涵
遗传因素与特殊能力	遗传因素	指个体先天所获得的各种特质,某种程度上限制了个体对职业或教育的选择,如种族、性别、外貌等
	特殊能力	如智力、音乐能力、艺术能力、运动能力等特殊能力,可拓展或者限制个体的学习经验与选择自由
环境因素与事件		环境因素与事件会影响到个体的职业生涯选择,如工作机会的数量与性质、劳动基准法的规定、劳务市场、制度政策、技术发展、战争或自然灾害、社会舆论等
学习经验		个体独特的学习经验(工具性学习和联结性学习),在决定其生涯方向时扮演重要角色。在工具性学习中,个体直接对环境产生影响,得到可观测到的结果;在联结性学习中,个体观测事物之间的联系,并预测其间的关系
工作取向技能		遗传因素、特殊能力因素、不同的学习经验以及社会上的各种影响因素,都会以一种交互影响的方式锻炼出个体特有的工作取向技能

---

① KRUMBOLTZ J D. A social learning theory of career decision making[M]//MITCHELL L K, JONES G B, KRUMBOLTZ J D. Social learning and career decision making. Granston, RI: Carroll Press, 1979.

四种影响因素交互作用,通过经验的累积与提炼,从而产生四种结果:一是自我认识的形成,个体会对自己的表现做出评估与推论,包括成就、兴趣、爱好、职业价值观等;二是世界观的形成,个体基于其学习经验,会对环境与未来事物做出评估与推论;三是工作能力的形成,个体会从学习中培养自身能力,包括认知能力、操作能力、自我评估能力、对未来事件的预测能力等,其中与职业选择有重要关系的包括价值观念的澄清、目标的决策、资料的收集等;四是行动的形成,个体综合以前所有的学习经验、自我与环境的推论以及具备的各种能力,从而决定个体的行动。

该理论是从社会学习的观点来论述个体生涯选择的行为,其所强调的正是社会影响因素和学习经验。生涯教育不仅仅是将个体特质与工作相匹配,其重点在于个体应通过参与各种不同性质的活动,获得多种多样的学习经验。这些所学到的技能都有可能在未来的工作中派上用场,并能拓展个体的兴趣,培养个体适当的自我信念和世界观。

2. 彼得森的认知信息加工理论

认知信息加工理论的出现,让研究者们从关注生涯发展和生涯选择结果的适当与否,转向关注生涯选择的历程。在彼得森看来,个体对"认知"生涯选择内涵的掌握程度决定了其生涯选择的能力。

认知信息加工理论贯穿生涯问题的解决、生涯决策的制定过程,是对大脑如何接收、编码、储存、利用信息与知识的研究而形成的一种理论。该理论强调职业生涯问题的解决就如同认知过程。从认知信息加工的视角,彼得森提出了10个假设去看待生涯选择的本质[①]:生涯选择是基于认知与情感历程的交互作用;生涯选择是一种解决问题的活动;生涯问题的解决依赖于认知运作能力,也依赖于知识统合能力;生涯问题的解决需要极高记忆负荷;优秀的生涯问题解决者,其动机主要是为了做出满意的生涯选择;生涯发展是"自我知识"与"职业知识"结构不断成长与改变的过程;生涯认同依赖于"自我知识"记忆结构的发展程度;生涯成熟度取决于一个人解决生涯问题的能力;生涯辅导的目标之一是促进当事人信息加工能力的提升;生涯辅导的最终目标在于使当事人成为生涯问题的解决者。

---

① PETERSON G W, SAMPSON J P, REARDON R C. Career development and services: A cognitive approach[M]. CA: Books/Cole, 1991.

根据上述的假设,随着"自我知识"与"职业知识"越来越清晰,统合这些知识层面的认知历程也会越来越清晰。换言之,生涯教育的最终目标不是帮助个体解决生涯中的困难,而是帮助个体提升自身解决生涯问题的能力。在此基础上,彼得森等学者总结出了生涯问题的共同特征:其一,生涯问题包含情感等因素较为复杂;其二,解决生涯问题有多种途径;其三,生涯问题的选择结果具有不确定性。从此种层面而言,若要提升个体的生涯问题解决能力,需从加强信息的能力着手,故而提出了"信息加工层面的金字塔"(pyramid of information processing domains),如图 3-2 所示。

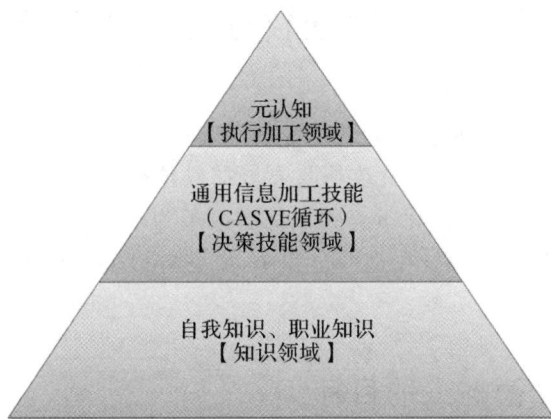

图 3-2　信息加工层面的金字塔

信息加工层面的金字塔共有三层,底层的两个部分称为知识领域,包括自我知识与职业知识;中间层为决策技能领域,是个体基于自我知识与职业知识的有效认知,对信息进行加工,从而做出生涯决策,其中的 CASVE 循环是指"信息沟通—信息分析—信息综合—信息评估—信息执行"五个阶段,这五个阶段循环往复;最上层为执行加工领域,也就是个体进行自我意识和自我调节的认知活动。

3. 生涯决策理论与大学生生涯发展

生涯学习理论强调生涯的选择是一种相互的过程,这种选择不仅反映了个体自主的选择结果,也反映了社会所提供给个体的就业机会与要求。生涯的选择并不是偶发性的事件,是许多的前因造成的。因此对于大学生生涯发展来说,大学生的生涯决定过程,不仅仅是将自身的特质与工作特质相匹配,更应该去增强大学生的学习经验,鼓励他们增强与生涯相关的探索活动。而认知信息加工理论则是在完善大学生个体知识领域,引导大学生进行合理的职业决策,客观认识生涯决策等方面有着显著作用。

换言之,环境是可以创造的,知识是可以习得的。因此,大学生可以通过生涯教育课程,培养自身的职业生涯规划能力,认识自身特质,觉察现有和潜在的资源优势,帮助其认识到自身的价值并使其持续增值;也可以对自身的优势和劣势进行对比分析,着力培养某种职业特质,从而更科学有效地规划自己的学习与实践,为自己的理想职业做准备。

第五节　生涯教育的原则立场

实施生涯教育是全面提升学生综合素质的需求,是促进高等教育内涵发展的需要,是深化新时代高等教育改革与发展的具体措施。在以人为本的理念指导下,生涯教育须以全面深化教育领域综合改革为前提,以教育创新、人才培养创新的新思维去付诸实现。在这一过程中,要恪守以下三个方面的基本原则和立场。

一、基于立德树人的目标

新时代大学生的发展与国家、社会及全球发展等密不可分。在信息化席卷全球,知识经济盛行,小康社会与大国崛起的进程中,大学生的生涯充满了无限可能。他们不仅可以享受发展成果,更需要他们持有参与、创造社会发展的信念、责任与水平。

2013 年 11 月,党的十八届三中全会提出全面深化改革的决定,提出"深化教育领域综合改革"的要求,强调"全面贯彻党的教育方针,坚持立德树人,加强社会主义核心价值体系教育,完善中华优秀传统文化教育,形成爱学习、爱劳动、爱祖国活动的有效形式和长效机制,增强学生社会责任感、创新精神、实践能力"。近年来,全国教育大会的召开和习近平总书记关于教育工作的重要讲话中,也反复强调了立德树人的价值,强调了五育并举的高质量人才培养体系的建构。在这种背景下,大学生的生涯教育必须紧扣党和国家提出的教育改革要求,必须体现社会主义核心价值观的核心要义。因此,大学生的生涯教育不能简单操作为"生涯规划"教育,更不能等同于纯粹的"专业选择"辅导或者"职业指导"教育,而是应该以学生的全人发展与终身发展为理念。为此,生涯教育必须将生涯概念教授给学生,让他们认识到生涯教育的核心内涵与要求,并将个体的生涯与国家要求、社会发展、民族进步及时代变革相联系;也只有对生涯教育赋予社会主义核心价值观的核心要义,生涯教育才能符合国家和社会的公民要求与人才要求。此外,大学生的生涯教育还需关注人格的养成、为人的修养以及各种工作技能的习得;必须将社会主义核心价值观中的集体层面的"自由、平等、公正、法治"与个体层面的"爱国、敬业、诚信、友善"的要求,转化为学校开展学生生涯教育的具体要求与内容。

二、基于专业标准的设定

相较于其他领域的变革,我国生涯教育起步较晚,目前还处于零散的探索阶段,没有相应的标准和要求,这也导致了生涯教育实际开展过程中的不系统性和低效性。因此,为了有效地开展生涯教育,专业标准和共性要求的建构必不可少。

首先,确立生涯教育的专业标准与要求,既要涵盖分阶段的目标体系与内容体系,也要涵盖从事生涯教育的人员素养与能力要求,更要讲求实践操作的原则、方法与评价等举措。就专业标准与要求而言,英、美等国家有比较成熟的经验可供借鉴①。其次,制定可实现这种专业标准与要求的政策和相应保障措施。政策制定是大学生生涯教育得以保障的必要条件。要制定、出台生涯教育的相关制度政策,加强生涯教育的专业建设,为大学生生涯教育与指导提供政策指引。最后,在借鉴他国经验的基础上寻求本土化的专业建设。当代大学生身处于开放的时代,为了使其获取高质量的终身发展与全面发展,他们更需要有全球化的价值观与技能。因此,以培育大学生的生涯思想与技能为目的的生涯教育,不能在"封闭"的状态下进行,而应协助大学生打开外部世界与现实生活的联系,将知识与技能的传授相融合。借鉴和学习其他国家与地区的经验与方法以期更好地开展大学生生涯教育,亦是可靠途径,而不需要从零开始。

三、基于全体教师的协作

生涯教育的有效开展,师资队伍是关键。当前某些地区,为确保学生生涯教

---

① 杨光富.国外中学学生指导制度历史演进[M].上海:华东师范大学出版社,2015.

育的有效实施,提出为学校设置专门的职业导师或配备专职的生涯教育教师;在社会化的培训市场中,也涌现出了很多面向学校的"职业生涯培训师"师资速成班。从生涯教育的专业性视角出发,这些现象、举措在一定程度上为学校实施生涯教育提供了支持。但是这些特设的"生涯师""职业师"真的可以承担起学校的生涯教育重任吗?学生的生涯教育,不应该是少数专职人员的单打独斗,更应该是全体教师共同参与、共同协作的过程。学生的生涯教育需要与学校教育教学过程相融合,需要与立德树人相融合,需要与社会实践相融合。生涯教育本就是一项综合性的教育活动,需要全校师生全方位的配合与投入,尤其是专业教师的参与与贡献。开展生涯教育本质上就是对每个教师提出的教育要求。

当然,全体教师参与学生的生涯教育,并不意味着教师需要系统学习生涯教育知识,而是一种意识与思维方式的转变。换言之,教师需要在教育教学过程中有意识地关注学生生涯教育的内容与要求,关注学生的个体需求,强调教师需为了学生的全面发展和生涯抉择开展协作,保持学生发展信息的共享。在此过程中,教师也要发挥自身的专长,不同类别教师之间实现优势互补。

总而言之,生涯教育不能只依赖于专职教师,更要全体教师的参与和努力,这是对全体教师的挑战和要求,要求教师具备一定的生涯教育知识与素养,能够在教育教学中有效推行生涯教育理念,让学生的生涯发展成为教书育人的重要内容之一,成为全体教师的共同责任。

第六节　生涯教育的变革方向

中国经济社会发展进入新时代,为生涯教育的整体变革创新提供了新的场域、支持和使命。高校的生涯教育变革与创新,必须围绕新时代教育改革发展和人才培养的使命,寻求和设计变革的方向。

党的十九大后,"习近平新时代中国特色社会主义思想"成为各个领域研究和实践的指南。高等教育领域也不例外。"新时代高等教育"亦成为热门的学术话语。作为教育研究者而言,更需沉心思考"新时代"与"高等教育"之间的理论联系,而不仅仅是跟风式地贴上"新时代"的标签。一方面,"新时代"来源于新时代的现实实践,这种现实实践呼唤一种与之相呼应的话语体系的产生,尤其是在哲学社会科学领域;另一方面,当这种话语体系作用于各领域的同时,又呼唤着各个领域确实能产生伟大实践,并为话语体系的全面深化奠定更加坚实的根基。而各个领域最为瞩目的现实实践,莫过于能开创该领域的"新时代"了。因此,就高等教育领域而言,除却作为话语体系的一种延展之外,研究界还必须关心的一个重大命题就是在新时代背景下,高等教育的各个分支体系究竟应该展现怎样的发展风貌,应该以怎样的路径应对新时代教育的挑战。

众所周知,我国高校生涯教育始于 20 世纪初期,在欧美等西方国家生涯理论的影响下,中华职业教育社成立了职业指导部,其最初的职能是阐述西方国家生涯教育的理论和经验。20 世纪 30 年代至 40 年代,社会动荡使得我国高校生涯教育陷入空白。中华人民共和国成立后,由于社会性质、经济体制以及国家统一分配的就业现实等因素,我国的生涯教育停滞不前。直至 20 世纪末 21 世纪初,我国高等教育从精英化教育走向大众化教育,大学生就业制度从"统包统配"与"包当干部"向"双向选择"与"自主择业"转变,在巨大的就业压力下,高校越来越重视对大学生进行生涯教育,我国现代意义上的高校生涯教育正式兴起。

尽管这些年来,各个高校根据国家政策与自身特点开展生涯教育,但是总体而言我国生涯教育起步晚,发展进程慢,仍处于起步阶段。而国外高校早已形成了自身独特的教学模式与教学体系,因此了解和借鉴国外高校的生涯教育经验,着眼新时代教育改革发展的需求,设计生涯教育的变革方向,具有重要的理论和现实价值。

一、生涯教育的全员化

日本高校极其重视生涯教育,更强调形成"学校—政府—企业"全员化的生涯教育体系。日本高校的毕业生实习主要分为三种,协议型实习、政府项目型实习与企业公开招募型实习,即高校与对口企业、文部省或地方政府等签订协议,加入该项目的高校就可以优先为毕业生提供就业或实习机会,以及由企业以公开招募的形式提供给高校学生实习机会。此外,邀请政府官员、成功人士到日本高校开设专题讲座,讲述相关职业的岗位需求与工作内容等更已形成常态。

英国雷丁大学则开启与雇主的合作,一方面是邀请雇主来校听课,更多地了解学校与人才培养情况;另一方面则是重视雇主的意见和建议,促进教学部门改进教学方法,在遵循一定原则的条件下,按照雇主需求培养学生,增加毕业生受聘的可能性。

新西兰政府强调生涯教育应该是学校、家庭与社会的合作,学校鼓励家庭参与到学生的学习和生涯规划之中,一方面帮助学生获取学习、培训和工作方面的信息,另一方面帮助学生设置目标并落实到行动中;社区为学校生涯教育提供活动场所、人脉资源等,当地企业则与学校生涯教育团队一同设计生涯教育活动,为学校提供最新的工作或职场讯息。

加拿大高校则充分利用校友资源,将成功校友的职业生涯经验,作为在校学生生涯教育的范本。

从国外的实践中我们可以看出,高校生涯教育不仅是高校本身的工作,亦是教育系统的整体工程,更是由家庭所构成的社会的责任,并受到各种因素的影响与制约。高校生涯教育要取得突破性的成绩,不仅关乎高校本身,更是要发动各层面的联动效应。而当前我国的生涯教育课程还停留在课堂教学模式,既未形成"学校—政府—企业"的联动式教学模式,亦没有对企业、社区、校友、政府等功能进行充分挖掘。因此,我们需要学习国际上的先进经验,通过企业,开展高校的职业体验活动或实习活动,帮助学生体验社会与职场生活;通过社区,提供给学生更多、更有利的信息与资源;通过政府,完善学校的生涯教育体系,获取更多的有利资源,打造全方位、全员式的联动生涯教育模式。

二、生涯教育的全程化

瑞尔曼曾提出务必要认识到职业发展的终身性,通过活动或服务帮助大学生承担起自我职业发展的责任[①]。因此,生涯教育应该是一种全程化教育和终身性教育。

日本将"终身学习"作为国策,生涯教育关注个体一生的职业发展,是终身学习的典型代表。1999 年,日本在《关于改善初等、中等与高等教育的衔接问题》报告中首次提出生涯教育,认为日本高校职业生涯教育应该始终秉承"终身学习"和"学会学习"的理念,日本高校以培养每位学生的生存能力,未来社会人、职业人所必需的能力、态度与价值观为出发点,帮助大学生将学业、理想相结合,将学校生活、社会生活和职业生活相贯通。因此,日本注重将职业生涯教育贯穿于高校教育的全过程,各高校都根据不同年级学生的特质,开设不同主题的生涯教育。例如,将大学一年级定为"职业准备期",开设职业倾向基础专题、职场探究专题、人际交往专题、自我分析专题,帮助大学生深入了解自我,探索适合自身的职业方向;将二年级定位为"职业选择期",开设了解社会现状、职业设计入门等课程,让大学生了解职业世界;将三年级定位为"职业熟悉期",开设人文社会职业设计、职业与资格制度等课程,侧重于分类讲授不同专业职业的知识和市场需

---

① RAYMAN J R. The changing role of career servers〔M〕. San Francisco: Lossey-Badd Inc Publishers,1993.

求,并结合社会实践、企业参观等活动,帮助大学生了解自己所选职业的现实情况;将四年级定位为"职业行动期",重点对大学生进行全方位的求职训练,从而帮助大学生提升找工作的能力。

而德国更是将生涯教育贯穿于个体的一生。德国政府与德国家庭从小学开始就有意识地培养孩子们的职业意识,初等教育阶段注重职业意识启蒙,中等教育阶段注重职业培训。为了防止出现大学生因缺乏实践经验,步入职场后不能马上适应岗位需求的情况,德国在高等教育阶段注重的是实践环节,高校选派大学生进驻企业实习并进行考核,高校也会邀请企业负责人、研发人员等到学校进行授课,缩短大学毕业生进入社会的适应期。在进入职场后,当其遇到生涯问题时,可以寻求职业咨询人员的帮助,但是德国的职业咨询过程更强调的是帮助咨询者意识到个体在职业选择上的自由度以及对职业抉择的自主性,职业咨询人员会帮助咨询者分析其在职业生涯与职场上遭遇的问题,但不会帮助解决这些问题或帮忙做出生涯决策。

从各国的实践中我们可以看出,国外生涯教育融合在大学生的发展中,注重大学生主体性的发挥,其目的是促进大学生身心素质的全面发展。但是,我国的生涯教育仍然普遍集中在政策宣传、发布求职信息等就业指导阶段。尽管就业指导是生涯教育的重要组成部分,但强调发展性、终身学习性质的生涯教育更能体现高等教育的广度和深度。生涯教育贯通教育与工作,应将其焦点放置于个体一生的发展历程。尽管大学阶段只是个体生涯的某个阶段,但是从时间的维度来看,大学生要扮演多重的社会角色,也将会拥有多重的生活层面,对其进行综合审视,把大学生看作社会人,关注大学生的发展,促进大学生思想观念的社会化,促进大学生职业和身份的社会化。

三、生涯教育的专业化

生涯教育的专业化,不仅包含课程体系的专业化,更涉及师资队伍的专业化。日本高校的职业生涯教育一般是由必修课与各类选修课共同构成的。必修课由高校职业生涯教育中心的专职教师进行讲授;选修课则由各个职业领域的外聘教师讲授,这些外聘教师(包括政府公职人员、学者、企业负责人、不同领域的专家等)不仅有多年的职场经验,更对所属领域有独到见解。此外,日本还成立了生涯教育专门网站、职业生涯咨询室、就业资料室等帮助学生解决生涯烦恼、制作简历、权衡就职利弊、模拟面试等问题。咨询教师必须持有职业生涯规划师资格证书,有心理学及不同专业的学习背景,同时可以针对大学生的性格、能力及个人意向等,帮助大学生树立良好的职业观和就业观,找寻自身职业倾向、求职优势,并能帮助个人找到提升方向,提升自信心。

澳大利亚高校的生涯教育则是基于就业指导、职业培训等生涯教育实践中所得到的经验与启示,通过与全国范围内的就业指导、教育培训委员会等机构合作,共同制定生涯教育指导人员的培养计划。

美国高校的生涯教育服务机构一般会配备专兼职辅导人员,指导人员与学生比例为1:200,基本保证对毕业生进行一对一辅导,例如密歇根州立大学,根据在校学生数以1:200的比例,配备了300多名的专业职业生涯规划指导人员[①],这些人员分工明确,有就业主管、生涯探索顾问、就业顾问、就业助理等。

从国外的实践中我们可以看到,生涯发展课程设计不仅充分利用各种资源,同时还注重将专业教育、就业目标培养与生涯发展结合起来,将生涯教育课程渗透到教学中,实现学习生涯与职业生涯的有机结合。除此之外,专业的教师队伍、外包的服务模式、各层资源的有效利用更为国外生涯教育的有效开展提供了保障。而我国高校的生涯教育不管是课程体系设置还是师资队伍,都亟须进一步提升。目前,大多高校都将相应的生涯教育纳入了培养方案,但是生涯教育课程没有系统设计,教育形式也多为大班集中授课,教学内容较少结合实际,个性化指导缺乏,学生参与性不强。此外,生涯教育师资的职业化水准较低。一方面,高校从事生涯教育的教师多为非专业科班出身;另一方面,教育部要求高校专职职业生涯指导教师与学生数量比例应该达到1:500,但是目前多数高校仍远未达到这一水平。此外,各高校生涯教育师资队伍的主体力量为刚毕业或毕业不久的年轻教师,他们不仅缺乏社会实践经验,也很难对学生进行针对性指导。

四、生涯教育的多样化

为了加强生涯教育的成效,日本高校不仅开设了多样的职业生涯教育选修课程,还对传统的专业课课程结构进行了全面调整,在专业课中增加与未来职业相关的实用知识、职业道德、基本技能等内容,潜移默化地对大学生进行职业生涯教育。此外,还结合内容丰富的学生社团活动、职业体验活动、毕业生实习活动、专题讲座及研讨、说明会等进一步提升学生的生涯决策能力。

---

① 孔夏萌.高校职业生涯教育课程研究[M].重庆:西南师范大学出版社,2017.

基于学生发展理论的核心理念,美国高校对学生主体需求的多样性考虑较为深入,课程并不局限于传统的课堂讲授,具有很强的互动性,从低年级开始,就着力于在校学生职业生涯意识的唤醒,并采用专题报告会、企业参观、企业见习、专业人士讲座、网络课程等多种形式开展生涯教育课程。在满足全体学生需要的同时,为学生提供一对一的个别咨询与辅导,为学生在择业、就业等方面提供专业服务。

从国外的实践中我们可以看到,他们一般将教学模式分为三个板块,即授课、讲座、实践,此外就是不断拓展生涯教育的活动课程和活动内容。而我国高校的生涯教育目前仍不能形成人性化、全面化的服务体系,职业生涯教育内容过于单一,不能形成系统化的"生涯"内容体系。国内各高校生涯教育的内容,主要是职业能力讲座、面试技巧讲授、专场招聘会等。这些单一的生涯教育内容仍聚焦于毕业生就业方面,未形成网络化、整体化的教育内容体系,不利于大学生职业能力的尽早形成。

总而言之,全员化、全程化、专业化和多样化,既是西方教育发达国家生涯教育的经验凝练,也是新时代我国高校生涯教育体系建构的改革方向,把握这四个方向,着眼学生全面发展,整合校内外资源,建构"五位一体"的生涯教育体系,成为新时代我国高校生涯教育改革的应然向度。

第四章

建　构——"五位一体"的生涯教育体系

　　"生涯教育"是一种针对所有人,贯穿其终身的教育,其内涵是帮助个体综合能力的提升,不仅是专业知识能力,更是态度、生活技能、职场觉察、综合素质等各方面的提升,在此过程中需要家庭、学校、社会、个体的通力合作,最终协助个体达成自我与社会实现。更详细地说,本书所探讨的生涯教育所指向的是大学生的生涯规划与发展,旨在帮助大学生树立正确的职业观,认识自己,改变自己,从而在大学学习中更为高效和更具针对性。为了更好地了解这一内涵,本章对基于全面发展的"五位一体"的大学生生涯教育的性质、特征、理念与目标进行阐述,以求清晰地展现这一具有创新性的生涯教育模式的样态。

第一节　传统高校生涯教育的特征分析

　　大学生生涯教育(又称职业规划教育)的理念兴起于 20 世纪 70 年代。1971年美国教育总署署长马兰博士正式提出"生涯教育"的理念,1974 年美国国会通过了生涯教育法案,以立法来保证职业生涯教育的顺利实行。从此,最早的大学生涯教育应运而生。要了解我国大学生生涯教育课程的性质,就应首先了解我国大学生生涯教育课程的发展历程。

一、我国大学生生涯教育课程的发展历程

　　我国的生涯教育始于 20 世纪初,教育学家陶行知主张教育应与生活实践相

结合,提出的生活教育理论,主张生活即教育,教学相合一。职业教育先驱黄炎培则提出了终身职业教育观,使无业者有业,使有业者乐业①。

随着教育改革事业的发展,职业生涯教育逐步引起人们的重视。1991年,国务院发布《关于大力发展职业教育的决定》(国发〔1991〕55号),提出要高度重视和大力发展职业技术教育;1996年,我国开始实施《职业教育法》,明确指出职业教育是国家教育事业的重要组成部分,规定职业学校要开展职业指导;2002年,国务院发布《关于大力推进职业教育改革与发展的决定》(国发〔2002〕16号),指出要深刻认识职业教育在我国现代化建设中的重要地位,明确"十五"期间职业教育改革与发展的目标;2005年,国务院发布《关于大力发展职业教育的决定》(国发〔2005〕35号),提出要明确职业教育改革发展的目标,满足人民群众终身学习需要;2007年,教育部办公厅发布《大学生职业发展与就业指导课程教学要求》(教高厅〔2007〕7号),明确要求高校要切实把学生职业发展与就业指导课的课程建设纳入人才培养工作与教学计划,文件不仅将大学生职业发展与就业指导课划定为公共课,而且还指出了该课程的目的与意义,强调职业在人生发展中的重要地位,关注学生的全面发展和终身发展,通过激发大学生对职业的自主意识,树立正确的就业观,理性地规划自身未来的发展;2010年,《国家中长期教育改革和发展规划纲要(2010—2020年)》提出要"建立学生发展指导制度",除学校的教学、管理两项基本职能外,特加入"发展"职能。由此,我国的职业生涯教育逐步向全程化、体系化、内涵式方向迈进②。

自2007年教育部明确提出大学生职业发展与就业指导课程的教学要求以来,各大高校结合自身人才培养特色,依托课程,既强调职业在人生发展中的重要地位,又关注学生的全面发展和终身发展,探索适用于本校的大学生职业发展与就业指导课程。

二、现行大学生生涯教育模式的主要特征

自2007年以来,大学生生涯教育课程已成为我国大学生在校期间的必修课程。近十年来,不论是开设"职业生涯与发展规划",还是开设"就业指导",抑或是开设"职业素质提升"等课程的高校,对该课程的建设都比较重视。但是,我们仍不能忽视,绝大部分的高校仍将完成就业率指标作为开展大学生生涯教育的

---

① 黄志敏.中美职业生涯教育比较研究及其启示[J].教育与职业,2011(36):92-94.
② 尹兆华.职业生涯规划与就业指导课程建设探索和实践[J].中国大学教学,2019(z1):88-92.

主要目标,并没有结合社会需求,站在学生终身发展、学生成长规律发展的角度对课程进行开发与设计,更没有把学生生涯发展的重要性、必要性、紧迫性与学校的人才培养相衔接,使大学生生涯教育课程性质有失偏颇。

那么,大学生生涯教育课程的性质究竟是什么呢? 根据教高厅〔2007〕7号文件,大学生生涯教育不仅强调职业在人生发展中的重要地位,更关注学生的全面发展和终身发展。因此,大学生生涯教育是高校从生涯规划的科学理论出发,以职业生涯发展为导向,通过教育、指导、咨询等活动,帮助大学生建立职业发展的自主意识,树立正确人生观和职业观,促使大学生合理规划未来发展,自觉提高就业与生涯管理能力的综合性教育活动。简言之,大学生生涯教育的实质就是通过一系列相互联系的、具备可行性和操作性的、全方位的教育途径,激发大学生职业生涯意识,帮助大学生正确认识自我和社会,并在此过程中,自觉提高就业能力与生涯管理能力的综合教育活动。

具体来说,大学生生涯教育应具有如下三方面性质。

其一,大学生生涯教育课程是以学生的终身发展为出发点,强调学生价值、观念、态度的改变的实践性课程。大学生生涯教育以培养学生适应社会需求、可持续发展的终身发展能力为最终目标。所谓的终身发展,就是从学生的发展出发,让所有的学生得到全面和谐的发展。现实世界错综复杂,机遇与挑战并存。每一个个体因其家庭背景、性格能力、受教育程度等不同,即使是同一所学校同一个专业的学生,也会因其个体历程的不同而呈现不同的知识架构和职业选择。因此,大学生生涯教育,是一个"由内而外"的过程,其强调大学生的价值、观念、态度,通过全面认识自我,使个体了解自己的兴趣、性格、气质类型等,从而掌握自己的能力特点,明确自己的职业价值观,对自己的生涯做出合理的规划。从此种意义上来说,大学生生涯教育课程虽作为公共课,但是又高于一般的公共课,其开设的价值不仅仅在于传授给学生知识与技巧,更在于帮助学生了解自己,改变自己;其教育目的也不仅仅是为了形成完整的知识体系,更在于改变学生的价值观、态度、情感等,更好地度过自己人生发展的各个阶段。

就业作为大学生生涯教育的重要环节,预示着大学生从"学校人"到"社会人"的转变,有着极其重要的作用。个人的职业生涯是漫长而曲折的,大学生生涯教育课程不能仅关注大学生的初次就业,应遵循中央的要求,将目光聚焦在学生的终身发展上。因此本课程的授课教师要结合社会的发展需求、学校的培养目标,引导学生以终身发展的理念多加思考,在对自我积极了解的基础上,加强对职业世界的探索与实践,提升对自身未来职业发展的规划能力,进而为终生职业的发展铺平道路。

因此,对于大学生生涯教育课程,学生完成课堂学习仅是最基本的要求,其后的实践探索才是本课程内涵的延伸,大学生终身发展目标的确定与行动才是本课程的应有之义。

其二,大学生生涯教育课程是以满足社会需求为核心,帮助学生从"学校人"到"社会人"转变的综合性课程。就业是民生之本,是安国之策。大学生就业状况是高校人才结构与培养质量的综合反映和重要衡量指标。大学生生涯教育作为高校人才培养体系中的一项重要内容,其核心就是满足社会需求,帮助大学生实现从"学校人"到"社会人"的转变。2016年3月,教育部发布《教育部办公厅关于开展全国普通高校毕业生精准就业服务工作的通知》(教学厅函〔2016〕14号),明确提出建立健全精准推送就业服务机制,促进毕业生更加充分和更高质量就业。这不仅意味着新常态下传统就业指导模式面临的困难,更展示了以满足社会需求为核心的大学生生涯教育的重要性。

2014年5月4日,习近平总书记在北京大学师生座谈会上指出:"有信念、有梦想、有奋斗、有奉献的人生,才是有意义的人生。"①大学时代为每位大学生提供了实现自我理想与自身价值的空间和机遇,但未来亦充满未知因素,要践行自己的梦想,实现自己的价值,需科学规划自己的人生,即未来的职业生涯。这是大学生走向成才、获得事业成功的重要环节。因此,本课程的开设在一定程度上改变了高校专业教育与社会分工存在的脱节与滞后的现状,避免了过度强调专业化教育而导致的高校学生就业难现象的加剧。

因此,本课程是一门综合性课程,旨在帮助大学生进行合理的职业生涯规划,提升大学生的就业创业能力。本课程的直接目的是实现大学生的顺利就业,满足社会需求,在这个过程中突出学生的个性发展,着眼于学生情感陶冶、意志磨炼、人生观和价值观完善,从而使个人发展与社会需要有机结合。

其三,大学生生涯教育课程是以学生成长规律为契机,贯穿于大学阶段的通识性必修课程。通识性必修课程以拓宽学生视野、夯实学生基础为目的,在提高学生培养质量的过程中起着重要作用。大学生生涯教育课程作为一门通识性必修课程,其开设颠覆了以往纯粹"职业指导"的功能和作用,其课程定位更为全面。其内容贯穿大学生的整个大学生涯,在不同的年级,根据学生的需求与成长规律,分阶段、有重点地进行,在帮助大学生进行角色转化、自我认知、目标制定的同时,以提升学生就业技能为手段,帮助学生树立正确的态度和观念,完善自

---

① 习近平在北京大学师生座谈会上的讲话[EB/OL].(2014-05-05)[2022-08-25].http://www.gov.cn/xinwen/2014-05/05/content_2671258.htm.

我,积极行动。

当今社会,若想在竞争激烈的环境中获得职业机会,并获得持续不断地发展,科学的生涯规划必不可少。大学生生涯教育课程的开设不单单是一个静态的课堂讲解过程,更是一个动态的建构过程,在整个过程中需要规划者积极主动地改变其态度,采用有效的方法对自身生涯进行管理,从而实现自身的生涯目标。

因此,大学生生涯教育以学生的成长成才规律为契机,并将这一理念贯穿于大学阶段。比如大一初始,通过大学生对个人优劣势的分析,可使其充分认识自己,从而结合机会与环境,将劣势转为优势,将优势发展为特长;在大二了解了自身专业与职业后,大三、大四就可以确立职业发展目标,选择职业道路,然后根据职业目标与职业道路为自己定制相应的教育、培训、发展计划等,从而确定具体的行动方案,通过自身的一系列努力,习得必要的就业技能,使自己各方面能力得到提升。

三、大学生生涯教育的课程建构特点

高校身负立德树人、培养人才的重要职责,承载着人才培育、科学研究、社会服务等重大功能,这些与大学生的成长发展息息相关。而大学生在校期间生涯意识的培养、就业素养的养成、就业观念的转变等,也关系着学校人才培养目标的达成情况。但就目前高校进行的相关教育和实际教学效果来看,大学生生涯教育的功效尚未有效发挥。以就业指导为核心的生涯教育,未能做到以社会需求和大学生终身发展为主旋律,在我国的实施现状堪忧。造就此种状况的原因很多,但未能准确认识与把握生涯教育课程的特点,是其重要因素之一。那么,相较于高校其他必修课程,大学生生涯教育有何特殊之处呢?

1. 课程目标的政策性

大学生生涯教育课程不管是其目标的设定与课程内容的选择,还是教学过程的实施与教学效果的评价,均紧扣党和国家的重大方针政策和战略决策,与国家政策规定息息相关。国家政策与法规的制定与变动,国内经济与社会形势的改变,国际环境与局势的变化都将影响该课程的方向。1998年,《中华人民共和国高等教育法》指出高等学校应为其毕业生和结业生提供就业指导和服务;2002年,国发办第19号文明确要求,各高校要从低年级开始对学生进行合理的职业生涯教育,引导学生根据其职业生涯设计的要求,不断调整自身学习方向和努力目标,以树立正确的择业观;2003年,《教育部关于进一步深化教育改革,促进高校毕业生就业工作的若干意见》提出,将就业指导课作为学生思想政治教育的重要组成部分,并纳入日常教学;2007年,教育部办公厅颁布《大学生职业发展与就业指导课程教学要求》,就业指导课程作为公共课纳入教学计划,并提出经过3年至5年的完善,将就业指导课程全部过渡到必修课。这些政策的出台将大学生生涯教育课程推到了一个历史新高度,也是生涯教育课程开设的政策依据。因此,大学生生涯教育课程自其成立之初就带着政策性的烙印。

因其政策性的烙印,大学生生涯教育必然肩负重要使命,即大学生生涯教育的课堂教学应对大学生的理想信念进行教育与引导。因而,如何在课程教学中引导学生进行合理的职业生涯规划,将自身的发展与祖国的发展同频共振,并为此展开积极的行动,这是大学生生涯教育课程的显著特点之一。

2. 课程内容的统合性

大学生生涯教育课程是以学生的终身发展为核心,帮助大学生树立正确的人生观、价值观、就业观的课程。该课程的教学目标为帮助学生树立正确的就业观念,澄清核心价值观,继而采取积极的行动。但这些观念的树立,并不能仅仅依靠单一学科知识或单一教学内容,这需要将不同学科、不同领域的教学知识与内容进行有效的统合与建构。

所谓统合与建构,不仅是统合学生不同学科与领域的学习,更是增加学习的意义与效率,使学习者的学习重点、学习行为与学习技能统一连贯。因此,大学生生涯教育课程将社会学、心理学、教育学、经济学等不同领域与学科之间的知识与概念进行有机统合,让学生对所学内容或者概念有更清晰的理解,在综合运用不同领域知识的过程中,以学生的兴趣和能力为组织教学的依据,构建课程的知识体系,促进学生的主动性与自发性,从而调动学生与老师的互动性,促进学生在情感、态度、价值观等方面的改变,促进学生自我概念的发展和个性的养成。

3. 课程实施的实践性

大学生生涯教育课程是一门综合课程,不仅包含知识的传授,更囊括了学习者态度的转变与技能的提升;在讲授的过程中,不仅有理论的学习,更注重实践的操练。因此,该课程既不是单纯强调对理论知识的系统理解与掌握的理论性课程,也不是纯粹为了完成特定技术操作的实操性课程。该课程更关注学习者在课程中的主动参与、主动体验、主动思考,从而主动做出改变,并将理论主动付诸行动的实践取向性课程。

大学生生涯教育课程既要强调主动性,又要强调实践性,因此该课程在教学中要强调教育内容与实践内容同步、学生自主与小组合作并存、个性化与共性化兼顾等原则,帮助学生在生涯认知、角色平衡、环境适应、自主决策、自我管理等方面提升自我,从而帮助学生树立正确的人生观、价值观、就业观。此外,为了调动学生的主动性、积极性,还需要采用多种教学方式,通过多样化的教育设计,将理论与实践相结合,帮助大学生在受教育的过程中,通过体验式和参与式学习,提升就业能力。

4. 课程评价的多元性

一门课程的好坏,课程评价尤其重要。有学者认为,教学评价是以教学目标为依据,根据一定的客观标准和有效技术,对教学活动的过程及其结果进行价值判断的过程。通过课程评价,不仅可以使教学人员了解教学活动的各个方面,而且可以了解自身教学目标的达成情况,同时还能为教学决策提供科学依据。

大学生生涯教育面向的是全体学生,授课内容多元,授课教师更为复杂,一些学校是辅导员,一些学校是生涯规划师,一些学校是就业指导人员等,这就造成了教学方法的多样化,也在实质上指明了教学评价方式的多元化。但是不论其评价方式是什么,其评价核心主要围绕三方面内容:学生对授课内容的理解与把握程度,学生对生涯规划能力与个人成长核心能力的获取程度,学生的情感、态度与价值观的树立正确程度。此外,在评价方式上,应结合教学内容,坚持过程评价与结果评价相结合,不仅让学生对自己的成长有直观的把握,更能对自己的未来有较好的预测与规划。

第二节 "五位一体"生涯教育的模式建构

模式是主体行为的一般方式,包括科学实验模式、经济发展模式、企业盈利模式等,是理论—实践之间的中介环节,具有一般性、简单性、重复性、结构性、稳定性、可操作性的特征。模式在实际运用中必须结合具体情况,实现一般性和特殊性的衔接,并根据实际情况的变化随时调整要素与结构。从生涯教育的视角看,模式就是一整套关于生涯教育的理念与实践体系,这一体系既具有法理上的科学性,也能够在实践中具有较强的借鉴性,能够通过相应的移植进入另一种实践体系之中。

基于前文所述的大学生生涯教育课程本该有的属性与特质以及当前生涯教育的发展现状,本书建构了"五位一体"的大学生生涯教育课程,现对该课程的设计依据、课程理念与课程目标进行阐述。

一、"五位一体"生涯教育模式的设计依据

"五位一体"高校生涯教育课程蕴含着较强的理论性,其直接目的是解决现实问题,因此也具有较强的现实性。在大学生生涯教育课程的设计和教学过程中,其直接目标就是结合职业发展现状、就业形势等为学生的职业生涯规划提供指导;终极目标则是在课程的目标设计、内容选择及教学方法运用等方面遵循其内在逻辑,为大学生的全面发展乃至终身发展奠定基础。

1. 基于生涯理论的设计

生涯教育发端于西方,在我国高校课程体系中多以"就业指导""职业生涯教育"等名称出现。当前,我国的生涯教育理论体系还处于起步阶段,大部分高校引用的理论体系多为对西方理论的借鉴及本土化改造。根据第二章的描述,生涯教育理论根据不同的时间阶段与发展取向,大致可分为选择与匹配理论、生涯发展理论及生涯决策理论三大类型。

选择与匹配理论以"人"与"事"的结合为核心,强调个体与职业之间的匹配性;生涯发展理论则以"生活阶段"为关键点,从个体的角度出发,以发展的视角来认识自我、分析自我、发展自我;生涯决策理论与两者有相同之处,但主要侧重点在于生涯决策的"历程"与"形态",强调自我效能、结果预期与个体目标之间的相互影响。

大学生生涯教育课程是一门实践性课程,强调学生在学习与实践中,其态度、情感、价值观的转变与发展。这与舒伯的职业生涯发展理论更为契合。职业生涯发展理论强调的是个体的生涯发展过程,在不同的发展阶段,个体对职业的认识、态度与行为是截然不同的。大学生正处于探索期,在这个阶段,大学生需要开始考虑今后的职业发展和工作需要,对自身的态度、情感、价值观等要进行深入的思考,并且进行可能的转变与调整。

此时开设的大学生生涯教育课程正好满足大学生在此阶段中对自我的认识需要和对工作世界的探索需求。因此,本书所倡导的生涯教育,旨在帮助大学生树立正确的生涯发展意识,培养大学生规划职业生涯的能力,习得大学生职业发展技能,引导大学生基于现实对自我与环境进行合理的评估与反思,让大学生了

解自己的特质与能力，减少在职业选择过程中犯错的可能性，对未来的各种选择做出合理的抉择。

2. 基于以人为本的设计

教育是在人的交往与活动中展开的，人是在教育交往与活动中得以成长和发展的。一切教育都必须以人为本，这是现代教育的基本价值追求。因此，大学生生涯教育的第二条设计理念即以人为本。以人为本的教育内涵即一切从学生的实际出发，从学生的生活世界出发，将学生的发展视为教学活动的核心，在教育过程中，将学生的主体地位与教师的主导作用有机结合。大学生是生涯教育课程的对象，同时也是生涯教育课程的出发点和落脚点。因此，生涯教育应以学生的终身发展为核心，以学生的现实状况和未来境遇为着眼点，培养学生的主体责任感，最终使学生获得全面、协调、可持续的发展。

第一，以人为本的生涯教育着眼于学生的个性化发展需求，谋求个人与社会的共同发展。以人为本的教学理念其实质就是在教师的引导下，学生个性的发展和张扬，但是传统的生涯教育课程模式相对固定和单一，忽视了学生的个体差异和特点。在这样的教育模式和课程体系下，一方面不能使学生习得自己真正需要的东西，另一方面也使上课的效果大打折扣。为了应对这种情况，为了适应学生的个体需求，本书的生涯教育课程注重以人为主，同时从两个方面入手着眼于学生的个性化发展：一方面是尽可能地向学生提供多种呈现手段，学科内容以"可选择"的方式提供给学生，学生可以根据自身的需求，从中选择最适合自己的课程模块；另一方面是允许学生以多种形式自由地对学习内容做出反应，提高学生的学习兴趣与学习能力。从而，提高学生对生涯教育课程的兴趣与积极性。

此外，在经济迅猛发展的当今社会，以自我实现为诉求的动态生涯发展观取代了静止的择业观。现代社会背景下，社会呼唤高校培养具有独立意识，以及具有个性化人格的综合素质型人才。以人为本的生涯教育着眼于学生的发展，但是亦不能忽视社会的需求，在学生个性化发展的前提下，要引导学生与社会相结合，注重对形势的分析，在此基础上谋求个体与社会进步的有机统一，以求得个体与社会的共同发展。

第二，以人为本的生涯教育立足于学生的全面发展，唤醒大学生职业生涯规划的主人翁意识。高等教育始终强调对学生主体意识的培养，在促进学生全面发展的基础上实践学校教育的可持续发展。以人为本的生涯教育理念将这种立足于学生的全面发展，唤醒大学生主体意识的思维方式灌注到生涯教育课程的理论体系和具体实施过程中。以人为本的生涯教育以人为核心,坚持运用马克思主义哲学中关于人的本质、需求以及全面发展的理论,促进生涯教育课程的改进和创新。高校不仅要鼓励、引导学生参与社会实践,更应该使其明白自身的使命与责任,步入社会之后,更好地实现自身的价值,为达成完满人生做准备。

在此等理念的指引下,大学生不应该是被动地接受,而应该在授课教师的指引下,主动探索影响个体职业生涯发展的因素,继而做出合理的规划。因此,生涯教育课程一方面要引导学生对职业生涯规划形成正确的认知,了解其在人生发展历程中具有的地位和作用;另一方面,生涯教育是一个具有时间延展性的概念,它不仅仅是关于职业的选择,而是贯穿于大学生的一生,与大学生的学习、工作以及生活都紧密相关。在此意义上,培养大学生的职业生涯规划意识,让其以主人翁的态势,在完成知识与积累技能的同时,实现自身能力、兴趣、价值观的转变,是本书生涯教育课程的重要任务。

3. 基于激励教育的设计

教育以促进人的全面发展为价值归属,但学生的发展却是不充分和片面的。在长期的学校学习与生活中,大学生体会到的不仅有学习的成就感和欢愉感,还有不能解决所有问题的挫败感和无助感。这些挫败感和无助感极大地挫伤了学生的自信心与自尊心,其主体意识在这一过程中被逐渐消解。这正是激励教育理念在生涯教育课程中的重要性的体现。

美国教育学家杜威曾说,教育不是应用预先设计好的观念去解决任何问题,而是以形式正确的精神态度与道德态度来解决当代的问题[1]。大学激励教育就是以学生的主动性、主体性为基础,创造各种优化的外因条件,激励学生的内驱力,从而使学生独立、自主、创造性地发展自己。因此,以激励教育设计生涯教育,就是希望以激励教育作为教育手段,培养大学生的主体精神,促进大学生素质的全面发展。

激励理念在生涯教育课程中的运用,首先在于培养学生对生涯教育课程的兴趣;其次在于设置适当的问题情境,激发学生的主动性和自主性;最后,是让学生在激励中获得成就感和自信心,掌握自己人生的主动权。此外,激励不仅包括学习的激励,也包括思想道德的激励与创新能力的激励。学习激励包含学

---

① 奥兹门,克莱威尔.教育的哲学基础[M].石中英,等译.北京:中国轻工业出版社,2006.

习动机的激励和学习兴趣的激励,让大学生了解学习的目标,了解自己学习的动力。思想道德的激励是一种爱国层面的激励,让爱国不仅仅停留在情感和思想的层面,更应该体现在实际行动中。创新能力的激励是一种创新思维亦是一种创新动机的激励,不仅要激励学生构建合理的知识体系,还要激励学生养成创新动机和高度的社会责任感。此外,激励的手段分为内部和外部。学生个体具有发展的需要,但有时这种需要比较宏观与泛化,并非指向具体的目标,这个时候就需要激励教育,运用外部的激励使学生发展的需要变成动力,唤醒其主体意识。同时也要培养学生的自我激励,即个体在内部动机作用下进行自我教育。通过内部与外部两方面的激励,不断激发学生的发展动机,增强学生的发展内驱力,培养学生的主体意识,激发学生的自主行为动机。

因此,在生涯教育中引入激励教育的理念,主要是为了巩固学生的正确行为,使学生在遇到挫折与困境时,能保持积极、乐观的心态,从而对自己的生涯做出正确的判断。

二、"五位一体"生涯教育模式的结构体系

生涯教育是高校育人体系的重要环节,应立足培养什么人、为谁培养人的根本性问题,遵循人才成长规律,着眼更高维度进行科学顶层设计,建构契合时代发展和学生成长的特色模式。从当前时代发展和人才培养趋势看,大学生的全球素养越来越成为人才培养的重要目标向度。《国家中长期教育改革和发展规划纲要(2010—2020 年)》提出,要培养大批具有国际视野、通晓国际规则、能够参与国际事务和国际竞争的国际化人才。2017 年,《国家教育事业发展"十三五"规划》要求提升人才供给能力,使各类人才服务国家和区域经济社会发展、参与国际竞争的能力显著增强。因此,高校的生涯教育课程设计应紧随时代发展趋势,致力于培育具有全球素养的高素质人才。

国家的大政方针与教育改革方向为"五位一体"的生涯教育模式提供了设计的理论依据。但是,在面对包罗万象的生涯教育内容和资源的过程中,如何科学选择生涯教育体系的核心内容,则是决定生涯教育模式科学性的关键问题。

建构"五位一体"的生涯教育模式,固然要借鉴心理学、教育学的相关理论和生涯教育的现有研究成果体系,但是,最为重要的是要围绕人才培养的核心问题。从新时代高校人才培养的现实情况看,有两个关键词是必须考虑的:一个是学生的核心素养,一个是学生的全球素养。两个素养体系尽管内容不尽相同,但是都在一定程度上展示了未来时代学生成长的面貌,是全面发展的人的培养的

生动表述。由此,在笔者看来,建构"五位一体"的生涯教育模式的内容和结构体系,主要应该参考核心素养和全球素养的模型,再融入中国特色社会主义新时代对人才培养的现实要求。

1. 学生核心素养层面的内容分析

21世纪以来,随着知识经济、全球化和信息时代的到来,人们的生活方式、工作种类、学习状况不断改变。在日新月异的时代背景下,只有准确洞察新时代要"培养什么样的人",即学生所应具备的品质,国家才能开展适当的教育教学变革,为新时代的发展培育人才,从而促进国家发展,实现社会进步。这是全球面临的共同挑战,也是当前许多国家与地区、国际组织广为热议的主题。正是在这样的背景下,核心素养的概念应运而生,教育领域掀起了基于核心素养的变革。核心素养理念也引发了我国在素质教育成果的基础上进一步思考个体的培育与发展问题。自党的十八大将"立德树人"作为教育的根本任务后,我国也组建专家团队研究我国的学生发展核心素养,旨在以核心素养理念重构课程体系,推进基础教育变革。

从本质上看,关注学生的核心素养,就是关注"教育要培养什么样的人"这一根本性问题。什么是学生的核心素养,如何培养学生的核心素养,这是当前全社会都关注的热点话题,它不仅关系到国家、社会的发展,也关系到千千万万个家庭的未来。对于教育工作者而言,这也是未来事业发展的重要导向,是一个必须清醒认识和细致思考的问题。

从文献看,虽然"核心素养"这一概念的提法较为新颖,但是核心素养蕴含的思想却由来已久。核心素养概念的演变与人类进步和社会发展密切相关,是社会生产力与生产方式发展变化的产物。从古至今,不同时代的思想家及学者们都曾经围绕人应该具备的"核心素养"进行过深入而全面的讨论,反映的都是当下社会发展的需求,是当下人们对"教育应培养什么样的人"的思索。在以农业经济形态为主导的古代社会背景下,人才的培养重视道德品行;在以工业经济形态为主导的现代社会背景下,人才的培养重视技巧能力;而在以信息经济、低碳经济等经济形态为主导的当代社会背景下,人才的培养则需要重视核心素养。强调"核心素养"不仅反映了当今时代社会发展的需求,更是培养能自我实现与促成社会和谐发展的高素质国民与世界公民的基础。

核心素养为当今世界所普遍重视,是各国际组织和政府教育改革与课程改革时密切关注的热点。虽然各国际组织和政府在"核心素养"的具体表达方式上存在差异,但核心要义基本共通,即强调核心素养的习得是一个持续、终身的学习过程,且是公民的重要的、关键的、必要的素养。对"核心素养"的概念进行研究,对核心素养与相关概念之间的关系进行辨析,以及对核心素养概念引领下的课程与教学变革需求进行系统分析,可以帮助我们顺应当前联合国教科文组织等国际组织所倡导的教育改革的国际潮流与课程改革的世界发展趋势,了解当前世界通行的人才培养标准、规范和要求,在教育改革的大潮中更好地定位和谋划,为实现公平而有质量的教育,提升人才培养质量,促进每一个学生健康幸福全面地成长奠定基础,也有利于持续推动教育改革发展,实现教育强国的最终价值。

在此背景下,各大国际组织从人才战略的高度相继开展并构建核心素养的指标框架,以期回答"教育要培养什么样的人"这一重要问题。其中,最具国际影响力的经济合作与发展组织(OECD)、欧盟(EU)和联合国教科文组织(UNESCO)分别构建了《成功生活和健全社会的核心素养指标框架》《终身学习核心素养:欧洲参考框架》《全球学习领域框架》三大核心素养指标框架(见表 4-1)。这些框架集中展示了未来时代人才培养的内容和价值要求,也为建构生涯教育的内容和结构体系提供了重要的参考依据。

表 4-1　三大国际组织核心素养框架的指标分类[①]

方面	维度	指标	指标描述	国际组织		
				OECD	EU	UNESCO
全面发展	品德素养	公民意识	具有行使公民权利的能力,具有道德判断和社会正义伦理的观念,具有保护权利和利益的意识	√	√	√
		尊重与包容	尊重、接纳、理解和关爱他人,具有同情心,能够理解、尊重和包容人与事物的差异性和多样性	√	√	√
		环境意识与可持续发展思维	能够关心、理解自然与生态环境,具有可持续发展的未来观,理解未来社会是建立在生态、经济、社会文化可持续发展基础上的,具有环保与节约精神			√

方面	维度	指　标	指标描述	国际组织		
				OECD	EU	UNESCO
全面发展	学习素养	数学素养	能够理解数学概念,运用数学知识和数学思维解决日常生活中的各种问题	√	√	√
		科学素养	具有科学精神,掌握科学知识,运用科学知识,确定问题和做出具有证据的结论	√	√	√
		母语能力	通过听、说、读、写等形式,运用母语进行理解、表达、解释、互动等,具有语言综合运用能力	√	√	√
		外语能力	有效运用外语进行交流、阅读和写作的能力	√	√	
		学会学习	个人根据自身需要独立或与小组合作开展和组织自身学习的能力,具有方法与机会意识	√	√	√
	身心素养	身体健康	具有健康的生活态度、生活方式和行为习惯,保持身体健康发展,具有安全意识,爱护自己			√
		心理健康（自我管理）	自尊自爱,积极主动,能够恰当地管理自己的情绪和行为,养成自律、自省的习惯,能够坚强面对挫折,具有积极的情感体验	√	√	√
	审美素养	审美素养	能欣赏与享受艺术作品及表演,并借助与个人天赋相一致的手段来表现自己的艺术才华,愿意通过艺术上的自我表达和对文化生活的持续兴趣来培养审美能力		√	√

续表

方面	维度	指标	指标描述	国际组织		
				OECD	EU	UNESCO
21世纪素养	非认知品质	沟通与交流能力	能够有效地与他人进行沟通与交流,与他人建立良好的关系	√	√	√
		团队合作能力	能够与团队合作以完成共同目标,能够有效地管理与解决冲突	√	√	√
		国际意识与全球化思维	能够积极理解和欣赏世界各地的历史文化,能够以开放的、多维的思维方式看待世界,具有全球视野		√	
	认知品质	问题解决能力	合理地思考和分析问题,有效地按照问题解决步骤处理和解决问题	√	√	√
		计划、组织与实施能力	在复杂的大环境中,基于目标进行规划与组织,并严格执行	√	√	
		批判性思维	能够对各种问题、现象等进行反思和质疑,发现问题所在,具有批判精神和批判技能	√	√	√
		创新素养	具有主动进取的探索精神和好奇心,能够提出和实施新的想法,具有创新和冒险精神	√	√	√
		信息素养	能够运用信息通信技术有效地获取信息、分析评估信息、应用信息等,遵循信息获取和使用的道德或法律规范	√	√	√

在笔者看来,核心素养不仅是一种适应于当下的人才培养改革模式,也是推进学校课程与教学改革的重要指导,是优化教师教与学行为的重要指南。更为重要的是,透过国内外不同种类的核心素养框架体系,我们能够深刻感受到国内外教育改革过程中对于人才培养的共性要求,当我们用这样的眼光审视不同的核心素养框架体系时,我们能够体会到它们在字里行间中折射出的对于生涯教育的重视。

一方面,生涯教育是许多国家和地区核心素养框架体系的共性内容。从国际形势来看,当前国际上多数国家、地区与国际组织都认为,以个体发展与终身学习为主体的核心素养模型应取代以学科知识结构为核心的传统课程标准体系,并在此理念上对包括生涯教育在内的学校教育进行系统性反思。尽管多数国家和地区尚未明确提出"基于核心素养观的生涯教育"这一理念,但是在美国、澳大利亚、加拿大等发达国家出台的相关文件中,均呈现了他们在核心素养观下对生涯教育的思考,包括对生涯教育所要培养的"核心素养"的论述,以及如何进一步落实对这些"核心素养"的培育等。如澳大利亚在《生涯发展蓝图》中提出了包含个人规划、学习和工作探索、生涯建树 3 个领域中的 11 项生涯规划能力,并将其作为生涯规划教育的目标。在《加拿大生涯发展实践者的标准和指导:核心能力》文件中,从专业行为、人际交往能力、生涯发展知识、需求评估咨询这四个方面对学生的生涯发展能力做出了规定与说明。上述各国际组织关于核心素养界定的很多论述,如批判性思维、计划组织和实施能力、学会学习、可持续发展思维等,实际上都包含了生涯规划和生涯教育的内容。我国香港和台湾地区较早开展生涯教育,他们将核心素养融入课程体系,并已完成基于核心素养的课程体系重构。例如,我国台湾地区在"自主行动"下的身心素质与"自我精进"这一核心素养项目中,明确指出在高级中等学校教育阶段的具体内涵是"探索自我,肯定自我价值,有效规划生涯,并透过自我精进与超越,追求至善与幸福人生",换言之,这是高中的生涯规划教育核心素养之一[①]。

　　另一方面,核心素养培育与生涯教育在人才培养的内在追求上呈现一致性。不论是核心素养体系,还是生涯教育体系,其根本的目的都在于培养学生的自主发展能力和终身发展能力,实现学生的全面发展和终身幸福。纵观世界各国、国际组织,尽管有着对核心素养内涵的不同界定,但均把自主发展作为其不可或缺的组成元素。经济合作与发展组织率先提出的核心素养框架包括"能互动地使用工具""能在异质社会团体中互动""能自主行动"三个方面,美国制定的《21 世纪素养框架》,确立了核心素养的三个方面,包括"信息、媒介与技术素养""学习与创新素养""生活与职业素养";2016 年 9 月,《中国学生发展核心素养》研究成果在北京发布,提出中国学生发展核心素养分为文化基础、自主发展、社会参与三个方面,综合表现为人文底蕴、科学精神、学会学习、健康生活、责任担当、实践创新六大素养;2017 年 9 月,中共中央办公厅、国务院办公厅发布了《关于深化教育体制机制改革的意见》,提出要注重培养支撑终身发展、适应时代要求的关

---

① 刘龙婷. 基于核心素养观的普通高中生涯规划教育实施研究[D]. 杭州:杭州师范大学,2017.

键能力,包括培养认知能力、合作能力、创新能力和职业能力。从以上可以看出,各个国际组织及世界各国关于核心素养(关键能力)的界定都涉及学生的自主发展问题,都将自主发展作为学生核心素养的重要组成部分[①]。而对于大学阶段的学生而言,如何实现自主发展,这不是现有的学科教学和课程体系能够真正达成的,只有通过合理的生涯教育,才能赋予学生合理规划自我、发展自我的意识,才能真正提升学生的自主发展能力,为学生核心素养的培育奠定基础。

综合上述分析可以认为,核心素养是当前学校人才培养和课程与教学改革的重要指向标。从核心素养的角度审视生涯教育,一方面应该认识到,学生合理规划自我、设计自我也是一种重要的素养,并且是国内外众多核心素养框架体系中普遍涉及的重要素养;另一方面应该感受到,核心素养和生涯教育在人才培养的本质追求上是一致的,只有通过合理的生涯教育才能唤醒学生的自主发展意识,才能让学生主动追求自我、实现自我,这也是培养学生核心素养,促进学生全面发展的先决条件。

2.学生全球素养层面的内容分析

在核心素养理念下的人才培养和课程教学变革中,学生全球素养的培育是近年来颇受关注的内容。特别是随着经济全球化发展的加剧和中国参与国际经济事务程度的加深,学生全球素养的培养越来越受到重视,这也为学生生涯教育内容体系的建构提供了另外一种层面的引领。

何为全球素养? 全球素养(global competency)概念出现于西方国家,1993年,Schechter首次阐述了学生全球素养的核心要素,在他看来教育国际化的目标就是让学生获取知识和技能,以便能在全球环境下就业,习得欣赏文化差异与跨文化敏感性的能力[②]。这是较早系统提出对全球素养核心概念的论述。2006年,Hunter等在前人研究的基础上,从态度与价值观、知识与理解,跨文化技能三个层面,将全球素养定义为积极了解外国的文化规范与期望,持有开放的态度并能有效利用已有的知识在本地以外的环境里互动、交流与工作[③]。其后,2013

---

① 索桂芳.核心素养背景下普通中学生涯教育的几点思考[J].课程·教材·教法,2018,38(5):122-127.

② SCHECHTER M. Internationalizing the university and building bridges across disciplines[M]//CAVUSGIL T. Internationalizing business education:Meeting the challenge. Lansing:Michigan State University Press,1993:129-140.

③ HUNTER B,WHITE G P,GODBEY G. What does it mean to be globally competent[J]. Journal of Studies in International Education,2006(3):267-285.

年,经济合作与发展组织(OCED)对全球素养的概念做出了界定,认为全球素养是一种多维能力,指学生能分析全球和跨文化问题,能理解自己和他人的感知、判断和思想之间的差异,能在尊重、包容的前提下,与来自不同文化背景的人进行开放、欣赏和有效的互动[①]。

2016年9月,习近平总书记在中央政治局第35次集体学习会上指出,参与全球治理需要一大批熟悉党、国家方针政策,了解我国国情,具有全球视野,熟练运用外语并通晓国际规则与精通国际谈判的专业人才[②]。

全球素养的理念启示我们,新时代的学生生涯教育,在建构内容和结构模式时,不仅应该聚焦于国内的情况,也要面向更加开放的世界,培养具有更强全球参与力和竞争力的新时代高素质人才。

3. 新时代人才培养层面的内容分析

从当前中国教育改革与发展的现实情况看,人才培养的改革问题已经上升为一个党和国家高度关注、全社会普遍关心的重要问题,不论是教育发展重要文件的制定,还是党和国家领导人的重要讲话,都透露出对人才培养改革的高度关注。

近年来,习近平总书记围绕教育问题发表系列讲话,形成了以"九个坚持"为标识的重要论述,诠释了教育立德树人的根本任务以及教育优先发展的战略定位,厘清了学生、教师、学校的互动生态,蕴含了"办好人民满意的教育"的中心论调。在这一论述中,对于人才培养体系的建构和人才培养模式改革,习近平总书记也给予了充分的关注,并提出了许多重要的论断:

2016年9月9日,习近平总书记在视察北京八一学校时强调,基础教育是立德树人的事业,要旗帜鲜明加强思想政治教育、品德教育,加强社会主义核心价值观教育,引导学生自尊自信自立自强。基础教育是提高民族素质的奠基工程,要遵循青少年成长特点和规律,扎实做好基础的文章。基础教育要树立强烈的人才观,大力推进素质教育,鼓励学校办出特色,鼓励教师教出风格。

2017年10月18日,在党的十九大报告中,习近平总书记专论述门就优先发展教育事业进行了论述。总书记在报告中指出,建设教育强国是中华民族伟

[①] OECD. Global Competency for an Inclusive World[EB/OL]. [2016-09-09]. http//www. oecd. org/pisa/aboutpisa/Global competency for aninclusiveworld. pdf.

[②] 习近平:加强合作推动全球治理体系变革 共同促进人类和平与发展崇高事业[EB/OL].(2016-09-29)[2022-05-10]. http://www. cac. gov. cn/2016-09/29/c_1119646058. htm? from＝timeline.

大复兴的基础工程,必须把教育事业放在优先位置,深化教育改革,加快教育现代化,办好人民满意的教育。要全面贯彻党的教育方针,落实立德树人根本任务,发展素质教育,推进教育公平,培养德智体美全面发展的社会主义建设者和接班人。报告中还特别指出,要努力让每个孩子都能享有公平而有质量的教育。

2018年5月3日,在北京大学师生进行座谈时,习近平总书记指出,社会主义建设者和接班人,既要有高尚品德,又要有真才实学。学生在大学里学什么、能学到什么、学得怎么样,同大学人才培养体系密切相关。总书记强调,人才培养体系必须立足于培养什么人、怎样培养人这个根本问题来建设,可以借鉴国外有益做法,但必须扎根中国大地①。

2018年9月10日,在全国教育大会上,习近平总书记强调,要在党的坚强领导下,全面贯彻党的教育方针,坚持马克思主义指导地位,坚持中国特色社会主义教育发展道路,坚持社会主义办学方向,立足基本国情,遵循教育规律,坚持改革创新,以凝聚人心、完善人格、开发人力、培育人才、造福人民为工作目标,培养德智体美劳全面发展的社会主义建设者和接班人,加快推进教育现代化、建设教育强国、办好人民满意的教育。关于人才培养,总书记特别指出,培养什么人,是教育的首要问题。我国是中国共产党领导的社会主义国家,这就决定了我们的教育必须把培养社会主义建设者和接班人作为根本任务,培养一代又一代拥护中国共产党领导和我国社会主义制度、立志为中国特色社会主义奋斗终身的有用人才。这是教育工作的根本任务,也是教育现代化的方向目标。为实现这样的人才培养目标,总书记强调,要努力构建德智体美劳全面培养的教育体系,形成更高水平的人才培养体系。要把立德树人融入思想道德教育、文化知识教育、社会实践教育各环节,贯穿基础教育、职业教育、高等教育各领域,学科体系、教学体系、教材体系、管理体系要围绕这个目标来设计,教师要围绕这个目标来教,学生要围绕这个目标来学。凡是不利于实现这个目标的做法都要坚决改过来②。

伴随着对习近平总书记系列重要讲话精神的学习,在教育改革的过程中,如何培养高质量的人才越来越成为教育领域思考和实践的关键问题。培养高质量

---

① 习近平在北京大学师生座谈会上的讲话[EB/OL]. (2018-05-03)[2022-05-10]. http://politics. people. com. cn/n1/2018/0503/c1024-29961468. html.

② 坚持中国特色社会主义教育发展道路 培养德智体美劳全面发展的社会主义建设者和接班人[EB/OL]. (2018-09-10)[2022-05-10]. http://www. moe. gov. cn/jyb_xwfb/s6052/moe_838/201809/t20180910_348145. html.

人才,首要的是确定人才培养的时代标准。概括说来,时代新人需德智体美劳全面发展,需具有爱国奋斗精神,需担当民族复兴大任。有学者对时代新人的内涵进行了细化分析,认为:"作为新时代的弄潮儿,'时代新人'是集诸多品质于一身的现代复合型人才,即有理想与立足现实有机统一的实干家、有本领与服务人民有机统一的奉献者、有担当与全球视野有机统一的搏击者、有自信与开拓进取有机统一的奋进者、有道德与政治意识有机统一的坚定者。"也有学者认为,时代新人的基本内涵和根本要求就是要实现"时代责任和历史使命的有机统一、价值认同和价值转化的有机统一、'顶天'理想和'立地'实干的有机统一、坚守规范和勇于创新的有机统一、文化自信和政治自信的有机统一、中国贡献和世界贡献的有机统一"[①]。而在笔者看来,不论我们如何界定新时代人才培养的标准,都应该注意到这种界定对于学生自身精神意志、进取精神、成长态度的重视,也就是说,学生适应新时代发展的一切知识和技能都需要有一个前提性的条件,这个条件就是学生能够主动设计自己的人生发展,主动为自己预期的目标进行努力奋斗。

以上论述从两个层面论证了新时代教育改革发展过程中开展生涯教育的重要性:其一,新时代的人才培养标准是多样性的,教育在培养人才的过程中既要注重共性能力和素质的培养,也要注重个性化、特色化人才的培养,而在这一过程中,如何进行自我的设计和选择,显然是非常重要的;其二,新时代发展赋予了人才培养新的要求和内涵,人才培养能否适应社会发展,一方面取决于教育质量,另一方面也取决于学生个体的努力,而只有具备了良好的生涯规划能力,学生才能更好地思考和设计自己的人生发展之路,才能主动地将自我发展与社会发展有机融合,赋予人生发展以社会价值和道德意义。由此,从新时代中国经济社会发展的现实需要看,开展生涯教育模式的创新和探索,这是主动回应新时代教育改革和人才培养关键性问题的有效方式,也是培养高质量人才的现实需要。总而言之,一个不能够合理规划自我、设计自我、实现自我的人,将难以担负起时代发展赋予的神圣使命。

此外,新时代人才培养标准的设计中还包含着浓郁的道德追求,也就是说要将"立德树人"的根本任务贯彻落实到教育的每个角落,包括生涯教育在内的任何教育方式,都应该围绕立德树人的要求开展。这也就是说,新时代的高校生涯教育,不仅应该注重学生合理规划和发展自我的知识与技能教育,更为重要的是

---

① 郑永安,孔令华.塑造新人:新时代教育的重大使命[J].中国高等教育,2018(22):6-8.

要给予学生思想道德领域的科学引导，这对于重构新时代高校生涯教育具有直接的引导价值。

4. 基于系统分析的"五位一体"生涯教育内容体系

基于上述三个层面的思考，笔者认为，"五位一体"的生涯教育，在内容和结构上应该着重展现以下五个方面的内容。

一是理想信念教育。即在生涯教育中运用中国传统优秀文化、社会主义核心价值观、道德教育等内容来对大学生进行教育，引导大学生将自己的前途命运与国家的发展相结合，提升大学生的思想素质水平。

二是专业素养教育。既包含扎实的专业知识，又囊括了自主学习能力与科学思维能力等。生涯教育课程讲授过程既要强调专业知识的重要性，也要注重学习方法和理念的教授。

三是实践体验教育。即结合大学生成长的不同阶段，合理设计实践体验环节，让大学生在实践中改变自己的态度、情感与价值观，增强自身的就业技能，将自身的职业发展和理想信念与祖国的发展和社会的安康有机结合。

四是跨文化交际教育。即在全球化背景下，在尊重、包容的前提下，举止优雅地与来自不同文化背景的人进行有效交流与沟通的能力，这是生涯教育课程目前最需要增加的环节。

五是就业创业教育。生涯教育解决的最直接的问题是就业。在"大众创业、万众创新"的时代背景下，生涯教育课程中融入就业创业教育，给大学生进行就业创业的启蒙至关重要。

为了验证这五方面是否应为生涯教育的重要维度，笔者通过 CiteSpace 可视化软件对生涯教育领域当前的研究情况进行了梳理。笔者以 CNKI 数据库为数据来源，采用高级检索的方式，匹配方式选择"精确"，以"生涯教育"为关键词检索中文文献，共得到 2001—2021 年的相关文献 7045 篇。为了保证数据的准确性，本书以高等教育研究为学科，剔除学位论文、学术辑刊中的前言和导言部分、会议、报纸、成果以及重复文献等内容后，共得到有效文献 1156 篇。

关键词能够最直接地反映和概括一篇文章的主题和内容。因此，笔者通过对高频关键词的研究，以观测目前生涯教育领域的研究重点与趋势。根据文献的关键词，共发现高频关键词 142 个，形成 153 条连线。文献的热点关键词共现图谱如图 4-1 所示。图 4-1 中文字大小代表关键词出现的频次，节点间的连线表示不同时间内建立的联系，连线的粗细表示关键词共现的强度。可以看出"大学生"是最大的节点，"职业生涯教育"和"职业生涯规划"次之。从统计结果的年份跨度上来看,"职业生涯教育""大学生""就业指导""高等教育""择业观"出现时间较早,而最近则出现了"核心素养""三全育人""思政教育""教学改革""应用型本科院校"等关键词,预计将成为未来职业生涯规划研究的新方向。

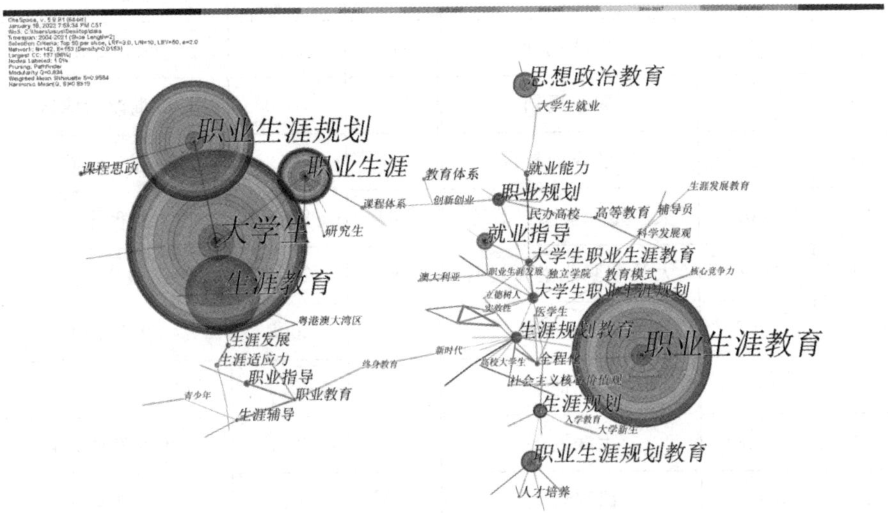

图 4-1　关键词共现图谱

为了更好地聚焦生涯教育研究重点,笔者对近 20 年职业生涯教育领域的高频关键词的前 50 位进行了梳理,如表 4-2 所示。通过对前 50 位高频词的研究,我们发现两个特点尤为明显:其一,"职业生涯教育""职业生涯规划""生涯教育""就业指导"等频繁出现,换言之,生涯教育等相关概念较为模糊,各相似概念之间的区别与联系不甚明晰,这可能会造成研究重点的分散,不利于该领域的深度研究;其二,对于生涯教育研究,思想政治教育、就业指导、生涯适应力、全程化育人等模块是研究者逃不开的关键模块。

表 4-2　高频关键词前 50

频次	首现年份	关键词	频次	首现年份	关键词
365	2004	大学生	159	2004	生涯教育
281	2006	职业生涯教育	117	2005	职业生涯
242	2006	职业生涯规划	60	2008	思想政治教育

续表

频次	首现年份	关键词	频次	首现年份	关键词
51	2007	职业生涯规划教育	8	2011	民办高校
43	2006	就业指导	7	2008	辅导员
36	2008	生涯规划	6	2008	科学发展观
34	2006	职业规划	6	2020	粤港澳大湾区
31	2007	生涯规划教育	6	2013	独立学院
28	2007	大学生职业生涯教育	6	2016	课程体系
21	2006	大学生职业生涯规划	6	2009	医学生
17	2007	职业指导	5	2008	大学新生
15	2010	就业能力	5	2013	澳大利亚
14	2008	生涯发展	5	2011	生涯发展教育
12	2019	课程思政	5	2019	创新创业
12	2008	职业教育	4	2011	青少年
12	2016	生涯适应力	14	2014	高校大学生
12	2008	生涯辅导	4	2019	立德树人
12	2008	全程化	4	2011	终身教育
11	2006	高等教育	4	2018	新时代
11	2015	教育体系	4	2012	职业生涯发展
9	2009	研究生	4	2008	入学教育
9	2009	教育模式	4	2011	实效性
8	2015	社会主义核心价值观	4	2009	核心竞争力
8	2010	大学生就业	3	2006	职业发展教育
8	2019	人才培养	3	2016	规划教育

　　基于此,本书采用 CiteSpace 软件进行关键词共现的聚类分析,以直观反映职业生涯规划的研究热点,其呈现的关键词聚类图谱如图 4-2 所示,色块代表聚类的区域。节点 $N=479$,连线数 $E=552$,网络密度 Density$=0.0048$。模块值 Q 的大小与节点的疏密情况相关,Q 值越大聚类效果越好,可以用来进行科学的聚类分析。平均轮廓值 S 的大小可以用来衡量聚类的同质性,S 值越大说明网络的同质性越高,表示该聚类是具有高可信度的。从图 4-2 可以看出,$Q=0.8939$,说明该网络结构聚类效果好;$S=0.984$,说明同质性较高,不同聚类划分较好。图中展现出十大聚类,以"职业决策""实践教育"和"职业胜任力"为首。换言之,对于当前生涯教育研究而言,职业决策、实践教育、职业胜任力是研究者最为聚焦的话题。

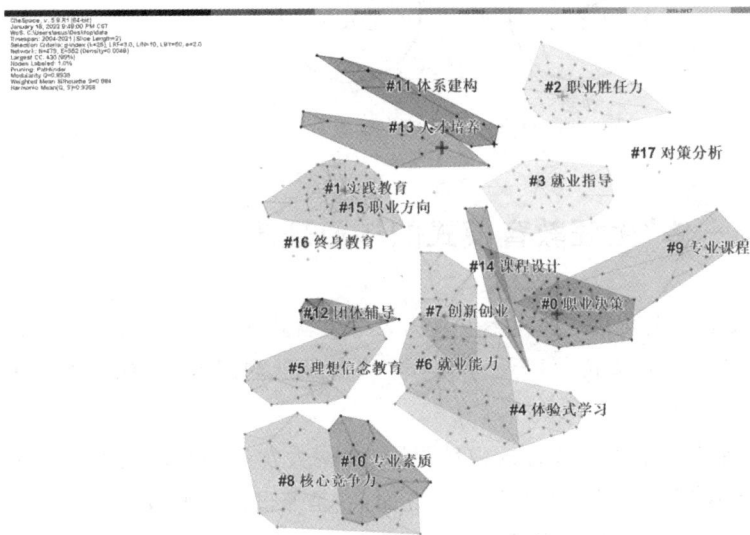

图 4-2　关键词聚类图谱

　　由此,我们认为,建构生涯教育体系,将理想信念教育、专业素养教育、实践体验教育、跨文化交际教育、就业创业教育纳入其中,形成"五位一体"的高校生涯教育模式不仅有其理论基础,更有其实践意义。值得一提的是,五个部分的内容不是彼此孤立的,而是有着密切的内在联系,这一模式的特点是,以理想信念教育为引领,以专业素养教育为基础,以跨文化交际教育为特色,以就业创业教育和实践体验教育为支撑,"五位一体"的新时代高校生涯教育是一个完整体系(见图 4-3),以系统化思维推进生涯教育变革与创新,五个部分的内容共同作用于学生全面发展的核心价值与最高目标。

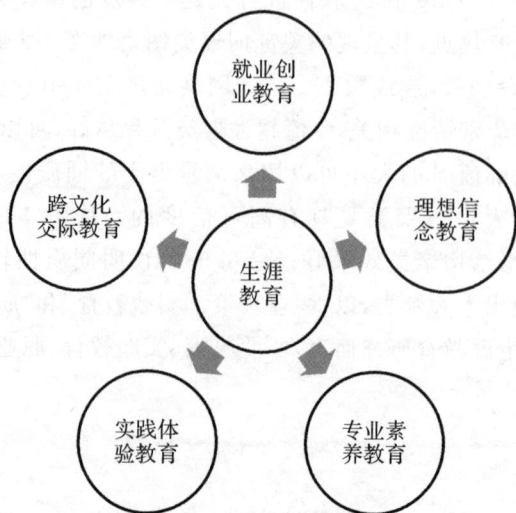

图 4-3 "五位一体"的高校生涯教育模型

三、"五位一体"生涯教育模式的核心理念

如前所述,大学生生涯教育课程不仅是为大学生就业顺利开展而设置的,其更重要的教育意义在于育人价值以及对大学生终身发展的影响,这首先体现在课程设计的理念上。

为了突破目前大学生生涯教育的视域局限,强调大学生的全面发展,"五位一体"的生涯教育在理念的设定上凸显两个方面:一是通过该生涯教育系统的浸润,使大学生具备职业人的基本素养;二是在职业发展的基础上,使大学生具备全球化人才的基本素养。基于此,本书将大学生生涯发展课程的理念设定为培养"知能合一"的职业人与成就"全球素养"的幸福人。

1. 以职业综合素养为基础,培养"知能合一"的职业人

职业综合素养,是指人们在从事相应的职业活动过程中所表现出来的综合品质,一般包括职业道德、职业意识、职业行为习惯和职业技能四大要素。大学生生涯教育中的职业综合素养培育,除了需应该囊括以上四个部分外,还应该注重促进学生的职业发展。杜威曾指出,随着生活中的经济因素日益重要,教育揭

示职业的科学内容和它们的社会价值的重要性更为凸显①。在他看来对学生进行职业教育应该利用社会的各种因素使学生的校内生活内容更具生气和现实意义,与校外企事业单位等有更紧密的联系。此外,杜威还强调,对学生进行职业教育,不能对他们进行预设,让教育围绕这个预设进行,这种方式会损害学生发展的可能性,从而削弱对将来职业的适当程度。

因此,本书所倡导的生涯教育课程是以职业综合素养为基础,培养"知能合一"的职业人。所谓"知能合一",是指学生不仅要具备基本的技能和扎实的知识,还应该具备敏锐的观察能力和解决问题的能力。所谓职业人,更是表明了学生的主人翁态势,强调了学生作为主体的特殊性。因此,本书所要达成的目标,其一是让学生掌握职业信息,能习得理性判断和鉴别的能力;其二是能够研判职业的发展现状和未来走势;其三是能够根据自身和职业的实际做出合理的生涯规划。在此基础上,不仅帮助大学生掌握基本的就业技能,顺利就业,而且能够帮助大学生长远发展,助推大学生就业后职业潜能的挖掘。

2. 以学生全面发展为基础,培养"全球素养"的幸福人

大学生全面且富有个性化的发展是大学生生涯教育课程的应然目的和理想追求。这虽说离不开大学生生涯教育课程的引导和支持,但更重要的是大学生主体意识的萌发,调动自身积极发展的主体性,从而努力去成为一名具有"全球素养"的幸福人。主体性,指的是主体在与客体的交往过程中体现出来的主动性、独立性与创造性。大学生主体性的体现,是大学生全面且个性化发展的重要表征。为了激发大学生的主体性,本课程的设计理念一方面从狭义的就业观转变为开放的人生观,另一方面由单纯的找到就业岗位转变为实现大学生的全面发展。

基于此,在大学生全面发展理念的引领下,本课程强调以学生全面发展为基础,培养大学生的全球素养。具体来说,就是培养大学生在理想信念、专业素养、实践体验、跨文化交际、就业创业五方面的能力,通过学校多个方面、多种渠道的支持、鼓励与引导,促使大学生了解自己的社会责任,并在未来发展中更好地实现自身价值,让其成为拥有"全球素养"的幸福人。

---

① 杜威.民主主义与教育[M].王承绪,译.北京:人民教育出版社,2004.

四、"五位一体"生涯教育模式的培养目标

生涯教育模式的建构是一种目标导向的系列活动,一般来说主要解决三个问题:完成什么目标、如何完成目标、是否完成目标。综观各种教学课程设计理论,都将课程目标作为理论的出发点和落脚点。因此,在设计课程目标之前,首先要明确课程目标是什么,通过本门课程教学,学生能够做什么;其次要分析学习者特征,明确学生的能力水平和发展空间;最终,根据课程目标与学习者特征,对大学生生涯教学的课程目标进行设计,并根据课程目标对授课内容进行设计。

根据教育部2007年颁布的《大学生职业发展与就业指导课程教学要求》的精神,大学生生涯教育的主要任务和目标分三个方面:态度方面,通过教学,让大学生树立正确的人生观、价值观与就业观;知识方面,通过教学,让大学生了解当下的就业形势、就业政策、就业策略等;技能方面,通过教学,让大学生增强就业技能和综合素质,提升他们的就业能力与社会适应能力。

新形态下,大学生的成长环境与教育环境较之前都发生了较大的变化。第一,由于信息化时代的到来,当代大学生处于大数据时代,信息渠道多元,但其辩证思维能力却尚未完全成熟,对各类信息的思辨能力有待加强;第二,当代大学生由于受家庭教育的影响,成才意识较强,但是往往局限在个体自我价值的实现,而忽视了社会整体的进步;第三,由于当代大学生生活的环境多为顺境,一些大学生自认为是"天之骄子",因此,其虽不迷信教条主义,但一旦受到理论或现实的冲击,他们在心理上较难调适而产生逆反心理,受挫能力较差;第四,大学为大学生提供了一个自由发展与自我实现的新天地,让其自我意识不断增强,但由于社会实践经验的缺乏,大学生往往在处理重要事情时,缺乏足够的判断力与行动力,容易出现盲目从众心理。

在分析了生涯教育课程的课程目标与大学生的自身特性后,本书对生涯教育的目标进行了三个层面的建构。

1. 直接目标:习得职业能力

通过课程学习与实践体验,让大学生树立规划自己学习与生涯的观念,从而在牢牢掌握专业知识的基础上,习得就业信息收集能力、就业市场分析能力,增加其就业体验,增强其就业意识,树立起正确的就业观。

2. 中级目标：进行自我认知

通过课程学习与实践体验，引导大学生主动进行职业生涯规划，更好地认识自己的能力、性格、兴趣和价值观，让大学生了解职业发展与自我发展的阶段特点，使其能够处理所学专业与职业之间的关系，并做出合理的规划。

3. 终极目标：实现全面发展

通过课程学习与实践体验，在职业能力习得与自我认知深化的基础上，让大学生接受更多、更好的创业意识和创业精神的教育，让大学生以更开明、更包容的心态，拥有较强的跨文化的交际能力，将自身发展与国家富强相结合，以正确的人生观、价值观来指导自己的实践，成就自己的发展，真正成长为具有全球素养的德智体美劳全面发展的新时代人才。

第三节　"五位一体"模式对传统生涯教育的超越

比较传统的大学生生涯教育模式和"五位一体"的生涯教育模式可以发现，后者是对前者理念和方式上的双重超越：其一，从理念上说，"五位一体"的生涯教育模式，倡导全员、全过程参与生涯教育的理念，倡导唤醒每一个教师、每一门学科和课程的生涯教育意识，建构起系统的生涯教育"共同体"。这是对传统的、狭隘单一的生涯教育的超越。同时，在"五位一体"的生涯教育模式下，我们倡导生涯教育赋能人的全面发展，倡导生涯教育对人的全部生命过程的参与，而不是仅仅关注学生就业创业能力的提升。这种理念超越了传统生涯教育过于关注或者仅仅关注职业规划、就业指导的局限，让生涯教育真正成为高质量人才培养体系的重要组成部分，成为贯穿学生生命成长全过程的重要主题词。其二，从实践上说，"五位一体"的生涯教育模式，以学生的全面发展为核心导向，整合了学校理想信念教育、专业素养教育、实践体验教育、就业创业教育、跨文化交际教育等各种教育样态，贯通了人才培养的第一、第二、第三课堂，让生涯教育的内涵更加扩大、生涯教育的实践方式更加丰富。这在很大程度上超越了传统生涯教育中过于依赖单一的教育资源，采用保守封闭的课堂教学所造成的生涯教育价值的消弭和成效的低下，成为一种适应新时代人才培养价值和理念的新型生涯教育模式。

第五章

引　领——"五位一体"之理想信念教育

　　党的十八大以来,立德树人作为教育的根本任务,越来越成为引领课程教学变革和人才培养创新的核心价值,在立德树人的教育系统中,大学生理想信念教育越来越成为重要的问题域。

　　理想信念教育是高校思政教育的重要内容和范畴。近年来,习近平总书记反复要求树立精准思维,特别强调要对准焦距、找准穴位,精准解决改革发展中的突出问题。加强和改进新时代高校思政工作,最为根本的是提高工作针对性。针对性解决好了才能够真正增强实效性,才能推动思政工作实现新的质的飞跃。解决针对性的问题,关键是要树立精准思维,从高校思政工作实际出发,从不同层面全力推动精准思政①。

　　从理论上说,生涯教育能促进高校思想政治教育的内容更加科学化。生涯教育引导学生树立正确的职业价值观和科学的职业伦理道德,既要进行理想信念教育,又要进行思想道德教育,还要进行心理素质训练,体现思想政治教育内容的综合性;生涯教育中受教育者亲自参加社会实践,了解社会真实情况,通过职业生涯人物访谈等活动,获得真实鲜活的教育资源和社会经验,实现思想政治教育内容的真实性;生涯教育提倡受教育者体验职业实践,积极参加社会活动,在实践中认识自己,认识自己与他人、与社会的关系,认识社会要求的思想道德品质,将社会要求的思想道德原则转换为自己的行为准则,提高思想政治教育内容的实践性;生涯教育从人生目标的选择出发,将人生观、价值观教育渗透其中,将思想教育、政治教育、道德教育、心理健康教育渗透到职业生涯教育中,寓教育

---

①　徐艳国.以精准思维深入推动新时代高校思政改革[J].中国高等教育,2019(1):1.

于服务学生中,增强思想政治教育内容的渗透性①。

基于上述分析,通过生涯教育模式的重构,发挥理想信念在生涯教育体系中的引领价值,就是精准聚焦思政教育痛点,推动人才培养和课程教学变革的有效路径。基于这样的认识,"五位一体"的新时代高校生涯教育模式,突出了学生理想信念层面的引领价值,特别是通过"青年榜样"引领下的理想信念教育赋能生涯教育的整合体系,彰显生涯教育的立德树人价值。

理想信念是个体的精神寄托与行动指南,是个体对不确定的理想世界进行的确定性追求。党和国家历来高度重视大学生的理想信念教育。2004 年发布的《中共中央国务院关于进一步加强和改进大学生思想政治教育的意见》,确立了理想信念教育在大学生思想政治教育中的核心地位。党的十九届四中全会更强调要推动理想信念教育的常态化和制度化。

大学生的理想信念关乎国家未来和前途命运,推动大学生理想信念教育常态化、制度化,那就要明晰大学生理想信念的内涵,研究新常态下大学生理想信念的特点,并遵循大学生的成长规律设计出有针对性与实效性的理想信念教育的培养路径。

第一节 大学生理想信念教育的内涵与价值

"理想信念"先后经历了"理想、信念""信念理想"以及"理想信念"等概念演变②。1996 年 10 月,《中共中央关于加强社会主义精神文明建设若干重要问题的决议》将"理想信念"作为政治术语正式提出,并在各项精神中逐步明确其历史地位与作用。

一、大学生理想信念教育的内涵

理想信念是复合名词,具有特定的复合内涵。理想是个体在实践中萌发的对未来的向往与追求,理想具有现实可能性,其特征为扬弃现实、引领现实、超越现实;信念则是个体对现实或某种观念抱有深刻信任感的精神状态,其特质是内

---

① 胡凯,彭立春.论职业生涯教育在高校思想政治教育中的地位和作用[J].思想教育研究,2012(1):75-77.

② 王娜.传统文化融于大学生理想信念教育的价值与实现[J].思想政治教育研究,2017(1):88-92.

心的肯定、确认与坚信①。因此,理想为信念指引方向,信念为理想奠定基础,缺一不可。

习近平总书记在全国高校思想政治会议上指出:"要教育引导学生正确认识世界和中国发展大势,从我们党探索中国特色社会主义历史发展和伟大实践中,认识和把握人类社会发展的历史必然性,认识和把握中国特色社会主义的历史必然性,不断树立为共产主义远大理想和中国特色社会主义共同理想而奋斗的信念和信心。"②因此,大学生的理想信念教育,旨在让大学生在学习生活中,了解世界与中国发展形势,逐步形成并认同中国特色社会主义远大理想,树立为共产主义奋斗终身的坚定信念,将自身发展与国家建设相融合。

二、大学生理想信念教育的意义

理想信念教育是大学生思想政治教育的核心内容。《中共中央关于加强社会主义精神文明建设若干重要问题的决议》明确指出,以理想信念教育为核心,深入进行树立正确的世界观、人生观和价值观的教育。中共中央国务院印发的《中长期青年发展规划(2016—2025年)》更明确指出,要加强青年的理想信念教育,使中国梦成为青年共同追求的奋斗目标,使中国特色社会主义成为青年衷心拥护的发展道路,使共产主义成为青年矢志追求的远大理想。因此,新形势下,加强大学生理想信念教育,不仅是中央对高校的要求,亦是高校加强大学生思想政治教育的主要任务。

理想信念教育关乎大学生的成长成才,统领大学生的生涯发展。作为人类特有的精神现象,理想信念教育不仅为人类昭示奋斗目标,提供前进方向,还能提升人类的精神境界。处于人生探索期的大学生,正处于世界观、人生观和价值观形成的关键期。对大学生进行理想信念教育,不仅是让其能够更好地接受科学文化知识,提升自身技能,妥善处理人际关系,更是让大学生树立起正确的理想信念,将个人理想与社会理想相结合,合理规划个体生涯。个人理想主要是大学生自身的人生理想或职业理想,社会理想则是政治信仰与道德信仰。衡量大学生合格与否的标志,不仅是掌握科学文化知识与专业实践技能,还需胸怀大志,树立有价值的个人理想,同时还应当树立科学的社会理想,促进社会发展。

---

① 熊建生.思想政治教育内容结构论[M].北京:中国社会科学出版社,2012.

② 习近平在全国高校思想政治工作会议上强调:把思想政治工作贯穿教育教学全过程 开创我国高等教育事业发展新局面[N].人民日报,2016-12-09(01).

因此,新时代的背景下,高校必须以理想信念教育指引大学生,让大学生以国家富强、民族振兴、人民幸福为己任,在此基础上,树立坚定的理想信念,全心全意为人民服务,真正实现人生价值。

理想信念教育关乎国家的前途命运,关系国家的兴旺发达。新时期,我国思想政治教育的根本目标是培养有理想、有道德、有文化、有纪律,德智体美劳全面发展的社会主义合格建设者和可靠接班人。培养合格建设者是指将大学生培养成德才兼备的高素质人才,培养可靠接班人则是指将大学生培养成具有社会主义理想信念的,愿意为社会主义奋斗终身的可贵人才。大学生是国家的希望,是实现中国发展强大的关键力量。当前,经济全球化、价值多元化,在这样的背景下,意识形态领域充满了风险与挑战,实现民族复兴的路上也充满了荆棘与泥泞,这就需要大学生们以坚定的理想信念,迎接挑战,战胜困难与挫折。2014 年 5 月 4 日,习近平总书记在北京大学师生座谈会上曾这样说,有信念、有梦想、有奋斗、有奉献的人生,才是有意义的人生。因此,高校的理想信念教育关乎国家的命脉,是培养社会主义建设者和接班人的必然选择。

三、大学生理想信念教育在生涯教育体系中的地位

理想信念教育是大学生成长成才的基础,而大学生生涯教育的终极目标是使大学生更全面地发展,两者之间有着强烈的价值关联,这就为大学生理想信念教育融入大学生生涯教育体系提供了可能。

理想信念教育是生涯教育的立身之本。大学生的生涯教育,不仅要帮助大学生掌握生涯规划方法与求职技能,更重要的是要促进大学生的全面发展。在此过程中,理想信念教育就是生涯教育体系中的"主心骨",理想信念坚定,骨头就硬,没有理想信念,理想信念不坚定,精神上就会"缺钙"[①]。理想信念,看似虚无缥缈,似乎过于意识形态化,但是对于大学生而言,只有拥有正确而崇高的理想信念,才能学真本领,才能在走出社会后,坚定不移地践行社会所赋予的各项使命、责任,在改革发展的浪潮中,成就自己,为社会出力。因此,在生涯教育体系中,只有明确理想信念教育的重要地位,才能使生涯教育发挥实效。

理想信念教育的目标是生涯教育的最终使命。大学生的理想信念教育是一个系统工程,其主要目标是为了让大学生这个特定群体,树立正确的思想政治方

---

① 中共中央宣传部. 习近平新时代中国特色社会主义思想三十讲[M]. 北京:学习出版社,2018.

向,激发内在的发展动力,塑造健康的人格特征,规范良好的道德行为,引导大学生全面发展。而大学生生涯教育,以大学生的职业发展需要为直接目标,培养大学生的职业意识,锤炼大学生的职业人格,培育大学生的职业理想,引导大学生树立合理的职业发展观念和职业行为准则。在此基础上,引导大学生艰苦奋斗、自强不息,让大学生将自我发展与国家命脉紧密相连,在正确理想信念的带领下,促进大学生全面发展,这正是大学生生涯教育的最终使命。

生涯教育是理想信念教育的手段与方式。我国正处于全面深化改革的关键时期,各种矛盾凸显,社会变化加剧,这不仅影响高校的理想信念教育工作,更影响大学生的成长成才。信息复杂、价值多元取向,都使得大学生的思想不同程度地陷入混乱,传统的理想信念教育方式显得乏力枯燥。因此,新时代下,对于大学生理想信念的教育,不仅需要考虑教育环境的多变性,更要考虑教育对象的复杂性,使教育理念贴近学生需求,从而使教育对象从内而外地将个人发展目标与社会发展目标相结合。而生涯教育在尊重个体性的基础上谋求个体全面发展的理念,通过大学生自我实践与体验,认识自我,肯定自我,从而融入社会,最大限度地满足社会发展对人才的需求,从而实现个人目标和社会目标的有机统合,为理想信念教育开辟蹊径。

因此,大学生的生涯教育丰富了大学生理想信念教育的内容,而理想信念教育则是生涯教育的立身之本,指引生涯教育的正确方向,两者相辅相成,帮助大学生将个人职业理想与社会发展要求有机地结合,从而树立正确的世界观、人生观、价值观,实现大学生的理想信念教育的纵深化发展。

第二节 大学生理想信念教育的现状与困境

理想信念教育是大学生思想政治教育的核心内容,也关乎高校培养什么样的人、如何培养人以及为谁培养人的重要问题。因此,深入了解当前大学生的理想信念现状以及高校的大学生理想信念教育的困境,对于改进理想信念教育,探索大学生理想信念教育的新路径与新方法,至关重要。

一、大学生理想信念现状

为了能够科学、详细地了解新时代大学生理想信念的现状,本书在相关文献的基础上,参考查阅了现有的关于大学生理想信念的研究。本书认为,对于大学生理想信念的考察主要分为两个部分,其一为大学生的理想,其二为大学生的信念。前者主要是考察大学生的个人理想与社会理想的状况,后者则是考察大学生的政治态度。基于此,本书对大学生理想信念现状进行了调查,并使用 STATA 统计软件进行数据分析。调查采用 RDS(受访者推动)抽样方法,本次调查发放问卷 2000 份,其中有效问卷 1820 份,回收率为 91%。据统计,在此次被调查的浙江省部分高校中,男生 690 人,女生 1130 人,其中,大学一年级比例为 3.85%,二年级比例为 31.87%,三年级比例为 42.86%,四年级比例为 21.43%。

1. 大学生理想信念的现状

新时代大学生认同理想信念在人生中的重要地位。功崇惟志,业广惟勤。当问及当代大学生是否认可理想信念是个人成长成才的精神支柱与动力源泉时,91.32% 的大学生认可理想信念在个人成长成才中的作用;当问及大学生是否会为自己设定理想信念时,85.71% 的大学生表示会为自己设定理想信念。这就表明,处于新历史方位的大学生,明晰理想信念对于个体发展的重要作用。

新时代大学生的个人理想意识强于社会理想意识。作为新时代的大学生,理应将个人发展同国家、民族的发展紧密联系在一起,将个人理想融入社会理想中。但问及大学生设定的理想中,重要的类型依次排序时,排前两位的分别为职业理想、生活理想。当问及大学生如何对待个人理想与社会理想的关系时,51.98% 的大学生认识到社会理想对于实现个人理想的作用,48.02% 的大学生则更关注于个人理想的实现。这就表明,尽管大学生对理想信念的重要作用有较明确的认知,但是受社会环境、家庭因素等影响,大学生仍然习惯于从个体的角度去设定理想,对于社会理想的热情度不高,个人理想与社会理想之间的关系还处于较为疏离的状态。

2. 大学生政治态度的现状

当前大学生的政治态度可分为政治热忱型、政治参与型、政治冷漠型[①],大部分大学生政治追求明确,政治价值取向与国家的主流意识形态一致,但也有部分大学生政治信仰迷茫[②]。因此,新形势下,把握当代大学生的政治态度,科学预测其发展方向,更好地加强和改进大学生理想信念教育,是培养社会主义事业

[①] 李勃. 当代大学生政治态度现状与教育对策研究[J]. 长春教育学院学报,2014,30(7):8-9.
[②] 王曼,杜建. 网络视阈下大学生政治信仰培育的新路径[J]. 中国青年研究,2017(3):105-109.

建设者和接班人的迫切需要。

对于社会政治态度的测量,李春玲主要采用满意度、权威认同、社会公正意识三个维度对其进行测量,进而将其操作化为个人生活满意度、社会生活满意度、政府信任、权威认同、不平等感受指数与冲突意识指数①;李路路等则围绕政体偏好、政府偏好、政治重要性、政府信任度、政治顺从对中国人政治价值观基本模式进行研究②;张海东等则采用政府信任、社会安全感知、权利意识、权威认同以及不平等意识五个维度对政治态度进行测量③。本书借鉴社会学界对社会政治态度的测量指标,认为大学生的政治态度应包含政策信服程度、政府满意程度、政府信任程度、社会公平程度四个维度,在实际操作过程中,本书将四个维度相加,再通过标准化,形成了大学生政治态度 0~100 的标准化得分。大学生的政治态度平均得分为 66.09 分,标准差为 21.92。也就是说,大学生的政治态度处于中等之上的水平,不管是对政策的信服程度,对政府的满意程度,对政府的信任程度还是对社会公平的认可程度,均在中等以上。

具体而言,新时代大学生政治态度主流积极向上。在四个指标中,大学生对政策最为信服,其次是对政府的信任,再次是对社会公平的信任,最后是对政府的满意程度。就政策信服程度而言,42.86%的大学生表示对当前的政策非常信服;就政府信任程度而言,15.93%的大学生表示对当前的政府完全信任;就政府满意程度而言,13.19%的大学生表示对当前政府完全满意;就社会公平程度而言,12.09%的大学生表示社会非常公平。

新时代大学生高度看好中国特色社会主义道路前景。数据显示,78.58%的大学生对 21 世纪实现中华民族伟大复兴的中国梦持有比较及以上的信服程度;85.96%的大学生对中国特色社会主义道路的发展前途持有比较及以上的信服程度;84.61%的大学生对新时代中国特色社会主义作为我国的指导思想持有比较及以上的信服程度;74.73%的大学生对中国共产党才能领导中国人民持有比较及以上的信服程度;75.27%的大学生对当前中国共产党实行的政策持有比较及以上的信服程度。调查结果显示,新时代大学生对政策是较为信服的,绝大多数学生拥护党的领导,对党的执政能力、指导思想等持正面态度。

新时代大学生对社会公平的认可程度呈现差异。从社会公平维度分析来

---

① 李春玲.寻求变革还是安于现状中产阶级社会政治态度测量[J].社会,2011,31(2):125-152.

② 李路路,钟智锋.分化的后权威主义——转型期中国社会的政治价值观及其变迁分析[J].开放时代,2015(1):8,172-191.

③ 张海东,邓美玲.新社会阶层的政治态度测量与比较研究——基于六省市调查数据[J].江海学刊,2017(4):81-90.

看,大学生对社会公平的总体认可程度较低,且不同领域存在较明显差异。数据显示,36.82％的大学生对财富及收入分配持比较公平及以上态度;57.14％的大学生对高考制度持比较公平及以上态度;39.56％的大学生对提拔干部持比较公平及以上态度;51.1％的大学生对公共医疗持比较公平及以上态度;53.3％的大学生对司法和执法持比较公平及以上态度。这就表明这些年来我国的高考制度改革还是受到大学生的普遍认可的,同时法治社会的建设也卓有成效。

3.大学生理想信念现状的原因分析

了解了大学生理想信念的现状与大学生政治态度的现状,本书试图从家庭因素、学校因素、个体性因素出发,假设社会经济地位、社会环境、政治环境及个体性因素对政治态度影响显著,并基于这一假设进行分析检验。

研究显示,高校理想信念的教育情况(大学生对理想信念教育的满意度,以及大学生在理想信念教育过程中的收获程度)对大学生的理想信念以及政治态度影响最为显著。数据显示,大学生对理想信念教育的满意度高1分,其政治态度高6.173分;大学生在理想信念教育过程中的收获多1分,其政治态度就要高7.978分。这就更从事实的角度凸显了理想信念教育的重要性和创新理想信念教育的紧迫性。

二、大学生理想信念教育的困境

1.理想信念教育目标政治性突出,认同性不够

学术界普遍认为思想政治教育的本质是政治性的,对于其核心内容的理想信念教育更是如此。在全国高校思想政治工作会议上,习近平总书记强调,我们的高校是党领导下的高校,是中国特色社会主义高校。这就决定了我国理想信念教育的性质与方向,即在此过程中,既要育人,又要坚持中国特色社会主义,服务人民,服务社会。因此,理想信念教育在其目标的设置上应凸显对社会性目标的重视,以"社会主义建设者和接班人"为核心目标。

但是,理想信念教育仅有政治性与社会性是远远不够的,若不关注个体,就会使教育内容和方法的选择忽视个体的内在需求和成长需要,忽视大学生的差异性,结果导致教育内容抽象空洞,继而使得大学生对理想信念教育的认同感低,对待课程态度消极。一些大学生更是将理想信念教育认为是阶级、国家与政党统治的需要,是一种外在的施加力量,认为此教育并非是为了自身发展,而是

国家的要求。

2. 理想信念教育理念错位,人格魅力缺乏

传统教育模式是一种主体中心模式,即"以教为本",强调教师的"教"是主体,尽管目前高校强调"以生为本"的教学理念,但是长期以来的"以教为本"理念仍在盛行。在这种教育理念的指引下,学生的主体性地位就得不到充分发挥。一方面,在"以教为本"的教育理念下,教师维护个人权威,在教育活动中常以支配者自居,对学生的人格与尊严不够尊重,对学生的需求不够正视,因而使学生对教师产生距离感;另一方面,在"以教为本"的教育理念影响下,教师将思想政治教育片面理解为意识形态教育,对于学生所关注的非意识形态教育内容的关注不够。

此外,与其他课程的教育不同,理想信念教育强调教育者"言传身教"所体现出来的人格魅力。这种魅力主要体现在高尚的道德品质、坚定的政治信仰、丰富的教育情感等方面。这种人格魅力,能使学生"亲其师,信其道"。但是在目前的理想信念教育活动中,部分高校教师人格魅力不够,使学生对教师、对课程都不具有信赖感。

3. 理想信念教育内容滞后,吸引力不足

信息化时代,理想信念教育内容应根据时代变化凸显时代感。但目前高校的理想信念教育存在内容滞后于时代发展的现象。一方面,部分高校教师虽然采用先进的教学手段进行教学,但呈现出来的教学内容与以往相比没有优化亦没有更新,甚至出现重复现象,使得学生对陈旧、重复的教学内容失去新鲜感,降低了对思政课的期待,从而严重影响思政课的教学效果;另一方面,教学内容理论性过强,与学生现实生活内容脱节,对学生的现实回应不够,导致学生的学习主动性和积极性大受打击。

此外,理想信念教育的终极目标是为了学生的全面发展,所以,教育内容应当围绕全面发展的要求,选择适宜学生成长需要的教育内容。事实上,目前的理想信念教育与学生成长成才的衔接性不强,教育内容明显滞后于学生的成长需求,使教育内容失去吸引力。

4. 理想信念教育方式单调,感染力欠缺

理论灌输法是当前理想信念教育的基本教育方式。这种方式对于大班化教学有着较好的教学效果,但其缺陷也较为明显。一方面,在理想信念教育活动

中,教师和学生都是相对独立的主体,但其理论灌输法中,教师在课堂上有绝对的权威,学生是否真正参与到课堂教育活动中来,是否真正将教育内容内化于心等无法得到保障;另一方面,由于理论灌输法的单向说教特征明显,互动性不强,教师对不同层次的学生特点和需求以及学习的差异性了解不够,从而使传授给学生的理论知识缺乏针对性,教育效果参差不齐。

此外,这种关注理论,对学生理论认知、情感认同以及行为养成等方面的关注度欠缺的传授方式,使得理想信念教育课程的感染力欠缺。理想信念教育包括人生观、价值观、道德观等方面的教育内容,这些内容不仅是指学生成长中直接面临的问题,也包含了学生自己的思考与体验。如果仅仅是从理论的视角出发,而忽视学生的生活实际、情感体验,不仅使课堂失去感染力,更会使学生对所接触的知识陷入抵触、逆反的情绪,而忽视所学理论知识对自己的实质性帮助。

第三节 "五位一体"生涯教育中的 理想信念的培育路径

本书认为应将生涯教育理念融入思政课堂,注重教育的个体性取向,通过教育者的人格魅力、教育目标的感召力、教育内容的吸引力、教育方式的感染力,致力于以生涯教育理念中的终极目标"全面发展"理念革新理想信念教育课堂,打造有思想、有温度、有新意、有担当的理想信念教育课堂。

一、确立以"受教育者"为中心的理念

从生涯教育体系的角度推动理想信念教育的改革创新,首先要确立以"受教育者"为中心的教学理念,以生涯教育理念为引领,增强理想信念教育的认同感,打造有温度的理想信念教育课堂。

大学理想信念教育课堂亦是浓缩的微型社会,在这个浓缩版的社会中,教师要通过一系列的教学活动使教学方式富有成效且有意义,这种成效就是教学理念的引导。生涯教育理念的本质是以人为本,其强大的生命力和凝聚力也在于以人为本,而理想信念教育其实质也就是做人的工作。因此,以生涯教育理念打造思政课堂,就应该树立以"受教育者"为中心的理念。

树立"受教育者"为中心的理念,其目标需着眼于促进人的全面发展,为了实现这一目标,就要将生涯教育理念融入理想信念教育课堂,就既要关注学生的实

际需求,又要关注社会需求的实际。基于生涯发展理论,实现理想信念教育的个体关怀。生涯发展理论认为,个体的每一个成长阶段,都有其成长特质,而个体的阶段性需求,则是实现理想信念教育人文关怀的出发点。对于个体的阶段性需求,心理健康需求更为关键。有学者认为心理健康需求分为三个层面,分别为心理健康需求、个人认同需求与理想信念需求①。因此,要在理想信念课堂中实现个体性关怀,不仅需要关注大学生心态,还要关注大学生的集体认同感和归属感,更要关注其作为人的心理需求最高层面的理想信念。

在"受教育者"为中心的理念的指引下,理想信念教育不仅要关注学生的课堂需求,也要关注学生的成长发展需求,打造有亲和力、有温度的思政课堂。一方面,将教材的核心内容与教学要点提炼整合,精心设计问题锁链,以环环相扣的"问题模式"引导学生、激活学生,将理想信念教育真正入耳、入脑、入心;另一方面要关注学生在学什么、怎么学、为什么学,将思想政治理论教育与学生生活实践结合起来,真正走进学生当中,面对面、心贴心,引导大学生以自己的能力服务于社会的发展进步,引导个体将社会理想纳入个体理想的建构中,在此过程中,增强大学生对理想信念教育的认同感,打造有温度的理想信念教育课堂。

二、树立"道德领导"的价值取向

从生涯教育体系的角度推动理想信念教育的改革创新,需要树立"道德领导"的教学理念,以坚定的政治人格为基础,提升理想信念教育的理论品格,打造有深度的理想信念教育课堂。

爱因斯坦曾说,使学生对教师尊敬的唯一源泉在于教师的德和才。因此要得到学生的尊重和理解,教师应具备一定的政治思想素质、科学文化素养,更要具备高尚的教师职业道德。教育者引领大学生成长,是大学生成长道路上的指导者,其理想信念、道德素质、人格品质直接影响着学生理想信念、道德素质以及人格品质的形成。因此,教育者本身的政治人格和人格魅力极为关键。教育者的政治人格指的是教育者在从事理想信念教育活动时所体现出来的政治信念、政治立场与政治方向等是教育者人格凝聚力的核心②。因此,作为大学生理想信念的授课教师,一方面要在教育教学实践中,以马克思主义理论、共产主义视角积极关注时代、关注社会、关注学生,在无形中引导学生学习、信服马克思主

---

① 项久雨.论思想政治教育的人本价值目标[J].思想理论教育,2014(9):60-65.
② 林素琴.从"嵌入"到"融入":思想政治教育亲和力研究[D].杭州:浙江大学,2019.

义;另一方面,要善于从政治角度看问题,在大是大非面前保持政治清醒,以自己的行为感染学生,以自己的人格魅力吸引学生。

此外,以道德领导来指引学生,以人格魅力来吸引学生,还需要过硬的理论品格。教育者只有以系统的马克思主义理论知识、夯实的理论功底、广泛的人文社会科学知识、深厚的理论视野加持自身,才能提升理想信念教育课堂的理论品格,凝聚人心。此外,理想信念教育课堂是基于政治选择逻辑的教育,它不仅是一种通识教育,更是一种具有特殊重要性的内涵式教育,应具有鲜明的时代特征和创新特质。新时代大学生敢于表达自己,勇于追求新鲜事物,同时也需懂得维护自己的权益。因此,一方面,教育者应整合理想信念的核心内容,营造参政议政的氛围,为大学生提供尽可能多的参政议政机会,挖掘整合资源,让大学生更多地了解国情、社情,在参政议政的过程中更好地了解我国的政治体制,让大学生能自由地思考;另一方面,教育者应让大学生将个人理想与中国梦相融合,让其主动为社会服务贡献,将理想信念教育课堂打造为有深度的课堂。

三、明确"贴近生活"的教育内容

从生涯教育体系的角度推动理想信念教育的改革创新,需要明确"贴近实际、源于学生、融入生活"的教育内容,以实践体验的教学手段,提升理想信念教育的教育成效,打造有新意的理想信念教育课堂。

2004年,中共中央国务院第16号文件指出,思政教育需贴近实际、贴近生活、贴近学生。因此,这也是理想信念教育的核心所在。贴近实际的理想信念教育是指要贴近大学生所处时代的实际。党的十九大宣告中国特色社会主义进入了新时代,新时代最主要的主题是实现中华民族伟大复兴的中国梦,因此,在理想信念教育中要融入"中国梦"的元素,通过关注时代发展、紧扣时代脉搏、顺应时代潮流,使内容具备时代感。源于学生的理想信念教育是指内容要贴近学生,要从学生成长和品德养成等方面选择教育的内容,使教育内容亲近学生,从而增强教育内容的吸引力。融入生活的理想信念教育,旨在以生活为基点来考虑思想政治教育中的所有问题,使思想政治教育源于生活、贴近生活,并最终融入生活,成为大学生生活中不可或缺的一个组成部分①。因此,高校理想信念教育要以大学生的生活为基点,契合大学生的学习与生活,在此基础上加强大学生的世

---

① 孔庆来,徐文成.试论高校思想政治教育生活化视野下的教育观[J].社科纵横,2009,24(3):139-141.

界观、人生观、价值观教育。

此外,理想信念教育是为了实现教育目标,以合理的教育内容促使大学生形成良好的思想观念与道德素质的教育。其教学方式除了正式的课堂教学外,更需要强调具有渗透力的教学,即以简洁、隐形的教育方式和手段,使大学生在无形中接受正能量。例如,实践与体验式教学将课内教学与课外实践相结合,通过文化、娱乐、习俗等潜移默化的方式达到教育的目的;又如,举办专题讲座、师生恳谈、热点讨论、演讲、辩论等形式多样的活动,达到政治社会化的目的。在课堂上让大学生感受到自由和安全,在生活中让大学生感受到被尊重和自我成就,从而使大学生实现自我,提升对学校、对社会的认可,提升理想信念教育的教育成效,打造有新意的理想信念教育课堂。

第四节 "五位一体"生涯教育中的理想信念的培育案例

2017年3月,时任教育部部长陈宝生就"教育改革发展"相关问题回答中外记者提问时曾指出,新时代高校思想政治工作存在的主要问题是亲和力不够与针对性不强。具体表现就是教学内容与学生需求不匹配,"配方"比较陈旧,"工艺"比较粗糙,"包装"不那么时尚。因此,学生课堂的抬头率不高、参与性不强、接受度不够、认可度不强,甚至出现疏离、逃避教育活动等现象。理想信念教育亦是如此。为了改善这个情况,笔者所在的浙江外国语学院以理想信念教育为核心,以榜样引领为内涵,在校内推广"青年学子学青年习近平"学习教育(以下简称学习教育),以青年习近平"矢志不渝的理想信念,爱国为民的家国情怀,勤奋好学的进取精神,吃苦耐劳的优秀品格"为内容,对在校大学生进行政治引领和价值引领,取得了较好的育人成效与广泛的社会影响。

一、学习教育的实施情况

结合浙江省与浙江外国语学院的实际情况,"青年学子学青年习近平"学习教育打通学校各个部门,覆盖教师和学生两个群体,贯穿课堂教学、校园文化、社会实践等活动,各部门协同推进,学习教育与理想信念教育相结合,着力推动形成全员、全程、全方位育人的"三全"育人工作格局。

1.学习教育与课程相融合

以"青年学子学青年习近平"学习教育为主线,整合各思政课程内容,发挥课程思政优势,形成以理想信念教育为核心的课程教学框架。课程紧紧围绕"引导学生扣好人生第一粒扣子"的教学目的,将习近平的七年知青岁月所蕴含的德育元素融入课堂教学。形成"一部教材,一门在线开放课程,一次相关实践,两个学分认定"的"1112理论＋实践教学体系"。

2.学习教育与校园文化相融合

以"青年学子学青年习近平"学习教育为载体,推进青年习近平优秀品质与"明德弘毅、博雅通达"校训深度融通,打造多元、高雅、现代的校园文化。每年规程化开展"万人共读一本书""百场读书会,千人谈体会""榜样力量激励我成长"系列活动。培育了系列"青年学子学青年习近平"文化育人精品项目。发挥学习教育宣讲团的作用,每学期开展校园宣讲,扩大学习教育辐射引领作用。

3.学习教育与社会实践相融合

以"青年学子学青年习近平"学习教育为抓手,充分挖掘和发挥"浙江是中国革命红船起航地、改革开放先行地、习近平新时代中国特色社会主义思想重要萌发地"的思政资源优势,追寻习近平总书记的浙江足迹,在全国建立学习教育实践基地。实施"一课一品"实践教学模式,强化思政理论课实践教学。

二、学习教育的实践成效

学习教育坚定了学生的理想信念。学生的申请入党比例显著提升,入党申请数量由2016年755人,到2017年1256人,到2018年6月1278人,到2019年6月1059人;入党积极分子数量由2016年1076人,到2017年1196人,到2018年6月1375人,到2019年6月1455人;党员人数从2016年540人,到2017年539人,到2018年6月667人,到2019年6月701人。

学习教育培养了学生勤奋好学的进取精神。学校学风得到了明显提升,学生获国家级、省级A类竞赛比例增速明显(国家级获奖由2016年2项增加至2017年4项;省级A类竞赛由2016年41项增加至2017年53项),学生晨读比例、考研出国深造比例、等级考试优秀率等明显提升;老师爱学生爱学术,学生爱学习爱学校的氛围日渐浓厚。

学习教育厚植师生的家国情怀。2017届毕业生张湘鹤被青年习近平爱国为民的家国情怀感召,毅然决定奔赴西藏工作,现已深深扎根那曲基层一线。报名参加援藏、援疆、服务浙江省欠发达地区的学生比例明显提高(由2017年的4人报名,增加至2018年的29人,2018年报名人数居全省本科院校毕业生比例第一)。在身边榜样的影响下,青年教师顾大朋作为"浙江省援助新疆阿克苏教师团队"成员参加中央电视台"寻找最美教师"颁奖典礼。青年教师吴炜赴延安枣园小学支教,在中央电视台《我是体育教师》评选中,作为唯一一位高校教师进入全国16强。学习教育涵养了青年学子的中国自信,带着这种自信,学子们在俄罗斯、葡萄牙、德国等国家的高校和中小学开展了10余次"讲中国故事"系列活动。

学习教育培育了学生吃苦耐劳的优秀品格。青年学子不畏严寒酷暑,深入山区海岛,奋力探索实践。百余支学习教育实践团队围绕"追寻习近平总书记足迹"、"最多跑一次"改革、"绿水青山就是金山银山"等主题,赴全国各地开展专项调研,形成数十万字的调研报告。4000余名学生参与了30余项国际志愿服务,在世界互联网大会、世界游泳锦标赛、首届中国国际茶叶博览会等重大会议和赛事活动中展现扎实的专业素养、无私的奉献精神、精湛的服务技能,为浙江赢得了荣誉,获得德国、印尼、墨西哥等多国元首的高度赞扬。

三、学习教育对学生生涯规划的影响

学校教育是个体生涯规划的重要影响因素。在校期间学校给予的教育,对学生会有直接或间接的影响,会对学生之后的生涯选择打下坚实的烙印。而浙江外国语学院开展的"青年学子学青年习近平"学习教育,也对学生产生了较大的影响。

有同学如此说道:"在学校开展的'青年学子学青年习近平'学习教育中,青年习近平的自信和乐观主要来源于他矢志不渝的理想信念。对于我们90后大学生来说,很多人认为我们每天安于空调、Wi-Fi、外卖,安于食堂、寝室、教室'三点一线',缺少理想信念,缺少责任感和担当精神。这种负面标签就像是枷锁捆住了我们。但是,我不服气,也不相信,作为90后大学生,我们有自己的理想和信念,我们有我们自己的表达方式。'尚未佩妥剑,转眼便江湖。'大学四年匆匆而过,在学习青年习近平的事迹之中,我对自己的梦想和人生进行了重新规划,我虽无力改变社会,但是可以改变自己。在习近平总书记青年事迹的影响下,经过慎重考虑,我决定重新拾起因为高考而耽搁的参军梦,成为一名光荣的解放军战士,成为国家的尖刀利刃,成为保家卫国的一分子。我希望通过军营的锤炼褪去幼稚娇气,坚定理想信念,学会吃苦耐劳,用自己的实际行动去'扣好人生的第一颗扣子',去体现当代大学生对家庭、对国家、对青春的责任和担当。"

还有同学这样说道:"我出生于香港,在香港上过学,也在内地读过书。在内地读书时,我的同学经常会问我,为什么要来到内地读书?其实我一直没有很好地思考过这个问题。但当我参加'青年学子学青年习近平'学习教育后,我似乎对这个问题有了自己的理解。我为何而来?因为我是中国人,我有自己的爱国情怀,也有自己想要实现的理想,那就是想去做一名民族复兴的助力者。可能此前浑浑噩噩,但是自那以后,我开始有了清晰的目标,我在学校开了一间名叫'港仔小食'的零食铺,跟内地的同学产生了更多的接触和交流;我创建学校'港澳台发展协会'社团,组织同学们在一起交流;我积极参加学校的校园文化活动,体会中华传统文化的博大精深⋯⋯我也要做实事,做对社会有利的事情,我梦想着能够通过自己的努力做一个内地和香港交流的纽带,做一名骄傲的中国人。"

还有同学这样说道:"我从小家境殷实,没有受过苦,大学对我而言,就是工作的敲门砖,对未来也没有多大的期望。但是当我随着学校社会实践队伍坐了10多个小时的绿皮火车,辗转海陆空,来到梁家河;当我看到当地的孩子上学途中的艰难,师资匮乏的无奈;当我看到他们被迫与自己父母分离的不舍⋯⋯我告诉自己,我要换一种活法。我要到基层去,到山区去,到海岛边远地方去,到祖国需要我的地方去。我下定决心要成为一名教师,我要给这些孩子带去希望。"

⋯⋯

而这就是理想信念对于生涯规划的影响,也是"五位一体"生涯教育体系中,理想信念的地位与意义所在。

第六章

主　线——"五位一体"之专业素养教育

生涯教育是完整的人才培养体系的重要组成部分,不能脱离于课程教学的本体性价值,也不能游离于专业教学的课程体系之外,要将专业教育中对学生专业素养的培养作为对学生生涯教育的主体内容,使之成为"五位一体"的新时代高校生涯教育体系贯穿始终的主线。

高校是传授、应用、创造高深学问的场所,知识亦是大学拥有的最重要资源,而专业素养教育则是高校人才培养的重要方式,也是提升学生综合素质的主要手段。正如美国教育哲学家布鲁贝克所说,高深的专业知识是研究高等教育一切问题、一切现象的逻辑起点[1]。2015 年,《国务院办公厅关于深化高等学校创新创业教育改革的实施意见》(国办发〔2015〕36 号)指出:高校的教育教学要科学设置专业课程,在平时的专业教学中要积极渗透创新创业思想,使专业教育与创新创业教育有效统一。2019 年,《国务院办公厅关于新时代推进普通高中育人方式改革的指导意见》(国办发〔2019〕29 号)亦强调通过学科教学渗透、开设指导课程等加强学生的发展指导。这就为高校的专业素养教育与生涯教育之间的关系,指明了方向。

大学阶段是个体社会化水平发展最快的时期,亦是社会化发展的矛盾最为突出的阶段。美国的发展心理学家埃里克森认为,在高度技术化的社会中,青年人最感困惑的问题之一是"发展职业范畴的同一性"。进入大学阶段,学生将专业学习作为第一要务,但其自身发展的各方面更多的是与职业相关联。瑞士著名教育家皮亚杰曾指出,"一切有成效的工作都是以某种兴趣为先决条件的"。

---

① 　布鲁贝克.高等教育哲学[M].王承绪,等译.杭州:浙江教育出版社,1987.

因此,在大学阶段,对大学生进行专业素养教育,引导大学生寻找专业兴趣,培育专业认同,同时将专业认同转换为职业认同,是大学教育的意义所在,也是高校专业素养教育的存在价值。将专业素养作为"五位一体"的生涯教育系统的主线,既是由高等教育人才培养的核心价值和使命决定的,也是生涯教育更好地融入高校整体性的课程教学改革的现实需要。

第一节 专业素养教育的理论阐释

素养是建筑在先天遗传基础上,由后天的养育、个体所受的各级各类教育、人生经历、个人已有生命实践积淀而成[①]。素养具有两个层面的解读价值:其一,作为一般公民的共性素养,这是人之为人的基础,是参与社会活动的基本保障;其二,从事特殊职业的专门素养,也就是专业素养,这通常是接受专门教育或者专业化教育导致的成果,是从事专门性工作的必备素质。

一、专业素养教育的内涵

专业素养是大学生若干素养中的一个重要方面。专业是指知识的专门化领域,一种物质或某种学业的作用范围及专门从事某种学业、职业以及专门的学问研究[②]。而素养则是指大学生走向工作岗位,从事某种学业或职业以及参加社会实践活动所具有的能力。学界对于专业素养教育的研究,一般呈现两种趋势:一种是将专业素养局限在某一个特定领域或学科,将专业素养教育等同于专业教育;另一种就是将专业素养与能力素养相结合,将专业素养教育看作大学生成长成才的全过程。

本书认为,专业素养教育尽管不应局限在某一个学科领域,但是也不能将其外延扩展至大学生的成长成才。专业素养教育是通过一系列卓有成效的措施,传授学生必要的知识与技能,挖掘学生的专业兴趣,提高学生的专业满意度,从而增强其专业认同,为其一生的职业选择奠定基础。

在此基础上,本书认为,专业素养教育不仅包含专业知识习得的维度,还

---

① 郭少英,朱成科."教师素养"与"教师专业素养"诸概念辨[J].河北师范大学学报(教育科学版),2013,15(10):67-71.

② 李鲁宁.新时代大学生专业素质教育特征及其功能探究[J].新西部,2018(23):139-140.

包括专业兴趣养成维度、专业技能挖掘维度以及专业伦理培育维度。专业知识习得即专业素养教育,其基本要求是大学生必须掌握所学专业系统的知识、方法和技能;专业兴趣养成是通过生涯教育中兴趣探索等方式,通过导师引导、团队学习等挖掘并培育自己的专业兴趣;专业技能挖掘主要是通过实习、实践,以及学校的各种社会文化活动,来培育专业技能;专业伦理培育主要是学习者对所学领域的认同,对所学领域所要具备的伦理道德的知晓,并付诸实施。

二、专业素养教育的价值

一方面,大众教育呼唤专业素养教育。在早期精英教育时期,高校培养的毕业生的供给数量往往小于社会对毕业生的需求数量,在此背景下,高校对学生的专业素质的培养主要以就业为指向。但在当前大众教育时期,高校毕业生逐年增加,高校毕业生供给与用人单位需求之间出现结构性失衡,就业难度增加,传统的以就业为导向的专业教育已经不能满足市场需求。因此,拓宽专业教育内涵,在专业知识教育的基础上,引导大学生兼具专业素质与专业能力的专业素养教育迫在眉睫。

另一方面,盲目的专业选择需要专业素养教育。目前高中阶段开设的课程,包括语文、数学、英语、化学、物理等 10 余门,但是当前我国高校开设的专业,根据教育部《2021 年度普通高等学校本科专业备案和审批结果》,本科专业数量早已突破 700 个。由此,学生在填报志愿时往往不知道所填报的专业究竟学何内容,他们又是否感兴趣。此外,很多学生在填报专业时,并非自主选择,家长代为填报专业的情况时有发生,学生不参与意见,或者甚少尊重学生自身的意见。因此,大学生在专业选择上,带有较大的盲目性,这就需要专业素养教育对其进行进一步培育和挖掘。

具体而言,专业素养教育具有以下三个维度的实践价值。

1. 以专业素养教育挖掘专业兴趣

大学生是国家专业人才和科技创新的重要力量,专业兴趣则是大学生实现创新学习,成长为高级专业人才的重要基石[①]。专业兴趣不仅与大学生的学

---

① 娄延常.大学生学习兴趣与创新人才的培养——湖北省大学生学情调查的启示[J].复旦教育论坛,2004(2):68-71.

习成绩相关,更与大学生此后的职业选择和职业发展息息相关。专业兴趣对大学生的成长成才、专业学习至关重要,但当前大学生的专业兴趣水平却普遍偏低①。有学者利用北京大学教育学院 2011 年至 2014 年对北京高校本科生的四年跟踪调查数据,发现大学阶段的专业兴趣是可以培养的,随着年级的升高,学生对专业的兴趣程度呈增强的趋势。而 Hidi 等在前人研究的基础上,提出的"兴趣发展的四阶段模型"②,更表明了兴趣的可塑造性。Hidi 等指出,个体兴趣的形成和发展依次经历四个阶段:萌发的情境兴趣—持续的情境兴趣—萌发的个体兴趣—持续发展的个体兴趣。在兴趣的不同阶段,影响兴趣的因素各不相同。具体而言,任务的外部特征与社会支持决定了情境兴趣的萌发与维持,而个体对任务价值与意义的认可和个体的持续投入或努力则决定了情境兴趣是否可进一步内化为稳定的个体兴趣。换言之,在缺乏外部支持与个体投入的情况下,个体对事物的兴趣可能消失或者终止于情境的兴趣阶段。

兴趣四阶段模型以及徐琳等学者的实证研究,都向我们表明兴趣是可以培养的。而高校的专业素养教育正是大学生专业兴趣养成的重要途径之一,与大学生的专业兴趣养成直接相关。

2. 以专业素养教育提高专业满意度

满意度是一种心理状态,是大学生对专业期望得到满足的水平,是大学生在专业学习过程中的态度与感受。较高的专业满意度,不仅可以促进大学生认真学习、健康成长,而且可以推动大学生自我素质的提升与自我价值的实现。有研究显示,大学生的整体专业满意度在刚入学时比较低,随着年级的升高满意度有一定幅度的提高③;也有学者对大学生专业满意度与学习状态之间的相关性进行实证分析,分析发现,如果个体的目标明确、态度积极、学习能力较好、资源利用有效、课堂教学互动性强、学习氛围良好,那么个体的专业满意度与个体需求

① 徐琳,唐晨,钱静,等.大学生专业兴趣度与转专业倾向及行为的关系[J].心理研究,2011,4(3): 72-76.

② HIDI S, RENNINGER K A. The four-phase model of interest development [J]. Educational Psychologist,2006(2):111-127.

③ 王菁,颜军,孙富惠.大学生专业满意度与就业态度相关性实证研究分析——以非师范类思想政治教育专业学生为例[J].国家教育行政学院学报,2013(6):78-84.

的契合程度就高①。换言之,专业满意度不是静态指标,它会随着受教育程度、时间推演而不断发生改变,其中,个体的学习状态以及高校的社会支持度均会影响其专业满意的程度。因此,行之有效的专业素养教育势在必行。

3. 以专业素养教育赢得专业认同度

认同(identity)作为一个重要的学术概念,在哲学、心理学、社会学等学科中广受关注,但学界对专业认同的关注却并不多见。在国外研究中,专业认同一般与职业认同相混淆,其研究对象既包括大学生,也包括职场人士,主要是指一个职业中,成员们共享的态度、价值、知识、信仰和技能②。国内对专业认同的研究主要聚焦于大学生与教师两个群体,但内涵不甚清晰,缺乏明确的界定。

本书认为专业认同是学习者对所学专业的认可与接纳,并愿意以积极的态度与行为去探究。具有较高专业认同度的大学生,会结合自身兴趣、爱好、特长,在诸多领域中将某一专业视为与自我同一,希望自己成为该领域、该专业杰出的人。从这个概念出发,专业认同不仅影响大学生的专业学习,更直接影响大学生今后的职业决策。有研究显示,大学生专业认同度的提高是一个系统工程,不仅取决于个体自身的专业知识结构、个性特点与能力水平,同时也依赖于学校、教师、家长以及相关部门等多方面的努力,而这正是专业素养教育的意义所在。

第二节　专业素养教育的现状分析

依据我国的《高等教育法》,高等教育要求教育者具备良好的教育技能,在符合办学要求和具有高标准教育质量的教育机构中,开展培育高素养人才的专业教育,要在保证受教育者习得扎实的专业知识和技能培养的基础上,成长为具备较高专业技能和实践技能的高素质人才。伴随着我国教育改革的不断深化,当前的教育不再局限于培养受教育者的知识理论,还应该注重对学生实践技能的培养,进而提升学生的整体专业素养。事实上,在实际操作过程中,还存在较多的困境。

---

① 王海燕,李宝富.大学生专业满意程度与学习状态相关性分析[J].中北大学学报,2011(12):34-39.

② 原会建,邹伊男.高校专业认同的影响因素及其培养——以 z 校社会工作专业为个案[J].江西社会科学,2019,39(11):246-253.

一、重课程的知识逻辑，忽视学习者的实际需求

目前高校专业知识的上课模式，往往采用泰勒目标课程模式。泰勒目标课程模式是基于学习策略、习得方法的创新教学理念进行教育目标的制定。但在实际操作过程中，课程目标与内容往往局限于专业知识的传授，专业素养教育的内涵不够丰富，往往脱离学习者的学习经验；组织课程的依据一般基于课程知识的逻辑，而忽视了学习者自身的需要、兴趣等特征，缺乏对现实社会问题与个体生活经验等实际层面的分析与研判。

二、重教师的中心地位，忽视学习者的主体地位

目前的专业素养教育，以教师和教材为中心，强调知识的系统传授以及书本的绝对权威地位，强调教学过程是在教师的指导下，学生习得知识的过程。因此，教师是知识的掌握者，他根据一定的目标将知识传授给学生，教师在课程传授中处于权力中心地位，学生的主体地位没有得到充分的发挥。

三、重课堂的知识讲授，忽视学习者的主观能动性

目前的专业素养教育，其内涵仍局限于专业知识的传授，因此其教学方法强调死记硬背，以注入式的课堂讲授为主，自学、讨论、调查研究等都处于辅助地位。尽管随着教学改革的深化，也逐步使用启发式的教学方法，但其本质上仍然强调对现成知识的认知，对学生整体能力与素质的提升作用相对较弱，对学生主观能动性的发挥仍然较为缺乏。

第三节 "五位一体"生涯教育中的
专业素养的培育路径

"五位一体"的生涯教育模式，倡导通过任务驱动的方式培养学生的专业素养。任务驱动指学生在教师的帮助下，紧紧围绕一个共同的任务活动中心，在强烈的问题动机驱动下，通过对学习资源的主动应用，进行自主探索和互动协作的学习，并在完成既定任务的同时，引导学生完成学习实践活动。任务驱动，既是一种适应新时代课程教学理念的新型教学方式，也契合生涯教育过程中对学生

自主学习、自主规划、自主实践能力的培养要求,在此过程中,不仅囊括了知识习得,也涵盖了专业兴趣养成,专业技能挖掘以及专业伦理的培育。

一、任务驱动式的专业素养培育流程

任务驱动式教学策略是指以任务统领整个教学过程,调动学生的探索、研究、分析、解决问题的能力。基于建构主义学习理论,学生的学习活动需与问题或任务相结合,通过探索问题来引导及维持学生的学习兴趣。换言之,在强烈的任务导向下,学生对学习资源进行自主探索和合理调配,在完成既定任务的同时,也完成学习实践活动。

将任务驱动教学策略应用到高校学生专业素养的培养工作中,以"任务"为主线,指导学生在具体"任务"中积极主动地参与探索,自主创新地完成"任务",从而突出学生的主体地位,提高学生在专业素养教育中的主体意识。这种通过任务驱动培养的专业素养,又对学生的生涯决策起到关键性作用。

具体来说,基于任务驱动式的高校专业素养教育全程可分为三个阶段,即新生启蒙阶段、筑基阶段以及毕业求职阶段,由此分阶段进行培养,以任务驱动为导向,在完成任务的过程中,完成对学生的教育过程。整个流程应该是:任务导向—完成任务—自我反思与提高(见图 6-1)。

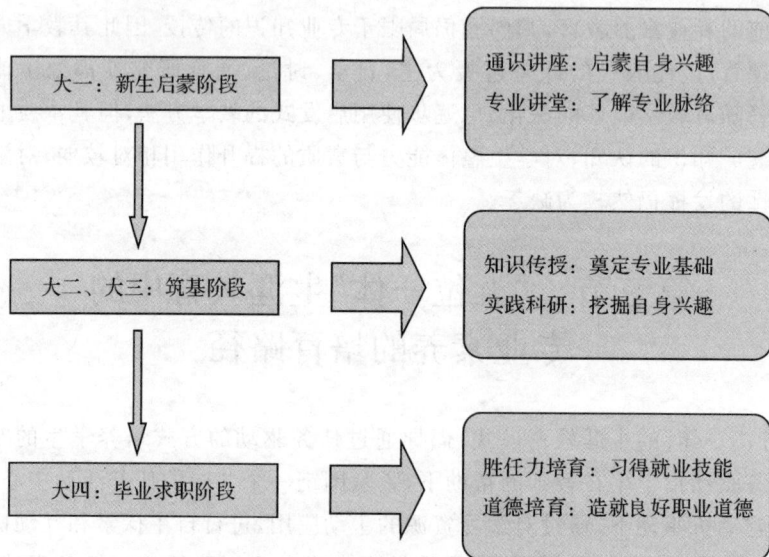

大一:新生启蒙阶段	→	通识讲座:启蒙自身兴趣 专业讲堂:了解专业脉络
大二、大三:筑基阶段	→	知识传授:奠定专业基础 实践科研:挖掘自身兴趣
大四:毕业求职阶段	→	胜任力培育:习得就业技能 道德培育:造就良好职业道德

图 6-1　任务驱动的学生专业素养培养运行结构图

二、任务驱动式的专业素养培育措施

对于新时代大学生来说,在专业知识的基础上,全面提升自己的专业素质,不仅是自身的需求,更是时代的要求;对于高校来说,帮助大学生提升专业素质,科学规划人生不仅是高校的本职工作,更是时代赋予的历史使命。本书在实践的基础上,构建了专业素养教育的教学模式。

1. 大一:新生启蒙阶段

大学生进入大学,首先需要确定的就是专业是否符合个体的特质。如果是,那么该如何规划整个大学生活;如果不是,那么什么又是适合自己的专业。因此,大一阶段是大学生的生涯探索时期,在此时期内,大学生需要尽早树立正确的职业理想。

通识讲座,启蒙自身兴趣。兴趣是生涯选择的重要依据,会影响大学生对于专业和职业的选择,因此在大学生进入大学后,第一时间给他们提供不同的兴趣探索的方式至关重要。而启蒙大学生对自我的兴趣,可以通过生涯通识讲座等帮助大学生对自我和职业环境进行探索和综合分析,找到初步的职业定位,也可以借助一些分析问卷和标准化的测评工具,对自身能力、兴趣、性格以及价值观等进行全面分析,客观认识自身优势与劣势。与此同时,大学生还可以根据自身特点,关注职业市场,了解目标行业或企业的现状和发展前景。关于兴趣探索主要有两种途径:第一,向学生推荐兴趣测试法,让学生初步了解自己的兴趣所在;第二,引导学生通过自我思考与自我分析,总结自己生活中的成败得失,发掘自身的兴趣所在。

专业讲堂,了解专业脉络。讲堂在大学里是司空见惯的,但是基于专业通识知识开展的专业教育讲堂,其实并不多见。当前,很多高校对于转专业并没有完全放开,但是辅修学位、双学位等政策为大学生的第二专业选择留有了较大的余地。基于通识内容开展专业讲堂,即新生入学后,全体专业教师需悉心准备,为大一新生进行专业教育讲座,讲授内容包括两个方面:其一,教师要充分介绍自己,让新生熟悉本专业的教师,并让学生有途径可以联系上本专业教师;其二,教师要将自己的研究领域及前沿发展状况用浅显易懂的语言讲授,让学生看到所选专业的前景,初步了解自己将来会从事的工作,引导学生确立学习目标。

通过讲座与讲堂相结合的方式,让新生度过启蒙时期,确立自身的兴趣点,从而以积极与热情的态度迎接大学生活。

2. 大二、大三:筑基阶段

有了初步的兴趣启蒙后,学习更具针对性,这个时候奠定扎实的专业基础,为自己的职业方向做好必要的准备就显得尤为关键。

知识传授,奠定专业基础。课程筑基是大学生专业素养培养最成熟、最通用的模式,也是对大学生进行知识技能传授最高效的方式。高校现行的分专业招生,按照不同的专业对大学生进行培养,组织学生去"专业对口"单位实习或寻找就业机会,这套理念正是基于学科知识体系。此模式下,专业素质的培养目标就是让大学生掌握系统的专业知识,提高学生的专业能力。具体来说,该理念以知识体系为核心,以课堂教学为重点,强调的是专业知识和方法的完整性与系统性,并以专业的学科知识体系为基础制定学生的培养方案。其课程主要包括专业基础课和专业主干课两大类,并以专业实习和社会实践为辅助,以考试为最终手段,来衡量学生的学习效果。在此基础上,引导学生主动自学,通过网络课程等方式,以便更好地获取专业知识。

实践科研,挖掘自身兴趣。实践科研有两层含义,所谓实践,就是指多接触社会、多参与社会活动,尤其是与职业项目相关的经验积累;所谓科研,就是指多参与科研项目,从研究中更好地了解自己所在的专业,深度挖掘自身的兴趣。从实践的角度来讲,根据自身的兴趣和职业理想参加各类专业实习实践、志愿服务、科研活动,培养自身的组织管理与社会活动能力,进一步明确生涯目标;从科研的角度来说,根据自身兴趣,选择自己所要加入的科研队伍,以此深度挖掘自己的兴趣所在。一方面,通过此前的讲座和学习,学生可以根据自己的兴趣倾向选择自己的兴趣导师;另一方面,教师会根据自己的研究方向,以及对学生的兴趣拷问,来认领自己的学生。如果学生尚未理顺思维,无法抉择,那么可以自行认领学院为学生们准备的兴趣课题,然后寻找教师对自己团队进行指导,也可以自己萌发兴趣课题,然后自己找寻教师进行指导。这样的兴趣课题,让学生对今后所要学习的知识有基本的、感性的认识,同时也提高了学生的专业意识和进一步学习的动力。

通过理论与实践相结合的方式,根据自己的兴趣和职业理想参加各类专业实习、志愿者服务等,使得自己的职业定位更为清晰,进一步明确生涯方向。

3. 大四:毕业求职阶段

大四不仅是此前教育的检验阶段,更是成效突飞猛进的阶段。该阶段主要对应大学生即将就业的现实。

胜任力培育,习得就业技能。胜任力培育是从用人单位的需求出发,以大学生对社会和职场工作的适用为中心,关注其专业技能对应的职业能力与社会能力。专业知识技能维度只是筑基维度,其关键在于"学以致用"。就业的市场化要求高校以社会需求为导向,培养大学生的能力素质[①]。因此,以职场胜任力模型为依据,以市场需求为对照,可以有效提升大学生的专业素质。除去必要的专业知识能力,心理学家赫伍德·斐格勒提出了10种对雇主有价值的能力,即预算能力、督导他人、公共关系、应对最后期限的压力、磋商与仲裁、公共演讲、公共评论协作、组织管理协调能力、与他人面谈的技巧和能力、教学和教导能力。而胜任力培育主要着眼的就是这十个方面。

道德培育,造就良好职业道德。不管大学生的专业素质有多强,若没有良好的专业伦理道德,定然会越走越窄。因此,大学生专业素养教育必定将大学生专业伦理教育蕴含其中。专业伦理教育是培养大学生在本专业领域中,所应具备的伦理意识,所应遵循的伦理原则,所应表现的伦理态度,与做出正确的伦理决策并实施正确的伦理行为。主要培养大学生对社会的仁爱之心、对人际的诚实守信、对工作的爱岗敬业、对商业的义利之辨等,从而促进其创业的成功率以及增强其就业力,提升学生责任感与工作使命感。在此基础上,教师在传授专业知识的同时更加注重培养大学生对所学专业的情感性认同。让学生对这一职业的外在属性、内在价值和未来使命进行更为深入的思考和研判,从而形成对该职业发自内心的认可态度。

综上所述,通过三个阶段的层层递进,帮助大学生量身定制独属他们自己的专业素养培育计划,是"五位一体"的生涯教育体系在专业素养教育中的基本操作范式。这种范式契合学生的成长需要,也将生涯教育与学生的专业学习有机融合,能够有效克服生涯教育中的"两张皮"现象,从而赋予新时代高校生涯教育新的价值与动力。

第四节　"五位一体"生涯教育中的专业素养的实践案例

一、案例呈现

阿勇是一位转专业的学生,2017年从理科的数学专业转至文科的英语口译

[①]　王慧,赵苍丽.社会需求视角下财经专业大学生能力素质的构建[J].河南教育,2015(9):26-28.

专业,转专业的时候,在 9 门课程中,仅英语是 80 分,4 门课程不及格,4 门课程在 60 分徘徊。

他这样回忆自己的转专业原因:"高中填报志愿的时候,家里觉得理科专业将来工作更为容易,尽管对这个专业没有好感,但是也没有特别的负面印象,因此就答应下来。大一时,学校进行兴趣启蒙教育,我发觉自己的兴趣和自己的专业特质相去甚远,我想着测试可能也不一定准确。但是慢慢接触专业讲堂和一些专业知识教育后,我越发觉得这个专业跟自己的兴趣并不匹配。第一个学期的成绩下来之后,我更坚定了自己的想法,一定要转,必须转。"

当问及其为什么想转英语口译专业时,他默不作声。对此,学院基于学生为本的理念,召集班主任、系主任、学工线同仁召开了紧急帮扶会议,会上对他的档案、学业情况、校园生活等进行了详细的分析,为他定制了专业素养培育计划。并将第一阶段内容定位为:激发兴趣点,鼓励其参与校园文化活动、校外实践活动,并在活动中委以重任。

两个月下来,发现他善于与人沟通,对语言有较强的天赋,并且不排斥英语学习,甚至可以说略有兴趣,只是基础薄弱,在学习时有些力不从心。对于这一重大发现,学院召开了第二次紧急帮扶会议,制定了第二阶段任务:找准切入点,专业教师成立了课程帮扶小组,班级同学成立了互助小组,学工教师成立了社会支持小组。一方面帮助他在课程方面赶进度,为其排疑解难;另一方面也关注其心理,给予强大的心理支持,让他知道我们一直在关注他。

学期结束的时候,发现阿勇的成绩竟然可以维持班级的中上水平。但是帮扶并没有结束,我们想让其找到真正的兴趣,发掘其潜能,树立明确的目标。得益于一次志愿支教服务,他告诉我们,与孩子们在一起,能帮助他们进行学习,尤其是孩子甜甜地叫他一声"阿勇老师"的时候,让他收获极大的幸福感。这一信息反馈,让我们看到了希望,我们召开了第三次紧急帮扶会议,制定了第三阶段的任务:把握转折点,我们认为他已经有了自己的兴趣点,已经有了自己可以为之奋斗的方向,可以开始进行职业生涯规划。

首先,我们对其进行了性格、兴趣以及职业价值分析。通过 MBTI 职业性格测试,我们发现阿勇属于 ESFJ,乐于助人,富有同情心,把与他人相处和谐看得很重,喜欢组织人们制订计划,外向、和善,乐于分享。通过兴趣分析,我们发现他喜欢分享,享受分享的喜悦,喜欢与人交谈,享受陪伴成长的快乐。通过霍兰德职业倾向测试,我们发现他综合具备社会型与艺术型特质,是富有活力的完善者,是一个亲切、和蔼、体贴的人,是一个永远使人高兴的人,适合教师的职业。

其次,我们对其专业和资源进行了分析。阿勇目前的专业是英语师范专业,该专业培养的是拥有扎实英语基础,能够在学校进行英语教育和教学研究的教育工作者。而阿勇的母亲是一名幼儿教师,对阿勇没有过多要求。阿勇的父亲是一位商人,尽管没有大富大贵,但是为了创业吃了很多苦,做生意诚信务实,阿勇告诉我们,爸爸妈妈一直灌输给他的理念便是:"学会做人,学会做事,多做少讲,与人为善。"

再次,我们敦促其以良好的状态开展专业学习,奠定专业基础,通过实践科研,深化专业知识的学习。当了解其职业兴趣为教师,就要对教学法、教师的核心课程进行系统的学习。课程主要包括专业基础课、专业主干课,以知识体系为核心,以课堂教学为重点,加强专业知识与方法的系统性和完整性,并通过参与实践,投身科研,从研究中更好地了解自己所在的专业,深度挖掘自身的兴趣,让其对今后所要学习的知识有基本的、感性的认识,同时也提高其专业意识和进一步学习的动力。通过理论与实践相结合的方式,使得自己的职业定位更为清晰,进一步明确生涯方向。

最后,我们和阿勇共同制定了属于他的专业素养培育计划,并根据教师胜任力模型对其进行培养。比如,通过参加学院的英语演讲比赛,锻炼其公共演讲能力;通过班级活动的组织、社团活动的策划,培养其组织管理协调能力;通过心理咨询师辅导、小组活动,锻炼其与他人面谈的技巧和能力;通过师范生技能竞赛,锻炼其教学和说课能力等。并对其职业生涯规划进行近景和远景的两层规划。其近景规划是成为一名优秀的小学英语教师;其远景规划是想拥有一家可以为学生量身定制的生涯工作坊。

具体如下:

2016—2018年(大学毕业前):拿到教师资格证,拿到省级优秀毕业生或者校级优秀毕业生荣誉称号,多参加演讲比赛、师范生技能大赛等,为自己积攒经验。

2018—2023年:成为某学校的优秀英语教师,并为自己积攒教学经验和各种资源。

2023—2028年:成为某学校的中层或高层管理人员,了解并熟悉学校运转机制和管理制度。

2028—未来:运营自己的生涯工作坊。

阿勇的主动尝试,学院的大力支持,促使他对自己的生涯规划越来越清晰,他主动找到我,自信满满地告诉我,自毕业后,他以校优秀毕业生的身份在杭州某小学就职,孩子们特别喜欢他,领导们也很看重他,让他对自己当初的那份规划充满信心。

二、案例分析

该案例讲述了一个自我放弃、濒临退学的学生,在学校的帮助下,通过自身努力,有了明确的职业规划和努力方向,并为之不断积极进取的故事。这也详细地反映了本书所秉持的阶段发展理念,从一开始让阿勇多方面尝试,去发掘自己的兴趣点,到有了兴趣点、巩固兴趣点,再到最后的把握转折点,明确自己以后的生涯方向,"激发兴趣点—找准切入点—把握转折点"三个阶段层层递进,以专业素养教育挖掘专业兴趣,通过激发学生的专业兴趣,在专业学习过程中提升专业满意度,推动学生自我素质的提升与自我价值的实现,最终赢得专业认同,并在此过程中实现自身的生涯规划。

三、案例启示

其一,生涯教育中的专业素养教育要摆脱固化思维,帮助学生重新认识自我、突破自我。专业素养教育是学校在专业教育的基础上,有目的、有计划地引导学生根据自身的天赋、兴趣,结合社会现实和自身实际,确定自己的学业和职业方向,并进行系统培育的教育模式。其终极目标是为生涯教育而服务的,是伴随人的一生,并不是一蹴而就的,而是一个循序渐进的过程。进入高校后,阿勇也曾根据自己当时的专业写过职业规划,而那份职业规划反而成了他的枷锁。在数学这个专业里,他看不到自己的方向、兴趣,他不知道自己该怎么办。因此,这就需要摆脱固化的思维,重新认识自己。认识自己不仅包括外在的自我认知,也包括内在的自我认知。自我认知并不是凭空想象的,而是需要进行实践的。很多大学生进入高校后,虽然生理年龄较为成熟,但是心理年龄尚未成熟,尤其是对未来职业发展的定位不清晰。因此一定要从其兴趣点入手,要让其看到自身的闪光点,让他了解自己的优势和劣势。

其二,生涯教育中的专业素养教育要重视阶段成长,抓住转变契机。专业素养教育不是单纯的说教,也不应该是一纸空文,应该落地落细。只有重视学生专业素养培育的全过程管理,抓住学生在此过程中的变化和成长,才能取得成效。如果当时,我们没有发现阿勇对语言有较强的天赋,没有进一步地激发他去找寻自己的兴趣点,我们就无法看到阿勇下一步的改变。如果没有进行全程化的管理,没有看到阿勇在志愿支教中表现出来的巨大满足感,我们也不会发现阿勇对英语教师这个职业的认同,也不会为其制定其后的职业生涯规划,他也不会对所学专业产生极大的认同感。若没有专业素养教育的支撑,也就不会成为优秀的人民教师。因此,专业素养教育需要全程化,培育体系需要系统化。从大一到大四,要根据不同年级段的特征,对学生进行全程化的管理,重视学生阶段成长,形成从理论到实践的完整的课程体系。应根据不同学生的特点与需求,通过多样化的教学手段、全面的教学内容,在学生认识和改变自我的过程中,对其进行介入和帮扶,并适时调整学习和生活规划。

其三,生涯教育中的专业素养教育要加强队伍建设,提供专业帮助。专业素养教育不仅包括专业知识教育,更蕴含生涯教育的内容,因此,若要使得专业素养教育起到实质性的作用,必须有专业化的师资队伍。专业教师需要具有专业水平,同时要辅之以职业生涯规划指导教师,只有这些教师齐心协力,才能保障有需要的学生能够随时得到辅助和帮助。案例中的阿勇一开始是一个濒临退学的学生,他的心理相当脆弱,他的专业成绩相当薄弱,这个时候,如果没有帮扶小组中的心理教师和专业教师的帮助,他很难找到自己,很难进行下一步的发展。

因此,建立全员化的专业素养教育,以任务为导向,将专业素养教育与生涯教育相融合,通过一线辅导员、专业教师、社会人士等多元化、全员化的帮扶,可以让专业素养教育事半功倍。

第七章

开　放——"五位一体"之跨文化交际教育

新时代的高校生涯教育所要培养的人才,不仅应该具有家国情怀,还应该具有国际视野。培养新时代大学生的跨文化交际能力,这是中国高等教育不断走向国际化的必然要求,也是未来时代中国高等教育人才培养体现国际竞争力的必然要求。鉴于此,在建构"五位一体"的新时代高校生涯教育体系过程中,我们倡导将跨文化交际能力作为一种重要的生涯教育特色,希望通过"浸润式"的跨文化交际能力培养之道,增强现代大学生的全球共同体意识,提升其在国际竞争中的综合竞争力,也体现生涯教育面向国际的开放包容姿态。

自 20 世纪 80 年代以来,全球化成为当前世界的显著特征。在全球化的背景下,国与国、民族与民族、公民与公民之间的交流日益频繁。这不仅给不同文化之间的相互了解和学习带来了更多的机会,也使个体的生活不得不面临更多的异文化接触与碰撞。2011 年,《中国的和平发展》白皮书中首次提出"人类命运共同体"的概念。2017 年,"构建人类命运共同体"被写入联合国相关委员会的决议。"人类命运共同体"的提出,不仅显现了全球化的更强张力与影响力,也表明了全球化不可逆转的趋势。跨文化交际能力已然成为新时代人才必备的生存能力之一。

高校是培育人才的智囊高地,要培养可参与全球治理的重要人才,就要围绕"人类命运共同体"建设大学[①],特别要重视培养其跨文化交际能力。因此,跨文化交际能力的培养问题成为大学生生涯教育的新分支。根据 2010 年颁布实施的《国家中长期教育改革和发展规划纲要(2010—2020 年)》,我国要开展多层

---

① 陈骏.一流大学的责任与担当[J].中国高教研究,2017(12):5-9.

次、宽领域的教育与合作,提高我国教育国际化水平,培养大批具有国际视野、通晓国际规则、能够参与国际事务和国际竞争的国际化人才。这不仅是我国教育为了适应经济全球化、教育国际化、文化多元化而提出的人才培养目标,也是我国教育对高等教育提出的新要求。因此,为了适应新变化,迎接新要求,打造跨文化交际人才,高校的外语教育就要与生涯教育相融合,着眼于大学生的全面发展,突破以往以语言能力为目标的局限,不仅教授语言知识、训练语言技能,还需要通过讲解文化知识,开展跨文化交际活动,培养学生跨文化交际的素养与态度。

第一节 跨文化交际能力培养的理论阐释

一、跨文化交际能力的概念

"文化"在《现代汉语词典(第 7 版)》中的定义是指人类在社会历史发展过程中所创造的物质财富和精神财富的总和,特指精神财富,如文学、艺术、教育、科学等。跨文化交际(cross-cultural communication),是指在特定的交际情景中,具有不同文化背景的个体进行的交际[①]。因此,跨文化交际能力是交际能力的扩展,跨文化交际能力与交际能力唯一的区别在于跨文化交际能力更强调情景脉络的重要性,也就是个体与个体之间互动的有效性和适当性、注意沟通环境之间的互动与双方的文化认同[②]。在此基础上,有学者将跨文化交际能力称为语言能力与社会文化能力的合成,即跨文化交际是不同文化背景的个体之间的交际,是对不同文化持有积极的理解态度,对跨文化接触时的适应能力以及跨文化的交际能力[③]。概括而言,跨文化交际能力实质上就是进行成功的跨文化交际所需要的能力和素质。

二、跨文化交际能力的维度

跨文化交际能力较为复杂,从不同的视角解读,其内涵相去甚远,因此其维

---

① 教育部.大学英语教学大纲[M].北京:高等教育出版社,1999.
② 陈国明.跨文化交际学[M].上海:华东师范大学出版社,2009.
③ 赵晓琴.浅析大学生跨文化交际能力的培养[J].陕西师范大学学报,2007(s2):281-282.

度的释义也就观点纷呈。跨文化交际能力不是简单地指拥有较好的语言沟通能力或者经常与他国人士接触，其内涵远胜于此。目前认可度最高的是 Chen、Byram、Deardorff 等对跨文化交际能力的划分维度。Chen 认为，跨文化交际能力包括个体特性、沟通技巧、心理调适和文化意识四个维度。个体特性指个体的人格品性；沟通技巧指个体有效的交际行为，包括言语和非言语行为；心理调适是指个体对新文化环境的适应能力；文化意识指个体理解文化多样性、克服民族文化中心主义的能力①。Byram 详细阐述了跨文化能力，在他看来跨文化能力包括态度、知识、关联技能、发现技能、批判性文化意识五个维度。态度是指好奇心与开放包容的心态，对他文化不急于否定，对本文化不急于肯定；知识是指对本文化与他文化的社会群体、社会与个体交往的一般过程的了解；关联技能是指能依据自身的文化经历理解其他文化符号与事件的能力；发现技能是指发掘某文化的新知识，并将其综合运用于实际的能力；批判性文化意识则是指对本文化以及他文化和国家的观点、事件等可从多元文化视角进行评判的能力。而跨文化交际能力是在跨文化能力基础上形成的，在跨文化交际中，与语言能力、社会语言能力、语篇能力相结合发挥作用②。Deardorff 则通过金字塔模型来阐明跨文化能力，认为其塔底为尊重、开明、好奇与发现等必备的态度；第二层面是知识与理解、技能；第三层面是适应性、灵活性、民族文化相对观以及移情能力。三种能力具备后，其理想的外在结果就是顺利抵达金字塔顶，即进行有效的跨文化交际③。

三、跨文化交际能力的培养

跨文化交际能力的培养不是一蹴而就的，而是一个循序渐进的过程，不仅需要跨学科、多学科的密切合作，更需要学校与社会的大力支持。但因为我国目前对跨文化能力研究的学者大部分集中在外语教学领域，因此，其具体的培养方式、方法也多与外语教学紧密联系。学者韩红指出，跨文化意识的培养是内外因

---

① CHEN G M. Relationships of the dimensions of intercultural communication competence[J]. Communication Quarterly,1989(37):118-133.

② BYRAM M. Teaching and assessing intercultural communicative competence[M]. Clevedon: Multilingual Matters,1997.

③ DEARDORFF D K. Identification and assessment of intercultural competence as a student outcome of internationalization[J]. Journal of Studies in Intercultural Education,2006(10):241-266.

共同作用的结果,应重视语言学习中的非智力因素①;杨盈等认为跨文化交际能力的培养,不仅要贯穿于整个外语教学过程中,还需要贯穿于每项语言技能的培养中②;康淑敏以多样化的教育活动为载体,认为跨文化交际能力的培养需要采取课内渗透、课外滋养相结合的方式进行③;严静兰提出要通过课堂系统输入、课外积极导入、社会活动体验三种方式对跨文化交际能力进行培养④;戴炜栋等则强调,培养跨文化交际能力需要将跨文化交际学与外语教学密切结合,将文化教学和外语教学结合起来⑤。换言之,在他们看来,跨文化交际能力的培养不仅仅体现在外语教学上,更需要其他方面的联合培养。

尽管各个学者对跨文化交际能力的养成方式并不相同,但是从他们的论述中,可发现几点共识:第一,跨文化交际能力对于大学生成长成才来说至关重要,高校需要对大学生进行跨文化交际能力的培养;第二,外语教学承载着跨文化交际能力培养不可推卸的责任;第三,单靠课堂教学无法取得令人满意的跨文化交际能力培养的效果。

第二节 跨文化交际能力培养的现存问题

根据大学英语课程教学要求,其目标是培养学生英语的综合应用能力,尤其是英语的听说能力,就是可以使学生在今后的工作和社交场合,运用英语有效地进行口头与书面的信息交流;同时增强其自主学习能力,提升他们的综合素养,以满足我国社会发展与国际交流的需要。因此,为了提高大学生的综合文化素养,适应国际交流的需要,在大学教学中应该融入对文化差异的理解和学习,尤其是在英语教学中。但目前高校对大学生跨文化交际能力的培养仍有不同程度的缺失。

一、跨文化交际能力的重要性没有受到充分重视

随着跨文化交际应用的日益广泛,我国教育部颁布的《高等学校英语专业英

---

① 韩红.全球化语境下外语教学中的跨文化意识[J].外语学刊,2002(1):105-112.
② 杨盈,庄恩平.构建外语教学跨文化交际能力框架[J].外语界,2007(4):13-21,43.
③ 康淑敏.外语教育中的文化意识培养[J].教育研究,2010,31(8):85-89.
④ 严静兰.外语人才培养目标与跨文化交际能力培养模式[M]//庄恩平.跨文化外语教学:研究与实践.上海:上海外语教育出版社,2012.
⑤ 戴炜栋,张红玲.外语交际中的文化迁移及其对外语教改的启示[J].外语界,2000(2):2-8.

语教学大纲》与《大学英语课程教学要求》中均把跨文化交际列为重要的教学内容,强调高校要注重培养学生的跨文化交际能力,不仅是培养学生的听、说、读、写、译能力,更要引导学生掌握跨文化交际能力。共同体构建,全球化趋势,使得当代大学生不可避免地要与不同文化背景的人开展交流与合作,而文化差异是差异化背景下交流与合作的最大障碍。为了提高交流的有效性与正确性,跨文化交际能力的重要性尤为凸显。但众多高校在外语教学中没有充分认识跨文化交际能力培育的重要性,使跨文化交际能力培育在外语教学中流于形式。另外,部分高校尽管开设了跨文化交际教学,以更完善、更系统的教学来引导学生掌握跨文化交际技能,但由于缺乏完善的理论与实践经验,跨文化交际能力的教学一直处于边缘地位。

二、跨文化交际能力在教学中没有得到充分展现

受传统教学理念的影响,高校英语教学中仍侧重语言知识的传授,对跨文化交际教学重视不足。首先,完善的英语课堂教学目标应该包含知识目标、技能目标、情感目标三个部分,这亦契合跨文化交际能力培养的宗旨。但是目前,英语教师往往只注重知识目标和语言技能目标的达成,并没有将教学目标与跨文化交际能力培养联系起来。其次,备课资料与教具的使用也反映出英语教师对大学生跨文化交际能力培养意识较弱,高校教师使用的备课教材中以及高校的英语教材中,更多的是关于语言知识的教学,对文化知识或文化专项技能的介绍材料较少,在教具的使用上,教师的视野也比较局限,并没有使用有助于交际情景训练的教具。最后,在课堂教学方法的选择上,多数教师采取讲授为主或讲练结合的方式,重在语言知识传授,辅以语言技能训练,以跨文化交际能力培养为主的教学活动较少。

三、跨文化交际能力在实践中没有得到充分体验

跨文化交际能力是一种实践能力,因此在一定意义上,跨文化交际能力的培养,需要依托于具体情景。因此,高校在对大学生进行跨文化交际能力培育的过程中,需要提供给学生锻炼自己跨文化交际能力的机会与情景。但是目前高校的情况是,一方面,课堂教学中缺乏借助实物、道具等来呈现交际环境或情景的设置,涉及跨文化交际能力训练的教学内容较少,学生对他文化的情感体验较少;另一方面,高校校园文化中对跨文化交际能力的实际体验设计也较

少,无法锻炼学生的跨文化交际能力,不利于学生跨文化交际能力的形成和巩固。

第三节　"五位一体"生涯教育中的跨文化交际能力的培育路径

在人类发展的历程中,对"个体是如何学习的"这一千古之谜的探索从未终止。异于研究者的思想传承、研究视角、研究方法,人们对人类学习提出了各种各样的猜测和论断。特别是在科学技术迅速发展的 20 世纪,建构主义研究范式和情境范式逐渐进入人类学习研究的新视野,并对学校、教育和社会组织的变革产生了巨大的推动作用①。在这种新的学习理论范式下,如何进行情景的建构,让学生体验"浸润式"的学习方式,并在真实的问题情境中锻炼实践运用能力,成为教学改革新的向度,也为生涯教育过程中学生跨文化交际能力的培养提供了改革的思路。

一、跨文化交际能力培育的内在机制

跨文化交际能力培育实际上是为了促进大学生的再社会化。个体是社会性生物,为了适应新环境,个体的生活习惯、行为准则与价值观念往往会随之发生新的变化。而跨文化交际能力的培育过程,其实质就是让大学生学会有效地参与新社会环境或活动所必需的知识、态度与价值观的养成过程。换言之,跨文化交际能力的养成过程,实际上可分为知识的理解环节、情景的操练环节、积极的体验环节与实践的实操环节四个部分,因此,本书也从这四个环节,来探讨跨文化交际能力的内在养成机制。

1. 理解知识:意义建构

理解知识的过程亦是新知识传授的过程。换言之,就是通过跨文化交际相关知识与内容的讲授,使大学生掌握其内在意义。从教育的视角看,跨文化交际能力的讲授过程就是教师将文本知识传授给大学生的过程,在这个过程中,作为

---

① 贾义敏,詹青春. 情境学习:一种新的学习范式[J]. 开放教育研究,2011,17(5):29-39.

传授知识的教师需将自己的所思所想与所授知识相交融,在自我理解的基础上,将知识呈现并传授给大学生。在此过程中,教师要考虑大学生自身的理解能力与知识范畴,这样学生才能有效地理解文本,从而达成教育效果。因此,所谓理解知识的过程,就是知识内化的过程,也是学生建构自身关于跨文化交际能力相关知识的过程。

理解知识的过程,需要教师深入地了解学生的整体情况,以适当的方式,运用适宜的教学手段或方法,来弥合学生与文本知识之间的差距,帮助学生在自身知识与经验的基础上理解新的知识,实现对知识的建构过程。

2. 情景操练:加深理解

理解知识的过程也是陈述性知识积累的过程。在情景操练环节中,就是将陈述性知识转为程序性知识。在此过程中,大量的练习必不可少。模仿和重复练习就是情景操练中很好的方式。模仿是指教师在教学中创造情景,使大学生在不同情景中学会如何习得文本知识;而重复练习,则是指大学生反复地运用习得的文本知识,最后达到准确高效地内化知识的过程。

在此过程中,教师的反馈是模拟操练环节中不可或缺的部分。换言之,教师需要在学生操练的环节中,矫正学生的错误语法或行为,从而使学生在下一次的模拟练习中得以改善。另外,大学生只有充分练习,将课堂所学的跨文化交际知识内化,才可能在下一次的情景模拟中取得更好的效果。

3. 积极体验:积累经验

如果说情景操练的环节主要存在于课堂上,那么校园文化活动则可为契合跨文化交际知识建构体验式场景。体验对于跨文化交际能力形成至关重要,它不仅可以使大学生获得亲身经历的真实感受,还可以知行合一,将知识与经验相关联,从而对跨文化交际的养成和培育过程形成积极的态度。

跨文化交际能力培养中的体验环节需要更多地体现主体性、情景性和反思性。因此,在校园文化的设计过程中,需要以大学生为主体设计体验环节,实施具体的体验活动,使大学生亲自感受情景氛围与特征。需要特别强调的是,大学生作为行动主体,需要以反思来增强体验的深度,使体验效果得以提升。

4. 实践实操:整合提升

实践实操是跨文化交际能力培养的有效监测途径,也是跨文化交际能力得以提升的最快捷的方式。跨文化交际能力不能靠单纯的学习、传授与体验,还应该在实践实操中得以历练。

操练式教学模式、深度体验等均可称为实操。操练式教学模式是可控的,不仅可以在实践前得到指导,也可以实践后得到反馈。而深度体验更强调真实情景的有效反馈。因此,对于跨文化交际能力的实操更提倡真实情景的操练。在真实的实践实操环节中,一方面是对已有知识的检验,另一方面是提升灵活处事的能力。学生只有经历过真实的实操环节,并取得有效的跨文化交际效果,才能算是真正习得了跨文化交际的能力。

二、跨文化交际能力培育的策略

了解了跨文化交际能力的内在养成机制,高校就应顺应时代要求,更新教育理念,积极探索大学生跨文化交际能力培育的有效途径。

1. 拓展全球视野,培育大学生开放的胸怀和责任意识

高校对大学生跨文化能力的培养,是为了大学生的生涯发展,使大学生成为高素质的国际化人才,更重要的是为了促进国家经济发展,满足国家对国际化人才的渴望。

因此,高校在培养大学生跨文化交际能力时,首先要培养大学生的家国情怀,拓宽大学生的全球视野,培育大学生开放的胸怀和责任意识,使其具备开放的思想以面对各种外来思想与文化的冲击;其次,要通过多种途径和多种方式,引导大学生了解国际热点与时代要求,积极关注国家形势与国际问题;最后,要通过潜移默化的教育,使大学生能全面地认识我国的历史文化,能够以批判的眼光去了解世界的多元文化,在尊重的基础上,理解他文化,包容他文化。

2. 建构课程体系,改善大学生的跨文化交际素养

课程结构在一定程度上决定了上课学生对本门课程知识习得的广度与深度。当前高校的英语教学中普遍对国外文化知识的广度和深度涉及不足,因此,加强文化知识教育,建构完善的课程体系是跨文化交际能力教学的必由之路。在此思路上,高校需要深入思考三个问题:其一,跨文化交际能力课程体系如何建构?其二,课程目标、教学要求、教学内容等方面的标准如何制定?其三,课程如何开设,是与外语教学体系相结合,还是开发本土化或校本化教材?只有深入思考这些问题,才可能改变一直以来大学生跨文化交际能力普遍偏弱的局面。

课程体系的建构,是一个系统工程。对于跨文化交际能力课程而言,充分发掘大学英语课程的文化内涵,是在现有课程设置条件下,有效提升学习者跨文化交际素质的重要途径[①]。大学英语课程不仅是一门专业课程,更是当前列入国家教学计划、普及化程度最高、社会影响力最大的一门跨专业课程,是培养大学生跨文化交际能力的最重要的基础平台。值得一提的是,新时代的英语教学材料中,蕴含着礼仪、历史、宗教等多方面的文化内容,因此,倘若大学英语教育转变传统教学理念,将语言和文化进行有机结合,改变重语言轻文化或者语言与文化相互割裂的偏向,亦是改变大学生跨文化交际能力偏弱现象的又一出路。

3. 坚持实践导向,强化大学生跨文化交际能力的实际技能

跨文化交际能力是大学生在对外经济、文化等交流中,熟练运用外语沟通和解决问题的能力,因此,要有效地培养这种能力,必须坚持实践取向,以"模拟训练、体验积累、实践实操"等教学方法和教学模式改革传统的教学模式,进一步提升大学生的跨文化交际能力。

基于上述分析,要真正有效地培养学生的跨文化交际能力,需要做到以下几点:第一,课堂教学除了基础知识传授外,需要辅之以跨文化对比和案例教学,通过创设情境、角色扮演、小组讨论等方法,使教学更加贴近实际,增强教学的生动性和有效性;第二,教师要引导学生开展研究型学习,以培养学生的主体意识、问题意识、探究意识,激发学生学习的主动性与积极性;第三,高校需充分利用外籍教师、留学生和海归教师等资源,通过举办讲座、联谊会等形式,让学生更多地接触和了解多元文化;第四,高校要充分利用校园文化,为学生营造跨文化交际的氛围,同时,组织学生以志愿者身份参与所在城市的各种国际活动,为学生发挥跨文化交际能力提供各种机遇。

三、跨文化交际能力培育的创新

为了更好地培育大学生的跨文化交际能力,为大学生生涯发展助力,为人类命运共同体构建出力,本书在分析了跨文化交际能力的内涵、维度以及内在养成机制的基础上,借鉴已有跨文化交际能力框架,以实践为依托,进行"意识模块—知识模块—能力模块—态度模块"四大模块的校本化跨文化交际能力框架,并构

---

① 李智. 当代大学生跨文化交际能力的建构与培养[J]. 江苏高教,2014(5):112-113.

建了"浸润式"大学生跨文化交际能力培育模式(见图7-1)。

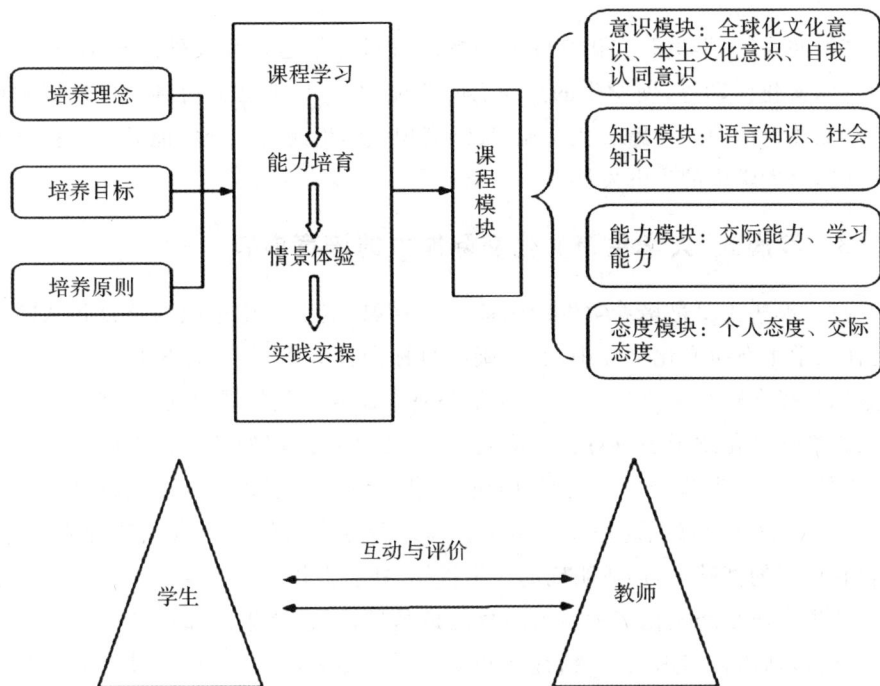

图 7-1 "浸润式"大学生跨文化交际能力培育模式

1."浸润式"大学生跨文化交际能力的培育理念

"浸润式"大学生跨文化交际能力的培养理念是将跨文化交际能力培养贯穿到高校的外语教育及其他相关教学环节,形成完整的跨文化交际能力培养体系;以学生为主体,充分调动学生的自主性;同时,浸润的含义就是要让大学生有沉浸的感觉,因此,学校要将跨文化交际能力的培养渗透到校园文化中,营造良好的校园文化氛围,让学生有充分的跨文化交际情境感。具体来说,高校的外语教学,应该明确培育的理念,突破传统的语言培养模式,而要将目标明确,采取多种方式,进行系统的培养;同时,跨文化交际能力的培养要从学生的长远发展考虑,注重内外因相结合,通过校园文化、课内课外、社会实践等各个环节的相互配合,不断学习、体验、实践、积累,使学生的跨文化交际能力得到长足发展。

2."浸润式"大学生跨文化交际能力的培育目标

"浸润式"大学生跨文化交际能力的培育目标是通过高校外语教学、礼仪教学、校园文化活动等,使学生的意识、知识、能力、态度四方面得到全面发展和提升,有效并得体地进行跨文化交流,最终实现大学生跨文化交际能力的可持续发展,并助力大学生的生涯发展。

3."浸润式"大学生跨文化交际能力的培育内容

意识模块主要是培养学生的全球文化意识、本土文化意识以及自我认同意识,让大学生在跨文化交际中,有明确的目标和社会责任,不迷失自我。全球文化意识是指在跨文化交际中,大学生能超越本民族文化的局限性,以多元文化意识和批判性文化意识去应对各种情境①。本土文化意识的核心是本民族的文化意识,是指大学生基于自身地域、历史、文化传统及其思维方式的独特性的理性自觉②。自我认同意识则是让大学生合理地看待自己的思想意识和价值观念,在自我认同的基础上,形成明确的人生目标、社会责任。

知识模块是跨文化交际能力培育的最基础模块,这里的知识是指综合性的知识,既包括语言知识,又包括社会知识。语言知识,就是指目前最为常见的语法、词汇、发音、语音、语调等知识。值得注意的是,尽管语用知识是基础,但是词汇中蕴含着丰富的民族文化信息,因此教师在教导学生习得语用知识的过程中,还要引导学生了解不同语境下,如何得体、有效地运用语言知识,以及不同国家和地区的语言习惯等。社会知识,不仅包括当地的文化知识、地理知识、历史知识、风俗习惯、宗教信仰、习惯礼仪等显性知识,还包括价值观、思维习惯等隐性知识。因此,跨文化交际能力的培育,不仅要让学生习得所学国家的语言和文化,还要学习所学国家语言和文化背后的故事,更要学习本国和他国在政治、经济、社交礼仪等方面的社会知识。因为只有了解本国的文化,才能更好地了解他国的文化,才能发现文化交流的契合点;只有了解他国的政治、经济、社交礼仪等社会知识,才能有效拓展交流的深度与广度。此外,有学者提出,成功的跨文化交际者除了熟悉本国文化和他国文化外,还需要了解世界文化。因为在全球化背景下,交流的对象可能来自其他任何背景的国家,只有了解世界文化,才可能

---

① 高永晨.文化全球化态势下的跨文化交际研究[M].南京:东南大学出版社,2006.

② 叶卫国.全球英语教学多元化格局下的本土文化意识培养[J].广东海洋大学学报,2008(2):111-115.

取得跨文化交际的成功。

能力模块主要培育的是交际能力和学习能力。交际能力,不仅包括语言交际能力,还包括非语言交际能力;不仅是对语言形式的理解和掌握,还包括对在何时、何地以何种形式恰当地进行交际的理解与掌握。学习者需要根据交际对象的文化背景、交际语境,选择合适的交际技巧,通过语言或非语言形式,实现有效沟通。这里的语言交际能力主要是指口头和书面的语言交际能力。而非语言交际能力则是通过得体的身体动作、面部表情、对话距离等补充、修正或调节语言交际行为。学习能力在跨文化交际能力培养中尤其重要,因为跨文化交际经常面临新的情境与挑战,较好的学习能力就显得举足轻重。学习能力,是指学习者要善于观察与比较文化现象,具备学习新知识的能力和自主学习的能力,善于发现问题、分析问题、解决问题,并同时具备创新能力。

在跨文化交际能力培养中,态度模块是大学生对人或事物的评价与行为的倾向。学者高永晨认为,跨文化交际能力主要培养的是开放、包容、灵活的态度[①]。开放,就是培养大学生积极开放的态度,不急于肯定或否定他文化,不轻易判断;包容,就是以宽容的态度,去看待他文化的价值观、宗教信仰等,尊重文化的多样性;灵活,就是灵活地使用不同的交际方式或内容进行交流的能力。开放性态度、包容性态度、灵活性态度最终呈现的就是个体的交际态度。而除了交际态度,在个体层面上,大学生还应该大胆、自信,具有民族自豪感;自尊、自爱,对新事物和他文化抱有好奇心。在接近和理解他文化的同时,充分发出属于自己文化的声音,做民族的使者。

4."浸润式"大学生跨文化交际能力的培育原则

培育课程系统化。大学生跨文化交际能力培养需要渗透至高校外语教学及相关环节,辅之以外交礼仪课程,同时注重线上线下、课内课外的共同作用,形成完整的跨文化交际能力培养体系。其一,跨文化交际能力培育需贯穿整个外语教学,不管是其课程的设置、课程教学、情景模式还是师资培育,都应该将大学生跨文化交际能力的培育作为主要的达成目标。其二,跨文化交际能力的培育,关键在于运用,一方面需要通过外交礼仪课进行系统的讲解,另一方面则需要通过社会实践与校园文化活动,给大学生实践跨文化交际能力提供场所。

培养方式多样化。大学生跨文化交际能力的培养方式一定要突出多样

---

① 　高永晨.中国大学生跨文化交际能力测评体系的理论框架构建[J].外语界,2014(4):80-88.

化,即采取多种方式,以浸润的形式,潜移默化地让大学生习得该项技能。具体而言,就是采取多种方法进行知识传授和能力训练:其一,外语教学方式的多样化,不仅是对学生语用词汇知识的传授,更重要的是以学生为主体,根据课程需要和具体教学内容采用角色扮演、案例分析等适当的教学方式,给学生提供情境教学;其二,高校需提供各种资源,不管是师资还是各种网络视听资源,为学生提供足够的机会,创设跨文化交际的环境,增加学生跨文化交际的机会;其三,外交礼仪课可采用"引进来"等方式,以讲座、模拟练习等形式,为学生增加语境和跨文化交际能力实践的机会;其四,校园文化中的各种商务谈判大赛、国际文化节等为学生提供各种逼真情景,为学生的跨文化交际能力积累经验;其五,高校的暑期社会实践,各种"走出去"的机会,为学生提供了各种实践的可能。

培育过程渐进化。大学生跨文化交际能力的培育,并非一朝一夕就能达成,也不是某一阶段的任务。跨文化交际能力的培育对于"教"来说,是一个长期浸润的过程;对于"学"来讲,是一个长期积累的过程。其广度与深度,贯穿于大学生的一生。因此,对大学生跨文化交际能力的培育,一定是由低到高、由浅至深、不断深化的过程:大一的时候,重点在于语用词汇的掌握,以及基础知识的习得;大二、大三的时候,注重的是情景模拟训练,积累必要的经验;大四的时候,更注重实践实操。如此,分阶段逐渐培育,潜移默化地进行培育。

5. "浸润式"大学生跨文化交际能力的培育途径

其一,外语教学。如前文所述,跨文化交际能力的课程模块包括意识、知识、能力与态度四个模块,这四个模块相互关联、相辅相成。因此,在外语教学中,也要兼顾这四个部分。外语课堂教学不仅要重视知识与技能的培养,更要重视培养大学生的本文化和他文化的比较能力,并采取灵活、情境式的教学方法来提高学生的跨文化交际意识。

在具体的教学过程中,学生不仅仅是课堂的学习者,更需要通过教材去自行探索知识,并且通过电影、小说等媒介,以及真实环境的体验等去学习本国与他国的知识,锻炼自身的交际应对能力。此外,教师应在课堂中引导学生尊重人权、尊重他人,不论是小组活动还是全班讨论,学生都应积极表达个人看法并倾听他人的观点,不使用非法的、带有种族歧视、性别歧视的话语,同时避免个人偏见和文化偏见。

其二,礼仪教学。在"浸润式"大学生跨文化交际能力的培育中,大学生所表现出来的举止言谈、礼仪知识,无不反映了自身的文化素养和修为。因此,礼仪教学是培养大学生跨文化交际能力的第二大途径。为了实现"浸润式"大学生跨文化交际能力培养的终极目标,在礼仪的培养上主要分为三个阶段:学习阶段、内化阶段与实践阶段。学习阶段是基础,主要学习礼仪的思想、准则、规范等;内化阶段是将礼仪知识内化为自己的理性思维,在学习中加入自己的思考,在理解礼仪本质的基础上,掌握礼仪的精髓;实践阶段,就是对已掌握的礼仪知识,按照其规范要求去实践,在现实生活中,体验礼仪的价值和功能。

　　在具体的教学过程中,教师主要采用直接讲授法、言传身教法、文化浸润法、实操实践法等方式对学生进行浸润式培养。直接讲授法是一种最传统、最简洁实用的教育方法,即由教师对大学生进行系统的礼仪知识传授。此种方式信息量大,讲授较为系统,其目的主要是丰富学生的礼仪知识,掌握基本的礼仪原则。言传身教法即教师用自己的言行影响大学生,使大学生自觉地学习、模仿并规范自身的言行。礼仪作为个人道德的体现,具有较强的操作性和示范效应,因此言传身教非常重要。这就对高校教师的礼仪素养有较高的要求,要求教师以自身的人格魅力,来增强礼仪教育的吸引力和感染力。文化浸润法是一种十分有效的教学方法,它以校园文化为基础,以校园的礼仪知识竞赛、商务形象大赛、礼仪才艺展示等活动为载体,激发大学生的学习动力,增强礼仪学习的效果。实操实践法是将所学礼仪知识付诸实践的一种教学方法。礼仪教育最终是为成功有效的跨文化交际服务的,要将礼仪内化为习惯就要分阶段、循序渐进地开展实践训练,以不断的实操实践来积累经验,提升学生的跨文化交际能力。

　　其三,校园文化。校园文化活动对"浸润式"大学生跨文化交际能力培育非常关键。校园文化活动不仅包括外语角、商务实践谈判大赛等跨文化体验活动,还包括短期出国等跨文化交际的实践活动。精心设计、有组织的文化和语言沉浸式场合,不仅给大学生提供了体验的场所,更为大学生的实操演练奠定了基础。短期跨文化沉浸式体验项目为大学生创造了一个新的社会、文化和语言环境,能够有效提升大学生的文化敏感度、培养他们的跨文化意识。

　　在具体实施方面,例如,外语角的布置,为大学生练习口语提供了场所;商务实践谈判大赛,为大学生的跨文化交际知识、商务礼仪等的运用提供了场所;国际文化节的开展,为大学生了解各国文化提供了契机,也为大学生与外国人士交流提供了机会;国际志愿服务、赴海外带薪实习、交换生、跨国社会实践等项目,则为大学生的跨文化交流提供了实践的可能。

第四节　"五位一体"生涯教育中的
跨文化交际能力培育的实践案例

以下为三位参与"浸润式"跨文化交际能力培养的学生的真实感受,这种感受从侧面反映了"浸润式"跨文化交际能力培养的实践效能。

案例1:为期三个月的赴美带薪实习结束,我发现书本上的知识跟实际之间的差别真是挺大的。从小我们学习的"How are you?",然后你回答"I'm fine",原来在美国并非如此,大家只是将这个当作问候,并没有期待你作出任何的回答。此外,之前上国际商务导论课程的时候,老师不仅教授我们商务方面的知识,更多的是教授我们与人打交道的智慧。在学期末,我们还需要起草一份海外企业经营商业企划书,该企划书涵盖企业选址、人力管理、融资渠道、产品选择、预计经营收支等内容。更重要的是,课堂上我们还要进行模拟答辩,推销自己的企划书。记得我们答辩的时候,老师强调了在谈判过程中一定要运用策略,因为面子观在美国与中国是截然不同的。当时我只是记下了这句话,并没有深究。在美国带薪实习的时候,我深切体会到了这句话的意义。实习时,我负责的是快餐店前台的工作,那天老板因为我没有在岗位上而责怪我,认为我工作偷懒。我跟老板解释了半天,告诉他不是我偷懒,而是同事找我去做了别的事情,但老板根本不听。那天老板将薪酬付给我的时候,我拒绝了,我觉得自己没面子,受了委屈,要通过拒绝薪酬来自证清白。老板不明所以,等我将这些逻辑告诉他后,他哈哈大笑,直言中国人太奇怪了,薪酬不是最重要的嘛。那一刻,我忽然觉得根植于骨子里的文化,他人确实很难理解。若没有经过这件事情,我对老师的那句话,始终是一知半解。

案例2:其实跨文化交际能力的培养,更多的应该是潜移默化。学校会安排我们去上外交礼仪课,让我们进行情景模拟,甚至会有国际礼仪谈判模拟等。虽然我知道这是学校在对我们进行跨文化交际能力的培育,但当时也没有觉得与众不同。当我跟别的学校的同学在一起时,我忽然发现,原来学校让我们学习外交礼仪,让我们体验外交场景是如此重要。大三暑假,我跟朋友自由行去泰国,我们在旅途中碰到了一对泰国情侣。我的朋友是北方人,比较直爽,跟那个男士聊得比较开心后,就开始跟他勾肩搭背,那个男士忽然脸一沉,说:"你有病。"我的朋友当场懵了,险些打起来。我猛然想起,之前在讲授泰国文化的时候,老师曾经提及,在泰国只有很亲近的人之间才能勾肩搭背,像我们这样偶然相识,就去勾肩搭背,对方会觉得你不尊重他,是很不礼貌的行为。在我的解释下,朋友终于理解了。我们跟泰国的朋友解释了"勾肩搭背"在中国语境下是拉近距离的意思,解决了这次的误会。

案例3:我其实并不理解,为什么上英语课的时候,老师要花那么多的时间在情景体验上。有的时候是一对一,有的时候是多对多。我不仅觉得这是浪费时间,更多的时候还觉得这是老师的刻意针对。我来自贵州,英语发音不标准似乎成了我的标签。但是有一次同事聚会的时候,有一个外国人来问路,我不假思索地回答竟让大家对我大加赞赏。我忽然意识到,上课时的情景体验,不仅帮助我纠正了我的语音语调,更让我在情景体验中积累了经验。这不得不让我对情景体验充满好感,于是我再去反思我们的英语教学以及一些小组作业,包括一些课外的延展作业。我忽然觉得,原来这才不是"哑巴英语",在不知不觉中,我为我的外语沟通交流打下了基础。值得庆幸的是,就这么一件小事,还为我争取到了参与公司国际项目的机会,让我的业务从国内延展到了国外。

这些案例不仅从侧面反映了"浸润式"跨文化交际能力培育的重要性,也反映了跨文化交际能力对大学生未来生涯发展的重要作用。

第八章

支　撑——"五位一体"之社会实践教育

　　现代教育是一个开放的系统,学生的生涯成长,不仅需要在课堂上完成,也需要借助校外的资源,让学生在更广阔的社会空间中真正接触社会,不断积淀和提升实践能力。特别是对于大学阶段的学生而言,他们即将踏上社会,面临职业选择,如果在生涯教育中缺少与社会的全面接触,其所学到的知识和能力往往是与社会需求脱节的,也会在其今后的职业生涯中造成禁锢与制约。从这个角度出发,本书认为,"五位一体"的新时代高校生涯教育体系,必须坚持学校内外整体联动的原则,让学生在社会实践中历练素质、提升能力,让"项目制、全程式"管理的社会实践活动成为学生生涯成长的有力支撑。

　　那么社会实践缘何如此重要? 社会实践是高校对大学生进行思想政治教育的重要途径和形式,它不仅是我国教育的重要方针与价值导向,更是我国高等教育育人目标的内在逻辑与必要环节。2022 年 4 月,习近平总书记到中国人民大学考察调研时,勉励广大青年"用脚步丈量祖国大地,用眼睛发现中国精神,用耳朵倾听人民呼声,用内心感应时代脉搏,把对祖国血浓于水、与人民同呼吸共命运的情感贯穿学业全过程、融汇在事业追求中"①。习近平总书记的讲话,为新时代大学生上好社会实践"必修课",提供了根本遵循。因此,不论是大学生的生涯成熟过程,还是大学生由"校园人"到"社会人"的转化,社会实践都承担着极其重要的作用。

　　为提高社会实践育人工作效能,党和国家出台了一系列文件,提出了指导性意见与制度性设计。但实践育人特别是实践教学依然是高校人才培养中的薄弱

---

　　① 习近平在中国人民大学考察时强调　坚持党的领导传承红色基因扎根中国大地　走出一条建设中国特色世界一流大学新路[EB/OL]. (2022-04-25)[2022-08-25]. http://www.gov.cn/xinwen/2022-04/25/content_5687105.htm.

环节①,社会实践运行仍存在较多的问题。《中共中央关于全面深化改革若干重大问题的决定》指出,需深化教育领域综合改革,全面贯彻党的教育方针,坚持立德树人,增强学生社会责任感、创新精神、实践能力②;《关于加强和改进新形势下高校思想政治工作的意见》强调,推进高校思想政治工作改革创新,强化社会实践育人,提高实践教学比重,组织师生参加社会实践活动。这些文件均从不同视角提出了新形势下加强社会实践的重要性和紧迫性。

因此,新时代的大学生培养,应顺应大学生的生涯发展阶段,从社会实践的内在机理出发,以社会实践存在的问题为导向,追寻社会实践的改进模式,发挥社会实践的育人功能,助力大学生的生涯成熟。

第一节　社会实践教育的内涵与价值

自 1983 年"大学生社会实践"概念正式提出,全国各地、各高校积极响应,其后大学生社会实践活动在全国得到广泛开展。迈进新时代后,社会、经济、文化长足发展,对人才的需求也愈加多样化,社会实践作为育人必不可少的环节,其地位愈加重要。习近平总书记曾在不同的场合多次强调,青年要成为国之栋梁,要读万卷书、行万里路,既多读有字之书,也多读无字之书,注重学习人生经验和社会知识,注重在实践中加强磨炼、增长本领。习近平总书记还指出,要重视和加强第二课堂建设,重视实践育人,坚持教育同生产劳动和社会实践相结合,广泛开展各类社会实践,让学生在亲身参与中认识国情、了解社会,受教育、长才干③。社会实践对大学生的重要性不仅在于大学期间,更贯穿其后余生。那何为大学生的社会实践? 社会实践对大学生生涯的价值又在哪里?

一、大学生社会实践的内涵

马克思主义哲学认为,实践是人类能动地改造世界的物质活动,它既包括现

---

① 教育部思想政治工作司.加强和改进大学生思想政治教育重要文献选编(1978—2014)[M].北京:知识产权出版社,2015.

② 中共中央关于全面深化改革若干重大问题的决定[N].光明日报,2013-11-16.

③ 中共教育部党组.深入学习贯彻习近平总书记关于青年学生成长成才重要思想大力培养中国特色社会主义建设者和接班人[EB/OL].(2017-09-08)[2022-05-10].http://theory.people.com.cn/n1/2017/0908/c40531-29522756.html.

实的、经验存在的生产活动,又包括思维和意识、认识和精神生产活动。在此意义上,实践具有三个基本的特质:客观物质性、主观能动性与社会历史性①。而社会实践是在实践的基础上产生的,依赖于个体交往与社会关系,既体现实践的特质,也凸显人类活动的社会性与能动性。在高校的语境下,社会实践的主体限定于大学生,使得社会实践的内涵进一步延展。

关于大学生社会实践的内涵,学界与众多思想政治教育者的认识较为一致,其表述也大相径庭。有学者认为,社会实践源于大学生政治发展需求,结合思想政治教育实际,让大学生走出校园,融入社会,以熟知国情、学习知识、提升自身思想道德素质为目的的多形式、多内容的实践活动②;也有学者提出,社会实践是有组织、有计划地让学生走出校园、深入社会,进行社会调研,实现思想政治教育工作、社会生活、社会实践的结合③;亦有学者强调,大学生社会实践活动是高校有组织、有目的、有计划地根据高等教育的培养目标,引导大学生深入现实社会,参加具体的生产劳动与社会生活,并以此来了解社会、增长知识技能、提升工作能力、养成正确社会意识和人生观的教育活动④。

参考学界与众多思想政治教育者对大学生社会实践的表述,本书认为,大学生社会实践主要有三层含义:其一,大学生社会实践是实践活动的一种,同样具备实践的特质。具体来说,大学生的社会实践活动是在特定的时代背景下,以社会中的人或事为活动形式,以追求自我完善和发展为目标的大学生自觉性活动。其二,大学生社会实践是一种教育活动,是高校进行实践教育的一种形式,而这种教育明显带有社会化的特质。其三,大学生社会实践活动以"活动"为载体。换言之,大学生社会实践是高校为了达到立德树人的目的,促进大学生全面发展而从事的活动;在这个活动中,为了发挥大学生的主观能动性,促进大学生的生涯成熟,高校组织和引导大学生以多种形式参与到具体实践活动中,使大学生在潜移默化中接受教育,提升生涯技能。综合以上理解,本书将大学生社会实践的内涵概括为,高等学校围绕立德树人根本任务,以大学生全面发展为宗旨,有组织、有目的、有计划地引导大学生利用闲暇时间,深入现实社会,参加生产劳动或社会生活,从而提升科学文化素质,形成受益终身的生涯技能,养成社会所需的道德素养,实现从"校园人"到"社会人"转变的教育活动。

---

① 《马克思主义哲学》编写组.马克思主义哲学[M].北京:高等教育出版社,2012.
② 李薇薇."大学生社会实践教育"的概念探析[J].高教探索,2014(6):34-38.
③ 宋洪涛、杨宏伟.大学生社会实践与思想政治教育[J].中国电力教育,2010(7):157-158.
④ 王革.新时期高校大学生社会实践概论[M].兰州:西北农林科技大学出版社,2008.

二、大学生社会实践的主要形式

大学生社会实践活动需以"活动"为载体,而其主要的活动集中在社会观察、志愿服务、就业创业、专业实践。

社会观察是指大学生有目的、有计划地深入社会,对社会问题、社会现象及社会成员等进行认识与观察,通过社会调查、现场参观等方式,以获取社会真实情况为目的,认识社会生活本质和发展规律,从而引发自身对所观察事物的思考。

志愿服务是指大学生以提供志愿服务的方式,参与具体的生产劳动,为促进社会进步提供服务,在此过程中引导大学生树立正确的劳动价值观,掌握基本技能,培养其团结协作的能力,为生涯发展提供助力。目前,大学生志愿服务的内容、形式较为多样,包括政策法律宣传、大型赛事服务、帮扶支教、社区建设等。

就业创业是指大学生通过勤工助学、挂职锻炼、自己创业等形式,开展的实践类活动。此类活动,可以增强大学生的独立意识与服务意识,还可以健全大学生的社会化人格,帮助大学生积累社会经验,提升自我认识,探索未来职业发展。

专业实践是指大学生围绕所学专业,选择实践内容,将课堂所学应用到现实生活中,帮助地方解决实际问题。这类实践活动不仅可以增强大学生的科学文化知识,提高科研能力与知识运用水平,还可以助力社会发展。值得注意的是,社会实践中专业实践与毕业实习并非一个概念,专业实践是大学生在闲暇时间,自发进行的。

三、大学生社会实践的多维价值

对于高校而言,开展大学生社会实践,不仅是高校实现实践育人的关键环节,同时也可以促进高等教育的改革和发展,更可以加强高校与企事业单位的合作,为大学生践行生涯规划提供更多的可能。就实践育人而言,从功能上来说,育人不单单是为了知识与经验的积累,更重要的是学生综合素养的形成,是生涯规划践行能力的塑造,而社会实践正可以提升学生的综合素养,为学生践行生涯规划提供机会;从方式而言,课堂教学尽管是最直接的育人方式,但是并不唯一,社会实践则可以让学生在潜移默化中习得知识与能力。就高等教育改革和发展而言,其一,在开展社会实践的过程中,高校可以更深入地了解学生的特点、素质与思维模式,从而探寻学校在教学管理、专业设置甚至人才培养模式等方面存在的问题;其二,在学生进行社会实践的环节中,高校可以分析学生素质与社会需求之间的契合度,从而探知企事业单位的最新发展动态和最新的用人要求。就高校与企事业单位的合作来说,大学生社会实践活动是高校与企事业单位之间的桥梁,在大学生社会实践的过程中,校企之间逐步加深了解,找寻更多的合作与共建机会,从而达到双赢。

在实践中厚植家国情怀。大学生群体虽历经多年的学校教育,却鲜少有机会真正接触社会,对于社会的实际情况也了解甚少。因此,大学生的爱国情怀主要是来自书籍,来自家庭,来自学校开展的爱国教育,尽管这类教育必不可少,但亲眼见识祖国的大好山河,感知人民的可贵真诚,感受干部的勤勉尽责,更能激发大学生的爱国主义情怀。在社会实践中,国家不再遥不可及,通过实地的观察、调研,大学生可充分了解国家的使命,知晓自己的担当;在社会实践中,人民不再陌生虚无,通过与人民的沟通交流,大学生可以充分感受到人民的具体与鲜活;在社会实践中,干部形象不再高高在上,近距离的接触可以给大学生更为直观的感受,坚定大学生为社会服务的决心;在社会实践中,使命不再空洞无力,大学生以切身的感受,加深对责任和理想的感悟,才会真正明白空谈误国、实干兴邦。

在实践中坚定专业志向。理论联系实际是高校希望学生掌握的学习方法,而社会实践正是通过现实生活对理论知识进行验证的方式,使大学生对自己的专业以及未来规划进行尝试。社会实践的过程正是大学生深化理论知识,坚定专业志向的过程。一方面,课堂所习得的理论知识与现实生活之间往往存在差距,而大学生社会实践正能有效地弥补这一差距,有助于受教育者进一步深化专业知识,有效地掌握方法、知识、理论等;另一方面,专业志向的坚定过程一定是在实践中产生的,当今社会瞬息万变,大学生对于专业知识习得后,究竟如何运用往往会陷入迷茫,而社会实践会帮助大学生看清现实,了解所学所用,从而坚定目标。

在实践中提升综合素养。大学生的全面发展不仅包括知识技能的提升,更包含其生涯发展过程中起决定性作用的综合素质的提升。综合素质不仅包括自主学习能力、独立工作能力,还包括适应社会的能力、创新创业的能力等。而这正是大学生在社会实践中可以习得与积累的。大学生开展社会实践的过程,正是大学生不断习得新知识、遇到新问题的过程,同时也是大学生独立解决问题、创造条件的过程。而错综复杂的社会环境与社会关系,会让大学生接触到大量真实而全面的社会信息,如何对信息进行甄别与筛选,如何利用信息与优化信息,也为大学生的独立思考和独立行事提供了条件。此外,在社会实践中,大学生开始接触职场世界,这可以提升大学生的就业意识、就业能力,为他们成为社会人奠定基础。

第二节　大学生社会实践育人的内在机制

实践育人是一个内涵复杂、持续发展的系统工程,因此,它具有其特殊的内在属性。一方面,社会实践是有意识、有计划的过程,要使实践效果达到最佳,就需要考虑社会实践的复杂性,将大学生的认知能力考虑其中;另一方面,育人过程持续发展,不管是实践内容还是实践过程,都不是骤然推进的,而是循序渐进甚至循环往复的,因此,实践育人要考虑其阶段性的设置。

从认识发展规律来看,实践育人包括感性认识环节、理性认知环节、检验和反复环节等。感性认识环节,就是大学生在实践过程中对客观事物的个别或整体的特征、属性形成大致印象的过程;理性认知环节,是大学生通过概念、判断、推理三种形式,在感性认识的基础上,对社会实践中的所见所闻所思所想的一个升华过程;检验和反复环节,就是大学生在社会实践中,不断地经历感性认识环节与理性认知环节,从而不断地反思与总结,不断地提升自我认识与自我能力的过程。

从素养形成过程来说,实践育人包括了内化环节、外化环节以及深度内化环节。内化环节就是大学生将接收到的课堂知识、政治观念、道德规范等,有选择性地转化为个体意识与动机;外化环节则是个体将个体意识与动机转变为具体的行动。深度内化环节则是通过与教师的沟通互动,大学生在自我反思中进一步形成自己的深层的东西,即大学生的自我素养。

因此,了解大学生的认识发展规律与素养形成过程,更有助于指导我们的社会实践。换言之,社会实践一定不是一蹴而就的过程,一定是阶段性、进阶型的育人过程。具体来说,社会实践育人过程大致可以分为三个阶段:准备实施阶段、具体实践阶段、评价反思阶段。准备实施阶段是实践育人的前提,也是实践过程能否取得预期效果的关键;具体实践阶段是教师施教,学生发挥主体性的阶段;评价反思阶段不仅是对此次社会实践的反馈,也是教师评价学生表现的阶段,更是学生反思、促进自身成长的阶段。

在准备实施阶段,不仅要明确育人目标,更要制定具体的实施计划以及为突发状况准备的方案,帮助整个实践过程顺利开展。具体实践阶段有两层含义:第一层是教师作为教授者,需要完成对大学生的教授;另一层是大学生作为主体参与者,需要根据教育目标,按照教师的要求,进入践行的阶段。这个阶段,若要取得较好的成效,教师的引导需要起到切实的作用,同时,大学生的主观能动性,对教育目标的理解,对教育要求的掌握以及在实践过程中的自我思考,也都非常重要。评价反思阶段,不仅包括教师与学生对此次实践活动的目标、方案、要求等的评价,还包括教师与学生对准备实施阶段、具体实践阶段的反思。评价反思阶段可以说是教师与学生自我提升的重要环节,其一,教师对整个实践过程中学生的行为、思想等进行评价与反馈,有利于学生了解自身的实际情况;其二,教师对整个实践活动的评价与反思有利于教师自身能力的提升以及对其后育人任务的达成;其三,学生对自身的反思,有利于促进学生自身知识与能力的提升。

第三节　高校社会实践组织实施的问题分析

近年来,随着社会实践活动的深入,高校对社会实践活动越加重视,更加注重运行机制建设,实践育人的成果也日益显现,但在此过程中也存在较多的问题与不足。

一、高校社会实践的运行情况

1. 社会实践主题导向越加鲜明

在大学生的社会实践活动中,最具代表性的就是全国大中专学生志愿者暑期文化科技卫生"三下乡"社会实践活动(以下简称全国大中专学生暑期"三下乡"社会实践活动)。此项活动自1997年来,以"受教育、长才干、作贡献"为宗旨,体现了教育对社会实践的要求,也体现了大学生成长的需求。而深入分析此项活动后可以发现,目前高校的社会实践活动的主题越发鲜明,不仅紧扣开展年份的国家重大事件,更是与经济发展的热点、难点问题相联系,坚持一年一主题、年年有创新,凸显实践活动的学习性、社会性、教育性与创造性,详见表8-1。

表 8-1　1997—2021 年大中专学生暑期"三下乡"社会实践活动主题

年　份	主　题	年　份	主　题
1997	传播文明圣火,推进扶贫开发	2010	服务"三农"发展,建设美好家园
1998	在服务农村两个文明建设、服务农民生产生活的实践中深入学习贯彻党的十五大精神,深入学习邓小平理论	2011	永远跟党走,青春献祖国
1999	弘扬"五四"爱国精神,勇担强国富民重任	2012	青春九十年,报国永争先
2000	向新世纪迈进,在实践中成才	2013	实践激扬青春志,奋斗成就中国梦
2001	播科学圣火,做文明使者	2014	为祖国勤学修德,以实践明辨笃实
2002	同人民紧密结合,为祖国奉献青春	2015	践行"八字真经",投身"四个全面"
2003	实践"三个代表",弘扬民族精神	2016	青春建功"十三五",携手共筑中国梦
2004	传承"五四"报国志,落实科学发展观	2017	喜迎十九大,青春新建功
2005	服务和谐社会建设,提高思想政治素质	2018	青春大学习,奋斗新时代
2006	践行荣辱观,服务新农村	2019	青春心向党,建功新时代
2007	贯彻科学发展观,服务农村促和谐	2020	小我融入大我,青春献给祖国;助力脱贫攻坚,投身强国伟业
2008	勇担强国使命,共建和谐家园	2021	永远跟党走,奋进新时代
2009	高扬爱国主义旗帜,服务科学发展大业	2022	喜迎二十大,永远跟党走,奋进新征程

2.社会实践内容更加丰富

随着高校对大学生社会实践的重视程度的增加,大学生社会实践的内容与高校人才培养工作相结合,内涵也更加丰富。正如前文所述,大学生社会实践主要包括四大类:其一是为了认识国情、了解社会形势的社会观察;其二是激发奉献精神,以志愿活动为主的志愿活动;其三是增强劳动意识,走进职场世界的就业创业活动;其四是理论联系实际,强化专业学习的专业实践。近年来,在全国大中专学生暑期"三下乡"社会实践活动的优秀团队中,不仅有助力乡村振兴、关爱留守儿童的社会观察类实践团队,还有扶贫支教的志愿服务类实践团队,亦有极富文化创意的公益创业类实践团队,更有提供爱心医疗服务的专业实习类实践团队。

3.社会实践组织愈加规范

在国家政策引导下,近年来大学生社会实践愈加规范、有序。不仅形成了较为稳定的组织架构与工作体系,组织实施的各个阶段更是密切衔接,组织方式也更为灵活。

在组织架构方面,大学生社会实践早已形成由国家、省(区、市)、高校、院系四个层级相联动的组织架构;在组织实施方面,不管是实践活动的准备阶段,还是组织实施阶段、评价反思阶段,基本能形成较为完整的育人过程;在组织方式方面,更是以团队与个人相结合、一般与重点相结合、高年级与低年级相结合、专业与专业相结合等方式,使大学生社会实践的参与度保持在相对稳定的水平。

二、高校社会实践存在的问题

虽然大学生社会实践已取得较为显著的成效,但在实际运行过程中仍存在一些问题。根据以往学者的研究以及笔者的一线工作经验,本书认为目前大学生社会实践主要存在以下几个方面问题。

1.大学生社会实践的功利化倾向

全球化时代与网络时代的背景下,面对纷繁复杂的信息,部分大学生存在价值取向功利化的现象。部分大学生参与社会实践主要是希望提升自身能力、积累社会经验,而帮助他人、服务社会的意识比较淡薄。此外,部分高校为了鼓励大学生参加社会实践,也为了肯定大学生在社会实践中的表现,设置了"优秀志愿者""社会实践优秀个人"等荣誉奖项,原本设置奖项是为了肯定与激励,但却也成了部分大学生的追求重心,违背了原本的设置初衷。

2. 大学生社会实践的形式化倾向

实践育人是高校人才培养的重要环节,是大学生成长成才的必修课。为了提升社会实践的质量,使实践育人取得实效,高校必须认真对待社会实践,必须投入大量的人力、物力与财力,但是部分高校并没有从本质上意识到社会实践的重要性,更没有将精力放置在实践育人的最终成效上,反而是将精力放在启动仪式的宏大场面或者实践活动的宣传氛围上,热衷于搞签约仪式、策划新闻报道等,与社会实践的本意相去甚远。此外,大学生的社会实践内容也存在形式化倾向,因循守旧、千篇一律,缺乏时代感、现实性。针对不同年级开展的社会实践也是大同小异,缺乏针对性。

3. 大学生社会实践的无序化倾向

大学生社会实践是一项复杂而系统的工程,包括了准备实施、具体实践、评价反思阶段,只有将各阶段、各步骤的工作做实做细,强化社会实践的规范意识,社会实践才能取得预期效果。然而,尽管目前的社会实践已经形成国家、省(区、市)、高校、院系四个层级相联动的组织架构,但在实际操作中,有些社会实践活动没有前期的准备和布置,有些社会实践活动缺乏相应教师的指导,更有些社会实践活动目标不明确、日程安排不明确。在评价反思阶段,部分高校对社会实践成果的评价标准简单化,部分学生对社会实践的反思走形式,导致社会实践成果无法充分发挥。此外,高校在社会实践的日常工作管理方面,比如专项工作人员的配置、日常工作的管理监督等方面均存在一定的问题。

4. 大学生社会实践的小众化倾向

《教育部等部门关于进一步加强高校实践育人工作的若干意见》强调,每个本科生在学期间参加社会实践活动的时间累计应不少于 4 周,但是要达到这个要求并不容易。首先,大学生社会实践的开展需要大量的人力、物力,尽管高校有专门的项目资金,但由于时间长、范围广,资金并不能满足整体需求;其次,高校社会实践指导教师或人员仍然处于匮乏的状态,制约了高校社会实践的效果;再次,很多高校的实践基地较少,很难安排统一的社会实践。上述原因的限制,很多高校的大学生社会实践活动基本上采取"点面结合"的方式展开。即学校、学院层面组建一定的重点团队,这些重点团队会得到较为充足的时间保障、物质保障、师资保障,而其他团队则是自由组队、自主开展。社会实践的小众化趋势,使得大学生社会实践的成效大受影响。

第四节 "五位一体"生涯教育中的
社会实践运行路径

针对上述问题,如何探索和创新大学生社会实践运作模式,提升实践育人效果,构建实践育人的长效机制,如何让社会实践助力大学生终身发展,已经成为当前高校值得认真思考和研究的课题。本书从实际出发,结合当前社会实践的现状与存在问题,以系统性的观点考察社会实践的整体架构和内在逻辑,加强实践教学环节,注重实践与专业相结合,探索"项目制、全程式"的社会实践模式,以增强社会实践对大学生全面发展的关键性作用。

一、"项目制、全程式"社会实践育人理念

实践育人是否有效主要体现在教师和大学生参与实践活动的积极性、广泛性、互动性以及大学生主体性是否得到发挥。因此,本书认为高校的社会实践育人理念即通过对社会实践育人过程科学有序的控制,促进大学生遵从教育要求、理解教育内容,唤起大学生参与社会实践的积极性,帮助大学生实现个体的体验和选择、验证和认同、改变和转化、反省和反思、强化和升华等心理状态,促进大学生的社会化,提升大学生综合素质,达至大学生的生涯成熟。

而要达成这一目标需要做到两点:其一是高校对社会实践全过程的有效管理。根据控制论的观点,组成过程的各环节、阶段等都要受到各种因素和内外部环境的影响,因此每一个环节都很难保证按照预期的目标向前发展。因此,如果想要达成一个目标,就需要对整个过程进行管理与控制。其二是大学生对社会实践环节的全程参与。大学生社会实践是一个动态、开放的过程,想要达到"实践育人"的目标,就需要大学生有效参与各个环节,不管是对社会实践内容的设计,还是对实践形式与载体的选择,大学生都应该作为实践主体参与其中,并主动地去了解社会实践的目的与意义,知晓社会实践对自身发展的重要作用。

大学生社会实践"项目制、全程式"模式,主要就是将项目制管理和全程式理念引入大学生社会实践,其内涵就是按照科研项目申报立项的方式对大学生社会实践进行指导和管理,从准备实施、具体实践到评价反思阶段,教师和学生均全程式参与。这不仅可以保证实践全过程的有效管理,更能保证实践主体的全程参与。

二、"项目制、全程式"社会实践设计原则

1. 价值引领

价值引领是优化大学生社会实践育人模式的逻辑起点与终极目标。价值观是个体认定事物、辨别是非的一种思维取向,体现出人、事、物一定的价值或作用。大学生的价值观是大学生在学习与实践的过程中形成的对客体的认识、态度与观点。价值观一旦形成,对大学生的决策与行为有着深远持久的影响。因此,大学生作为中国特色社会主义事业接班人,必须树立科学的世界观、人生观与价值观。而这也是大学生社会实践的意义所在。当前世界多元思想充斥,大学生价值观呈现出良莠不齐的现象。因此,大学生社会实践需要以社会主义核心价值观为引领,精准定位,让大学生在社会实践中,了解我国的基本国情,深化自身的认知判断,明确自身的使命与责任。而这与本书所倡导的以理想信念为引领亦一脉相承。

2. 以生为本

以生为本就是要坚持学生的主体地位,根据学生的发展规律,有目的、有计划地进行指导与教育,促进学生的全面发展。在社会实践中只有强调学生的主动性,才能发挥学生的主观能动性,使社会实践取得实效。随着社会主义市场经济的纵深发展,大学生的思想特点与成长规律也呈现出前所未有的新变化。因此,需要打破传统社会实践的教育方式,在把握学生思想动态的前提下,考虑学生的具体需求,适时制定与优化实践教育方案,既要兼顾大局,又要兼顾学生的个性追求,帮助学生充分利用社会实践机会,促进自身发展。

3. 问题导向

习近平总书记曾强调,要有强烈的问题意识,以重大问题为导向,抓住关键问题进一步研究思考。因此,大学生的社会实践也要以问题为导向。这里的问题导向有两层含义:其一是要以大学生社会实践的现状与问题为导向;其二是社会实践的设计需要以社会现实、社会问题为导向,为大学生生涯发展服务。优化大学生社会实践,一方面要以现存问题为基础,为解决现存问题提出有效的方法和途径;另一方面要培养学生的问题意识,让学生主动学习,用理论所学去探知现实生活,在社会实践中发现问题、分析问题、解决问题,从而不断提升自我,获

得终身受益的技能。

三、"项目制、全程式"社会实践路径设计

1. 整合实践育人课程，融合三大课堂，突出社会实践专业性取向

大学生社会实践是为了促进大学生更好地发展，为了达成这一目的就需要将育人系统的相关要素通过联系、互补等方式统合起来，将社会实践与思政课堂相融合、社会实践与专业教学相结合、社会实践与生涯教育相联合等模式，突出社会实践的实用性与专业性。

第一，大学生社会实践与思政课堂相融合。作为大学生思政教育主渠道的思政课堂，其内含了世界观、人生观、价值观等，其目的是帮助大学生树立科学的人生信念，这与社会实践的育人目的相契合。因此，将社会实践与思政课堂相融合，不仅可以深化思政课堂习得的内容，更能用理论指导实践。第二，大学生社会实践与专业教学相结合。在落实学校立德树人、铸魂育人根本任务的过程中，习近平总书记提出，要用好课堂教学这个主渠道，各门课程都要守好一段渠、种好责任田。为了使专业课堂与思政课堂发挥协同效应，一方面需要在专业课堂中融入思政元素，另一方面就需要将社会实践与专业教学相结合，让学生在实践中践行总书记的话。将价值观寓于知识传授与能力培育中，引导大学生将国家、社会、个体的价值要求相统合。让大学生将专业教学中的难点、疑点作为社会实践的内容，从而在实践中寻找答案，知行合一。第三，大学生社会实践与生涯教学相联合。在"大众创业、万众创新"的时代背景下，促进大学生就业创业成为高等学校的新任务。在大学生中开展生涯教育，其核心就是为了提升大学生的就业技能与综合素养，这与社会实践的目标相吻合。因此，大学生投身社会实践，了解经济社会的发展实际，了解用人单位的需求，发现热点前沿领域等都有利于大学生的生涯发展；而在社会实践中引入生涯教育，融入生涯发展的思考，也有利于大学生更好地思考参与社会实践的意义，发挥自身的价值。

2. 科学组建团队，严格项目评审，量身定制大学生社会实践方案

要提升大学生社会实践的质量，就需要做实大学生社会实践的前期准备工作，科学组建团队，严格项目评审，尊重和了解大学生的实际需求和实际状况，量身定制大学生社会实践方案。

做实大学生社会实践的前期准备,做到社会实践广动员,全覆盖。第一,健全组织机制,做好顶层设计。健全的组织机制、明晰的职责分工,是大学生社会实践有效运行的重要保证。高校党委需重视大学生社会实践的组织领导工作,构建三级式组织领导体系。第一级为领导层面,第二级为组织层面,第三级为落实层面。各层级围绕实践育人的总目标,各司其职,层层落实。第二,做实动员工作,规范动员过程。动员的目的在于让大学生和教师两个主体都能充分认识到社会实践的重要性,从而激发大学生和教师参与社会实践的积极性。因此,动员工作要采取仪式性较强、覆盖面广的动员方式,让参与主体了解学校对社会实践的重视;动员内容上要突出社会实践的意义与目的,激发参与主体的参与动力。

科学组建社会实践团队,严格项目评审,注重社会实践层次与质量的提升。根据教育部、团中央确定的社会实践主题,在动员时向大学生讲解实践课题指南,指导学生结合时代主旋律、社会实践需要、所学专业需求、个体成长追求,确定实践项目,突出项目的学科专业性。确定自身的社会实践选题后,鼓励学生按照项目需求,不以学院、年级和专业为限,注重团队成员在性别、年级、专业等方面的优势互补,科学整合资源,组建实践团队。此外,在组建团队的过程中,指导教师要根据学生的生涯规划,根据大学生的理想信念,以及解决问题能力、组织策划能力、领导成就能力、沟通影响能力、学习自我评估能力、承诺执行任务能力、抗挫折能力、谦虚尊重能力等,指导大学生为自己量身定制社会实践项目。让大学生在社会实践的过程中,不仅可以实现自己的实践目标,找到自己的生涯方向。其后,进行严格的项目评审环节,学校聘请校内专家和校外专家组建专家团队,评审出专业性、可行性、实效性强的项目,并根据项目的情况,将项目分为一般项目、重点项目、特色项目,对不同等级的立项团队有着不一样的要求,甚至不同的金额资助,确保项目顺利实施,达到实践育人的效果。

3. 实践指导多管齐下,加强全程指导,构建大学生社会实践多元支持体系

社会实践不仅让大学生身处复杂的社会环境中,更让大学生的角色发生了转换。因为新奇感和本身的求知欲,大多数的学生是充满热情地参与到社会实践活动中的。但在具体实施过程中,指导教师任务繁重且数量严重不足,再加上大学生自身的社会支持体系太弱,常导致社会实践项目陷入无序状态,大学生对社会实践也失去了原来的热情。大学生社会实践是学校、学生、社会共同参与的一项系统工程,社会实践项目的顺利进行,还取决于社会实践活动的全程性指

导,因此有必要集结全校力量,甚至校外力量加强对大学生社会实践活动的指导,构建大学生社会实践的多元支持体系。

因此在"项目制、全程式"管理中,一方面社会实践的指导讲求多管齐下,校团委负责统筹协调,项目指导教师负责指导,二级学院根据年级、专业的不同,通盘考虑,制定富有学院特色的社会实践计划,学生则参照自身专业、兴趣等进行自我项目的设计与申请。在此基础上,突出指导教师的全程式指导,不仅是项目教师一人的指导工作,更需组建校内外专家实践指导组,负责社会实践方案的制定、立项指导等,明确社会实践为生涯规划践行开篇的意义。

此外,要提升大学生社会实践的质量,应该为大学生社会实践构建庞大的支持体系,既包含正式支持系统,也包含非正式支持系统。大学生社会实践的正式支持系统主要由实践顾问、实践导师组成。实践顾问一般由资深的,具备职业生涯规划资质,并对社会实践方面有较多经验的教师担任,主要根据大学生社会实践的需求、学生的综合素质能力,定制个性化的实践方案;实践导师一般由拥有较深专业知识的专业教师承担,大学生可根据自身情况选择实践导师。

为了确保大学生在社会实践的过程中,有更多的机会和收获,还应为其设立非正式支持系统,主要包括同辈群体、专家资源库、校友网络系统。通过同辈群体,大学生在社会实践的过程中会有更多的机会进行沟通与交流,拓展自身的交际圈和生活圈;通过专家资源库,大学生可以接触到不同领域的资深专家,为自己寻求各方面的专业意见;通过校友网络系统,大学生可以在线咨询,解决困惑,同时也为将来的就业做好准备。

4. 培育社会实践师资队伍,校内教师为主、校外教师为辅,打造素质过硬的教师团队

"项目制、全程式"社会实践取得成效的关键之一就是拥有充足的师资力量。人才培养的质量与水平的关键在于教师。高校应以专业化的视角构建一支具有崇高理想信念又有丰富实践经验,同时具备较高综合素质能力的多元化的教师队伍。

首先,要构建以校内专职教师为主、校外兼职教师为辅,数量充足,结构合理的专家型社会实践团队。校内专职教师需要实行严格的准入原则,既要有自己的专业知识,又要有较高的综合素质,最好有相关的职业资质认证。校外兼职教师可以是校友、政府工作人员、志愿服务主办方、法律专家等各阶层人士。多元化的专业型实践团队的构建,可以为大学生社会实践提供多方面的助力和支持。

其次,要对校内致力于社会实践的专职教师进行培训和提升。针对高校有热情但缺资质的专职教师们,可以采取先选后训或者边训边选的模式,同时对其

提供社会实践的带队资格、职业规划培训资格,让其对大学生需求和社会实践需求有更好的了解,能更好地投身社会实践。

最后,要通过激励手段,激励教师团队改革创新。大学生社会实践是一项常新常变的工作,因此要根据不同时期、不同情况进行适时的调整,要适时鼓励教师进行改革,开拓创新,以培育为核心,以实践为手段,探索适合新时代大学生综合能力提升的社会实践模式。

5. 完善制度建设,强化信息反馈系统,健全激励机制

"项目制、全程式"社会实践需要得到保障,就要完善制度建设,健全激励机制,建构系统化的信息反馈渠道。学校不仅要形成明文规定,明确要求大学生在校期间的社会实践学分,更需要针对项目经费的支配、活动项目的实施、活动成果的呈现、优秀典型的表彰等制定实施细则。为了调动教师参与学生社会实践活动的积极性,学校还需要以文件形式将教师参与学生社会实践活动作为教师的责任与义务,营造师生共同参与"项目制、全程式"社会实践的良好氛围。学校还可通过社会实践专题总结、社会实践表彰大会等形式,表彰先进、树立典型,有效调动学生、教师参与社会实践的积极性。

此外,在"项目制、全程式"社会实践的管理过程中,还需要强化信息反馈系统,注重评价体系的构建。从反馈内容上来说,既要包括教师对大学生进行社会实践项目的指导过程,也要包括大学生参与社会实践情况的信息收集过程;既要包括积极、顺利实施决策的正面信息,也要包括消极、解决决策困境等信息。从反馈机制上来说,对大学生社会实践进行有效控制、实时反馈,就意味着负责社会实践实施的职能部门需建立信息沟通机制,对存在的问题、出现的情况进行分析研判,及时调整工作安排,优化项目实施过程。从领导层面、组织层面到落实层面,再到评价反馈层面,各职能部门各司其职又相互联系,资源互补,可以共同解决问题,形成育人合力。规范大学生社会实践项目的评价过程,就是通过社会实践中的信息反馈系统,全面、科学地评估项目的实施效果,从而为下一次更好地筹备社会实践奠定基础。首先要确立评价标准,如是否达成预期的目标,是否产生育人功能,是否产生社会效益;其次要有评价原则,既要考虑普遍性又要考虑特殊性,同时要做到公开、客观、公正、准确;最后是要有全面的评价内容,而评价内容与项目申请书又要紧密相连。因此,项目制的评价应该采取多渠道、多形式、多视角、全方位的考核方式。

随着大学生社会实践的不断深入,建立能够有效育人的社会实践已成为高校努力探索的方向。"项目制、全程式"社会实践,以项目制方式,科学设计社会

实践的内容及形式,以全程式管理,努力改进大学生社会实践的指导工作,为大学生更好地构建生涯规划赋能。"项目制、全程式"社会实践不仅可以培养学生的问题意识、科研意识、创新精神,还能提升学生分析问题、解决问题的能力,促进学生专业学习,增强学生的综合素质,还可以进一步修正社会实践中存在的问题,从整体上提升高校对社会实践的管理水平,使社会实践真正地发挥育人作用,为明晰生涯选择奠定基础。

第五节 "五位一体"生涯教育中的社会实践案例

×××高校赴龙泉开展"助力传统文化,为龙泉青瓷代言"社会实践案例解析

实践育人的有效性主要体现在教师和大学生参与实践活动的积极性、广泛性、互动性以及大学生主体性的有效发挥。而"项目制、全程式"的大学生社会实践模式主要体现理念就是以项目制的形式,激发参与者的积极性,强调高校对社会实践全过程的有效管理,以及大学生对社会实践的全程参与。以下案例解析能帮助读者更好地了解"项目制、全程式"的大学生社会实践模式。

一、案例缘起

2019 年 7 月,英语语言文化学院翻译专业的大二学生小叶找到笔者,述说了他想参与社会实践,却不知道做何实践的苦恼。遵循"项目制、全程式"社会实践的设计原则,笔者从价值引领、以生为本以及问题导向出发,与小叶进行了探讨。

首先是价值引领。笔者询问小叶,为何要参与社会实践,他的初衷是什么。小叶表示,参与社会实践是学校的要求,也是他一直想尝试的事物。希望通过社会实践找寻到自己的专业价值以及自身的价值。当谈及专业时,笔者与小叶一同探讨了翻译专业的价值以及他填报翻译专业的初衷,引导其了解翻译不仅是一种职业,更是不同民族语言文化进行沟通的桥梁,亦是中国文化"走出去"的密钥。

其次是以生为本。笔者希望小叶可以通过自身主动性去找寻到自己最想参

与的社会实践。小叶思考再三,很慎重地告诉笔者,一方面他想结合专业开展社会实践,另一方面考虑是在暑假期间,最好可以回家乡进行社会实践。为了让小叶的主观能动性得到充分发挥,兼顾其自身的个性追求,笔者给了小叶3天的时间,希望小叶去完成两件事情:第一是回忆自己最得意的三件事;第二是让小叶去找寻家乡最引以为豪的东西。3天后,小叶告诉笔者:"作为一名翻译专业的学生,我一直想结合自己的专业进行社会实践;而作为一名龙泉人,我也希望能为自己的家乡做些贡献。小时候我的演讲水平就很不错,爸妈逢人就夸。而龙泉最有名的就是龙泉青瓷。所以我想好了,我要为龙泉青瓷代言。"

最后是问题导向。为龙泉青瓷代言,代言什么?怎么代言?这就需要进行深入探讨和研究。几天后,小叶很兴奋地告诉笔者,他为社会实践团队想好了名字:"助力传统文化,为龙泉青瓷代言"。他想通过社会实践,了解传统文化发展的困境,调研青瓷文化发展的现状,同时结合自己的专业,讲好中国故事,让青瓷文化走出困境、走向世界。

这是小叶开展此次社会实践的缘起,笔者幸运地成为指导教师参与其中,见证了整个"项目制、全程式"社会实践的开展过程。

二、案例开展情况

1. 准备阶段:组建团队、项目申报

所谓"项目制、全程式"的社会实践,很重要的一点就是将社会实践活动作为项目进行管理。从此种意义上来说,团队成员的构成、项目申报书的撰写就显得尤为重要。

在"助力传统文化,为龙泉青瓷代言"社会实践团队中,小叶担任团队领队,另有7名团队成员。小叶与其中一名团队成员为龙泉人,团队中拥有3名翻译专业同学、1名汉语言专业同学、1名设计专业同学、1名跨境电子商务专业同学、1名日语专业同学、1名阿拉伯语专业同学。在这8名同学中,大二同学有5名,大三同学有3名。团队成员为何要这样设置?翻译专业的同学是为了讲好中国故事,助力传统文化走出去;汉语言专业的同学是为了更好地了解青瓷的历史文化,撰写青瓷历史沿革;设计专业的同学是为了对青瓷设计献言献策;跨境电子商务专业的同学是为了了解青瓷外销的渠道,探寻共同富裕的途径;而日语专业和阿拉伯语专业的同学则是为了了解外国文化对中国的影响,探究在"一带一路"倡议下,龙泉青瓷产业是否迎来新的机遇。

申报书的撰写过程,同样遵循项目制管理的方式。在撰写申报书前,团队成员查阅了大量文献,还对青瓷博物馆、青瓷小镇、龙泉窑等地进行了实地调查,在此基础上确立此次社会实践的整体思路和方向。其后,团队成员撰写了选题背景、拟解决的主要问题、实践活动计划、经费预算等内容。在评审环节中,评审专家对实践目标给予了充分的肯定,对拟解决的主要问题以及实践活动的计划进行了详细了解,对团队成员的能力进行了合理评估,最后给予了针对性的意见。根据评审专家的意见,同时在与指导教师多次讨论后,团队成员对申报书进行完善,最终该项目得以立项。

2. 实施阶段:投身实践、项目管理

在正式开展社会实践前,学院组建了该年度社会实践的项目管理小组,学院团委书记为组长,专业指导教师代表、辅导员为副组长,各班级社会实践负责人为组员。"助力传统文化,为龙泉青瓷代言"社会实践团队成立项目管理小组,团队领队为组长,团队指导教师为副组长,团队成员为组员。项目管理小组成立后,根据之前的专业情况,进行了职责的划分,明确了本次社会实践的流程。

其后,项目管理小组对整个项目的进程实时控制,"计划制定—计划实施—计划调整"是一个不断循环的过程,直到目标完全实现。

该社会团队最开始的计划是分为五个步骤:

2019年7月27—31日,进行文献梳理,访谈提纲撰写等。

2019年8月1—3日,开展"线上+线下"青瓷文化与青瓷产业现状调研。

2019年8月4—7日,赴青瓷小镇,对当地商家、政府工作人员、游客等人群开展实地访谈;深入龙泉青瓷杯制作厂等,对相关负责人进行访谈,了解青瓷产品的销售现状以及在销售中遇到的困境。

2019年8月8—10日,赴青瓷大师园,对青瓷大师们进行访谈,了解青瓷制作者对青瓷发展现状与前景的看法等。

2019年8月11—15日,总结回顾,对本次实践活动的照片、视频、笔录等材料进行整理,对实践结果和心得进行总结,撰写调研报告,思考如何助力传统文化,为龙泉青瓷代言。

事实上,在实际的开展过程中,该社会实践项目的实施与计划存在差异。比如,文献与现实存在差距,政府工作人员无法联系,龙泉青瓷杯制作厂负责人在该时间段不在龙泉等。得益于项目制管理对进程的实时跟踪以及学校社会实践多元化的支持体系,学校团委及时与共青团龙泉市委员会进行对接,协调了访谈时间;艺术学院的教师推荐了资深的青瓷文化研究专家帮助团队就文献和现实

之间的差距进行解答;笔者身为指导教师也会实时反馈团队进程,对团队计划进行及时的调整。

再次,项目管理小组还要对项目的质量进行控制。换言之,就是对社会实践的效果进行把控。在该团队的实践环节中,质量最难把控的环节就是"线上十线下"的青瓷文化与青瓷产业现状调研。因此,该团队每天晚上都会就当天的实践情况进行回顾分析,确保所得问卷的质量,掌握实践进程,并从自身的角度提出意见与建议,以便于计划更好地完成。

在实践过程中,也不能忽视社会实践活动项目成本的管理。尽管在申报社会实践项目时,就已对社会实践所需经费进行了申报,但是在实践环节中,仍应该进行成本的控制,并树立以用最小投入去获得最大价值的意识。

最后,项目管理小组不能忘记项目风险性。在该团队中,项目管理小组进行了组内约定,提高认识,狠抓内部风险防控意识。例如,实行每两小时组内手机打卡,确保不出现个人单独行动的情况;天气闷热,每次外出需备藿香正气水等。

3. 评价反思阶段:自我反思、项目反馈

虽然在整个实践环节中,该团队都会进行每日总结和信息的实时反馈,笔者也会对该团队的进度以及实践过程进行实时的反馈与调整,但是最终的自我反思和项目反馈依旧不可缺少。

团队领队小叶这样总结:"当我可以结合自己的专业去讲述家乡龙泉青瓷的故事时,除了兴奋,我收获更多的是感动。对于此次的社会实践,我主要有三方面的体会:一是大学生社会实践应紧密结合自身专业,因为这不仅可以强化专业知识,更能拓宽自己的眼界;二是学院构建'项目制、全程式'的社会实践模式,让我全程受益;三是学校强有力的多元支持体系,让我在访谈受挫的时候,得到了最大的安慰。"

团队成员小马如此总结:"身为设计专业的学生,我可能更关注青瓷的构造、着色等,但是本次社会实践让我接触到了商学方面的知识,让我了解到,对于产品而言,除了自身层面外,对外销售渠道、营销宣传、群众口碑等同样是非常重要的。"

团队成员小陈如此总结:"我一直对讲好中国故事很感兴趣。尽管我学的是翻译专业,但我始终没有找到讲好中国故事的好途径。在这次社会实践后期的献言献策环节中,我们团队提出可以将青瓷文化翻译成英文,然后把青瓷故事讲给外国人听,我意识到原来翻译专业可以助力传统文化,让传统文化走出国门。这让我对学习翻译专业有了更坚定的信心。"

就笔者而言,本项目的价值远不在于此。团队成员小陈在一年后凭借《文化

传播的第三条路径:传统工艺搭载网红快车》参加浙江省大学生职业生涯规划大赛并取得了不错的成绩;两年后,小陈成为一名正式的带货主播,他说希望结合自己的专业,为中国传统文化助力,让中国传统工艺走出国门,走向世界。团队成员小叶成了一名英语授课教师。2022年11月校友返校时,他与学弟学妹们如此说道:"当我结合自己的专业,讲述家乡青瓷的故事时,这带给我极大的满足感;我享受这样的过程,更享受以自身能力讲述中国故事的满足感。而这就是让我走向讲台,成为一名人民教师的初衷。"而这就是社会实践联结生涯教育的最大意义。

第九章

创 造——"五位一体"之创新创业教育

一个人能够自由地思维和自主地思想是"何以为人"的基本凭据,一个国家和民族能够形成伟大的创新创造力量,是其立足于世界民族之林的重要基础。从这个角度出发,包括生涯教育在内的一切教育的最终目的,都不是培养鹦鹉学舌的模仿者,而是培养能够独立思考的创造者①,要通过学生创新思维和创造能力的持续培养,提升学生的生涯竞争力,为整个民族创造力的提升奠定基础。

国家的创造力是国家综合国力的重要体现,也是国家长久竞争力的重要保障。据每日财经中文网 2020 年 9 月 3 日的报道,世界知识产权组织(WIPO)近日正式发布"2020 全球创新指数报告"(GII),该报告显示了全球 131 个国家和地区的技术创新能力的强弱。WIPO 指出,"世界创新中心正在逐步向东转移",不少亚洲国家创新力排名上升,其中,中国跃升创新力十四强,日本则略输一筹,排名第 16 位②。中国国家创新能力排名的不断提升,彰显了国家近年来在创新型人才培养中取得的积极成效,但是相较于我国的综合国力和国际影响力,国家的创新力提升还有很长的路要走。国家发展的命运系于教育,只有通过开放包容创新的教育体系源源不断地实现高素质创新型人才的培养,才能持续性地提升国家的创新能力。由此,不论是基于学生个体的成长,还是基于国家整体创新

①　郅庭瑾. 为思维而教[J]. 教育研究,2007(10):44-48.

②　吕佳敏. 2020 全球创新力排名:中国第 14! 日本紧随其后,美国居然不是第一[EB/OL]. (2020-09-03)[2022-05-10]. https://baijiahao. baidu. com/s? id＝1676795251141533486&-wfr＝spider&for＝pc.

能力提升的现实需要,在建构"五位一体"的生涯教育体系过程中,都应该将创新创业教育置于重要的位置。

第一节　创新创业教育的内涵与特质

随着经济社会的发展,"大众创业、万众创新"已成为时代发展的潮流。在此背景下,2015 年国务院制定了《关于大力推进大众创业万众创新若干政策措施的意见》(国发〔2015〕32 号文件),地方各级政府积极响应,相继制定相关配套政策,鼓励创新,支持创业,清华大学、复旦大学等高校纷纷发布关于深化创新创业教育改革的实施方案,创新创业教育蓬勃发展,成为高校人才培养不可或缺的一环。

大学生作为未来社会建设的主要力量,对其进行创新创业教育,培养创新意识,激发创业潜能,提高大学生创新创业的能力,不仅有利于大学生适应日益激烈的社会竞争,提升自身综合素养,还能帮助大学生更好地实现生涯目标,促进国民经济的可持续发展。然而,当前高校的创新创业教育内涵并没有得到充分明确,在教学实践的过程中,创新创业教育仍然不能完全融入大学教育教学的全过程。面对高校创新创业教育的困境,优化创新创业教育常态,充分发挥创新创业教育在生涯教育体系中的价值,不仅是创新创业教育自我改革的要求,更是创新创业教育发展的必然趋势。

一、创新创业教育的内涵

从概念本身出发,"创新""创业"是"创新创业教育"的基本要素。因此,对创新、创业、创新创业教育等概念的澄清,是认识和研究创新创业教育的基础与逻辑起点。

1. 创新与创新教育的内涵

自 20 世纪 90 年代以来,"创新"一词被引入中国的科学技术等相关领域,"科技创新""自主创新"等各种提法纷纷出现,并迅速扩散到社会、经济、生活等各方面。目前人们谈及较多的创新有广义与狭义之分。狭义的创新将技术与经济相结合,意为技术、方法、产品的发现、改进或组合;广义的创新更注重思维层面的锐意进取、勇于开拓的精神以及态度转化的一种创造,是对原有事物的重新排序组合,在技术、知识或思想层面的创新,还包括科技含量极低甚至"零科技"的创新①。

从广义的视角来说,创新教育是培养受教育者的创新意识、创新思想、创新技能、创新素质,并以创新人才的培养为最终目的的一种教育活动②。高校开展创新教育就是为了培养大学生的创新意识,使其将所学的知识统合重组,发现问题并解决问题。在此过程中,大学生应注重思考,善于思考,而非被动地接受他人思维成果。

2. 创业与创业教育的内涵

"创业"一词在我国历史悠久,《辞海》中的意思是"开创基业"③。但因创业是一个跨学科领域的复杂现象,至今学界未对其定义达成共识。但有意思的是,学界关于其内涵的认知有一点是公认的,即创业不单单指创办企业,也是创始人发挥创造力、承担风险的意志品质,组织团队、利用资源去识别机会、解决问题的过程④。史迪文·戈第恩在认可创业多维概念的基础上,认为创业不仅是拥有一个小企业,还包括具有创新精神,担任企业领导或创立一家新公司的过程⑤。因此,创新精神是创业的源泉,创业是开发个体,实现个体内在价值的过程。

从此意义上来说,创业教育不是让所有的大学生都成长为企业家,而是在创业教育的过程中,培养其创新精神与创业意识。高校的创业教育不是企业家速成班教育,也不是为了解决生计的就业培训,真正意义上的创业教育,应着眼于未来,是一种设定的创业基因,是一种面向创业革命开发人力资源的教育创新⑥。因此,中国学者徐华平将创业教育定义为以培养学生的创业意识、创业精

---

① 王占仁.确立追求实效的创新创业观[N].光明日报,2012-07-08.

② 高晓杰,曹胜利.创新创业教育——培养新时代事业的开拓者——中国高等教育学会创新创业教育研讨会综述[J].中国高等教育研究,2007(7):91-93.

③ 夏征农.辞海[M].上海:上海辞书出版社,2002.

④ KURATKO D F. The emergence of entrepreneurship education:Development,trends,and challenges[J].Entrepreneurship Theory and Practice,2005(5):577-597.

⑤ GEDEON S. Application of best practices in university entrepreneurship education designing a new NBA program[J].European Journal of Training and Development,2014(3):231-253.

⑥ 中华人民共和国教育部高等教育司.创业教育在中国:试点与实践[M].北京:高等教育出版社,2006.

神与创业能力为价值取向的教育理念与教育模式①。

3. 创新创业教育的内涵

创新创业教育是中国本土化的一个理论创造,在借鉴西方发达国家创业教育的基础上,创造性地提出并全面开展大学生创新创业教育②。2010 年,《教育部关于大力推进高等学校创新创业教育和大学生自主创业工作的意见》指出,创新创业教育是以提升学生的社会责任感、创新精神、创业意识和创业能力为核心,适应经济社会和国家发展战略需要而产生的一种教学理念与模式。自此,我国高校创新创业教育开始进入正轨。

二、创新创业教育的特质

创新创业教育不是创新教育与创业教育概念的重叠,是在建设创新型国家和促进以创业带动就业的发展战略的背景下,适应经济社会发展方式转变,为社会主义建设事业培养创新型人才的新型教育模式。高校创新创业教育的对象为全体大学生,其定位是为大学生终身可持续发展奠定基础的综合性教育,实质是提升学生的社会责任感、创新精神、创业意识和创业能力,最终使学生成为具有开创性特质的个体。

1. 主体性

创新创业教育是开发个体,并实现个体内在价值的过程,其重点在于挖掘受教育者的潜能,将其培养成为具有创新意识、创业能力的主体,在此过程中,受教育者与施教者的主体意识非常重要。主体意识也就是主体性,主要表现为独立性、自主性、创造性与能动性。在创新创业教育过程中,一方面受教者为大学生,大学生基数庞大,成长环境与个性特质千差万别,因此,创新创业教育过程需要关注学生的不同特质,有针对性地开展教学,尊重学生、信任学生,将"以生为本"贯穿整个教育过程,充分调动学生的主动性与积极性;另一方面,施教者为教师,教育过程的开展很大程度上取决于教师的自身素质与能力,因此,要充分调动教师的独立性与自主性,发挥教师在创新创业教育方面的创造性,开创性地搭建学

---

① 徐华平.试论我国高校的创业教育[J].中国高教研究,2004(2):2.
② 宋妍.高校创新创业教育与思想政治教育关系研究[D].长春:东北师范大学,2017.

生的成长平台,使课程效果最优化。

2. 创新性

创新创业教育是社会经济急速发展的需要,是多元文化价值取向的需要,也是大学生成长成才的需要,开放性、多样性、创新性是它的必然属性。但事实上,并非每个人都会创业,创业亦非适合每个人。因此在创新创业教育过程中,创新是灵魂,创业是对现实的超越。高校开设的创新创业教育更多的是培养大学生的创新精神与创造思维,尤其是对创新操作能力的拓展,以及创新思维与创新意识的培育与塑造,而创新思维与创业意识的培育是创新创业教育的核心特质。

3. 实践性

创新创业教育与传统教育不同,尽管它有明确的培育理念,但它并非单纯的理论教育。创新创业教育不仅要让大学生习得创新创业技能方面的知识,更注重对思维方式的培养,强调实践教学中学生的动手能力以及学生自主创新创业能力的开发。因此,开设创新创业课程本身需要与创业实践基地等相联动,其教育目标的设定也需要考虑创业实践的实际,最重要的是,其教学效果源自课外实践,一方面教师的教学素材来源于生产一线的实际经验,另一方面学生的教学成果检验也需要经历生产一线,直接运用于实践。

第二节　高校创新创业教育的现状与问题

创新创业教育已成为我国高等教育体系的重要组成部分,与大学生生涯规划紧密相关,在推动高校毕业生就业、培养创新创业人才等方面发挥了重要作用。但是我国的创新创业教育起步较晚,仍处于探索阶段,因此要更好地了解我国当前高校的创新创业教育要从创新创业教育在我国的发展阶段入手,并通过政府、高校、学生个体等层面分析目前存在的问题。

一、我国创新创业教育的发展历程

我国的创新创业教育较国外而言起步较晚。纵观我国大学生的创新创业教育大体分为三个阶段。1998年,中央教育科学研究所首次提出"创新教育"理念,并推动各级教育机构开展创新教育的研究与实践①。其后,清华大学率先引入联合国劳工组织开发的"创业教育系统课程",并发起创业计划大赛,开启了中国高校对创业教育的探索②。复旦大学、武汉大学、华东师范大学等高校紧随其后,在创业教育领域逐步形成自己独有的理念,但该阶段进行创新创业教育的高校仍为少数,主要是部分高校的独立探索阶段。

1999年,《面向21世纪教育振兴行动计划》正式提出加强对教师和学生的创业教育,鼓励其自主创办高新技术企业。2002年,教育部将清华大学、中国人民大学、武汉大学、南京财经大学、西安交通大学等9所高校确立为创业教育试点高校,标志着我国创业教育由高校自发探索阶段进入了政府引导阶段③。

2010年,"高等学校创新创业教育和大学生自主创业工作"视频会议的召开被视为我国全面推进大学生创新创业教育的起始点。随后,教育部出台《关于大力推进高等学校创新创业教育和大学生自主创业的意见》,从国家层面上,强调创新创业教育是适应经济社会和国家发展战略需要而产生的一种教学理念与模式,并敦促相关部门要全力以赴加紧落实关于促进大学生创新创业的相关政策。至此,创新创业教育正式成为高校教育改革的重要内容。

2015年,国务院印发《关于深化高等学校创新创业教育改革的实施意见》,强调将深化高校创新创业改革作为推进高等教育综合改革的突破口,将解决高校创新创业教育存在的突出问题作为深化高校创新创业教育改革的着力点④。党的十九大报告更指出,创新是引领发展的第一动力,创新创业教育的核心是主动适应经济发展新常态,推进教学、科研、实践紧密结合,培养学生的创新精神、创业意识、创新创业能力。

2021年,国务院印发《关于进一步支持大学生创新创业的指导意见》,进一步强调了支持大学生创新创业的重要意义,并从国家的高度强调要深化高校创新创业教育改革,将创新创业教育贯穿人才培养全过程。

因此,我国的创新创业教育以顺应不同时期社会经济发展的需要而诞生。大学生创新创业教育是在经济发展新常态的背景下,在政府的大力推动下,高校

---

① "创新教育研究与实验"课题组,华国栋.推进创新教育培养创新人才[J].教育研究,2007(9):16-22.

② 赵金华,孙迎光.中国高校创业教育研究22年回顾与启示[J].现代教育管理,2012(11):83-88.

③ 衣俊卿.对高等学校开展创业教育的理性思考[J].中国高等教育,2002(10):3.

④ 张德江.对创业教育的认识与实践[J].中国高教研究,2006(5):10-11,14.

教育改革的重要内容。为中国经济发展服务,这是我国创新创业教育发展的基础与落脚点。

二、高校创新创业教育的现状

根据笔者在高校中的一线工作经验和文献检索分析结果,目前大学生创新创业教育的发展态势呈现以下特点。

1.大学生创新创业教育的政策不断完善

良好的政策环境是推动大学生创新创业教育较好运行的前提条件。2014年,李克强总理在夏季达沃斯论坛开幕式上首次提出"人人创新""万众创新"的概念,随后该概念被写入政府工作报告。中央对创新创业工作高度重视,并相继出台了关于大学生创新创业工作的相关文件,如《关于进一步做好新形势下就业创业工作的意见》(国发〔2015〕23号)、《关于深化高等学校创新创业教育改革的实施意见》(国办发〔2015〕36号)等。

各级政府积极响应中央的号召,结合地方实际需求,出台大学生创新创业相关文件,如《浙江省人民政府办公厅关于推进高等学校创新创业教育的实施意见》(浙政办发〔2016〕9号),强调要以培育学生创新精神、创业意识和创新创业能力为重点,建立科学的创新创业教育课程体系;山东省政府出台的《关于做好2016年全省普通高校毕业生就业创业工作的通知》(鲁政办字〔2016〕117号)强调各高校要重视就业创业指导工作队伍建设,建立完善以课堂教学为主,论坛、讲座、培训为辅,以"挑战杯"、大学生职业生涯规划大赛、创新创业设计大赛等活动为载体的多形式就业指导课程体系。可见,从中央到地方已经形成了立体式的创新创业教育政策支持体系,充分体现了党和政府对大学生创新创业教育工作的高度重视。

2.大学生创新创业教育的师资队伍建设初见成效

2002年,《教育部关于进一步加强普通高等学校毕业生就业指导服务机构及队伍建设的几点意见》指出,专职就业指导教师与专职工作人员,与应届毕业生的比例要保证不低于1∶500。此文件后,大多数高校都建立了以高校辅导员为主、就业指导中心的行政人员为辅的创新创业教育师资队伍,还有很多高校结合教学实际情况,邀请部分企业家、校友等担任兼职讲师,创新创业教育的师资队伍初见成效。

此外,自 2003 年开始,教育部主办"高校创业教育骨干教师高级研修班"对高校的创业师资进行常规性培训活动;自 2016 年开始,中国高校创新创业教育研究中心主办的"高校创新创业教育教师资格认证培训",通过顶级专家授课、学员相互交流、"双创"基地参观、线上线下翻转课堂等模式,向全国高校的创业学院院长与教师等进行授课,为高校的创新创业教育培育师资力量。近年来,国家启动了全国万名优秀创新创业导师人才库建设工作,为高校培育创新创业师资提供了良好的保证。

3. 大学生创新创业教育的教学模式基本形成

自创新创业教育开展以来,各高校结合实际,探索教学模式,已基本形成雏形。主要表现为,创新创业就业教育课程面向全体学生,大部分高校均开设了创新创业相关课程,如大学生职业生涯规划课程、生涯发展与就业指导课程等,内容包括创新创业理论、就业形势分析、就业政策解读、就业理论、就业技能技巧等。帮助大学生了解创新创业背景、目前的就业形势,引导大学生适应社会需要,实现顺利就业。甚至有些高校还逐渐将创新创业课程纳入学生必修课,规定学分要求,对教育方法、管理结构等方面进行探索,教育模式基本形成。

此外,经教育部批准,创业教育国家级精品资源共享课相继推出,例如大连理工大学冯林老师的"创新教育基础与实践"课程、柳州职业技术学院许明老师的"就业与创业"课程、浙江师范大学陈明昆老师的"中外职业教育概论"课程等;创新创业类图书品种逐渐增多,内涵逐渐延展……这些都为高校创新创业教育注入了新的活力。

4. 大学生创新创业教育的成效初显

随着中央和各级政府对创新创业教育的重视,高校对创新创业教育相关工作的切实推进,大学生创新创业氛围日益浓厚,教育成效初显。2017 年,中国人民大学发布《2016 中国大学生创业报告》,其数据显示,近 90% 的在校大学生曾考虑过创业,18% 左右的大学生有着强烈的创业意向。2018 年,人力资源和社会保障部相关负责人表示,2018 年在工商部门新登记注册的大学生创业总数达47.8 万人,比上年增加 11.9 万人。

大量的数据都表明,在创新创业教育的推动下,大学生就业观念发生着悄然改变,这不仅为高校的创新创业教育开展提供了条件,更是对高校如何开展更行之有效的创新创业教育提出了更高的要求。

三、高校创新创业教育的问题

1. 大学生创新创业教育的政策支持力度仍然不够

近年来,不管是中央还是地方,对大学生创新创业教育的重视程度累年递增,提出了创新型国家战略,实施了开设融资、税收优惠、创业设施等优惠政策,鼓励大学毕业生创新创业,但创新创业政策的针对性不强,政策操作性有待提高,政策法规的完善度不够。

其一,大学生创新创业政策不等同于大学生创新创业教育政策。尽管,对于大学生就业而言,我国的大学生创新创业政策是促进大学生就业的一项举措,但是举措的针对性不强,零星散落在就业创业文件中,大部分的创新创业政策仅仅停留在针对毕业生创业层面。而国家出台的一系列创业扶持、税务减免等政策,又设置了较多的标准和条件,对于缺乏社会经验的大学生而言,这些政策可望而不可即。其二,创新创业政策也多是针对毕业生,针对在校生的政策极少,导致高校创新创业教育与学科专业教育仍存在脱节。其三,一套行之有效的政策法规应该是一个统一的有机整体。但我国创新创业政策,从最初的个别部门单独制定,到现在多个部门参与,仍没有形成牵头抓总部门,相关部门统筹协调不够充分,工作职能相对分散,制定政策时很难做到从创新创业的整体角度出发来考虑问题,导致制定与执行之间无法有机联合。

2. 大学生创新创业教育的教育理念偏功利化

创新创业教育的最终目标是为了培育大学生的创新创业意识,但是部分高校受制于传统就业为先等观念的影响,对创新创业教育理念的把握仍有缺失。

其一,过度强调创新创业的社会经济价值,而忽视了对大学生的精神价值的引领。片面关注大学生创新创业的热情和参与度,注重创业知识的教授和创业项目的推进,而忽略了对创新精神的培育,对一些急功近利、盲目选择的创业观念没有采取及时有效的制止手段。其二,过度注重创新创业的个体发展价值,而忽略了社会价值的引领。由于片面强调个体的创业目标,满足个体的需求,从而使大学生容易以金钱、荣誉等为创业发展的动力,忽略了为社会服务、为国家谋福利的社会价值。其三,过度强调标准化的课程设置和考试方式,忽略了学生的主观能动性,从而使学校不能培育出具有批判精神,会思考、善思考的高素质大学生。

3. 创新创业教育的课程体系设置有待完善

创新创业教育有别于传统的教育,创新创业教育不仅需要教育理念与实践形式的有机融合,更需要大学生在拥有专业知识的基础上在实践中运用此种能力。但是尽管我国创新创业教育的课程数量不断增长,但是其课程设置、课程内容等方面仍存在一些问题。

其一,课程设置重理论、轻实践,重创业、轻创新。从目前高校的实际情况看,创新创业教育以课堂教学为主,其教学内容主要是创业政策法规、创业基础等同质性较强的理论课,课堂本身缺乏创新性,理论知识与实践活动的结合也不够紧密,使得学生的实践能力难以得到充分的展示。此外,一般的内容都围绕创业设计,而在创新意识的培养、创新意识的塑造等方面仍然欠缺。其二,课程内容没有与专业相结合,没有与思想政治教育相结合。由于缺乏学科基础,大多数高校的创新创业课程仍然是以通识课的课程形式出现,在教育目标、教学内容等设计上,没有和学科专业、思政课堂进行有效整合,更缺乏基于学生需求、跨学科、重思维培育的创新创业课程设置,不利于创新创业教育的专业性发展。其三,授课方式仍然单一,实践教学无法切实落实。创新创业课程的成功依赖于实践教学。在进行创新创业教育的过程中,教师需通过理论阐述、报告分享等形式进行课堂传授,并在此过程中根据不同学生的现实需要做出不同的选择。然而目前在许多高校中,这些环节都流于形式,不仅对实践教学缺乏有效的管理、指导、总结等必要环节,一些有实操意义的实践也被创业类竞赛所取代,使实践环节未能发挥应有之义。

4. 创新创业教育的师资力量仍然薄弱

创新创业教育是高校需要长期重视的系统工程,教师是学校教学活动的组织者和实施者,只有高质量的教师队伍,才能培养高质量的学生。就创新创业教育而言,师资力量仍然存在较大的空缺:一方面是由于高校不断扩招,本身就面临教师资源紧张的问题;另一方面尽管教育部会围绕创新创业教育开展针对性的教师培训,但是参与培训的学校和教师数量仍然有限。

具体来说,从师资队伍的配置来说,校内专业从事创新创业的教师数量远少于兼职教师的数量。就目前高校的情况来看,创新创业教育的兼职教师主要是由学生工作、就业指导部门的教师承担,而这些教师投入学校创新创业教育教学中的时间和精力较难保障。尽管某些高校采用校外聘用讲师的方式来解决师资匮乏问题,但是校外教师随意性强,缺乏制度保障,无法形成有效机制。从师资队伍的能力资质来看,创新创业教育对师资能力有较高的要求,既要具备丰富的理论知识,还应该具有一定的创新创业实战经验,才能启发学生的创新思维,但是大多数高校创新创业教育的授课教师还不能很好地满足这些要求。

5.师生创新创业意识有待加强

大学生创新创业教育实质是为大学生的全面发展奠定基础,使大学生拥有规划自身生涯的能力和意识,但目前高校及教师并没有深入思考这些问题,教师与大学生自身的创新创业意识均有待加强。

其一,学生对创新创业理解上存在偏差。尽管大学生对于创新创业的意愿比较强烈,但大学生参与创新创业活动的积极性不高、对创新创业教育的重视程度不够。一方面是大部分大学生并没有真正理解学校开展创新创业教育的意义,很多学生仍然觉得创新创业教育是针对少部分想创业的学生的非常规教育,自己只是旁观者;另一方面是大学生自身的素质仍有待加强,很多学生对人、事、物的认知仍然不够成熟,尽管在课堂中习得了部分创新创业的知识,但是难以投身实践,理论联系实际的能力不够。其二,很多教师对于创新创业教育也存在理解上的偏差。有的教师甚至认为创新创业教育的开展,影响了大学教育的纯粹性。因此,部分教师的教学积极性较弱,没有从主观上去思考如何将专业与创新创业相融合,更不会去深究如何提升大学生的创新意识与创业能力,如何才能促进大学生的全面发展。

第三节　"五位一体"生涯教育中的创新创业教育路径

大学生创新创业教育所遇到的困境是由多方面的原因造成的,因此对其进行优化也需要从多方面入手,逐一优化,形成合力。本书围绕创新创业教育的本质,从社会、高校、家庭以及大学生个体四个维度探索创新创业教育的优化对策,试图建构"多主体系统参与"的大学生创新创业教育模式(见图9-1)。

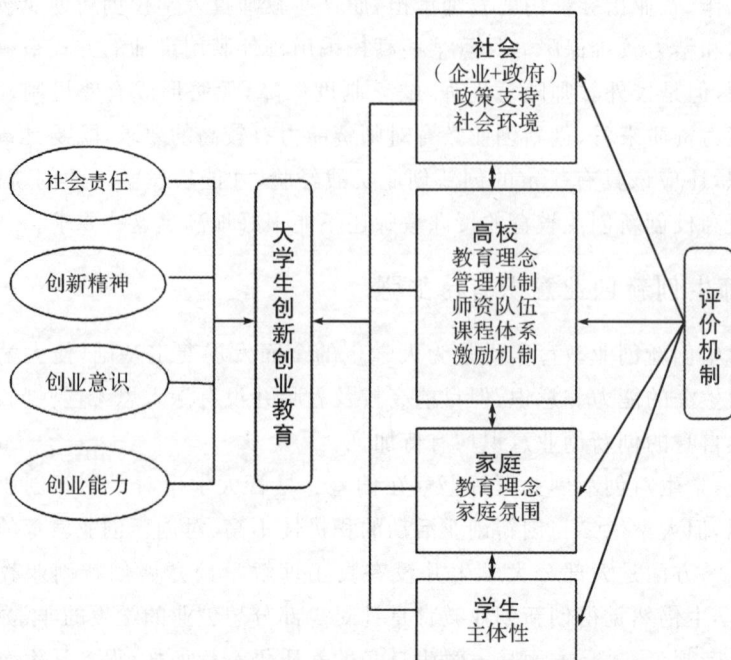

图 9-1 "多主体系统参与"的大学生创新创业教育模式

一、建构社会支持体系，发挥环境育人功效

高校的创新创业教育若要取得实效，就需要发挥社会的力量，形成合力。社会支持体系不仅包括政府的政策支撑、创新创业的社会氛围营造，更包括高校与企事业单位的合作模式的探索等。因此，构建创新创业教育的社会支持体系不仅可以有效推动大学生创新创业教育，而且可以弥补高校在创新创业教育的不足。

1. 完善政策法规，构建政策框架，加大大学生创新创业的政策落实

政策法规是高校进行创新创业教育的法理依据，为了凸显高校创新创业教育的重要性，政府应该进一步明确社会、政府、高校、企业等相关主体在大学生创新创业教育中的义务与责任，同时出台政策法规为大学生创新创业教育提供法理依据。尽管国家已经出台了较多关于创新创业的政策文件，但是大多是针对毕业生的扶持性政策，针对在校大学生的文件较少。因此国家需要出台针对在

校大学生创新创业教育方面的操作性文件,不仅让高校明确每一发展阶段学校的任务,也让学生自入学就开始明晰自身在创新创业方面所要达到的目标与任务。另外,任何政策如果只发布、不执行就会失去其真实的意义,因此,地方政府要切实履行监管高校的责任,高校也需要贯彻国家关于创新创业的文件精神,将大学生创新创业教育做实做细。

2.营造文化环境,引导社会舆论,创造有利于大学生创新创业的社会环境

大学生尽管处于"象牙塔"之中,但是仍然受到社会文化环境的影响,在此过程中,潜移默化地形塑着自己的价值观。社会舆论、社会环境等直接影响大学生创新创业教育的成效,有时甚至起着决定性的作用。因此,一方面需要塑造有利于大学生创新创业活动持续开展的价值取向,在大学生践行创新创业实践活动时给予支持,在大学生创新创业活动失败时给予宽容;另一方面需要引导社会舆论,树立创新创业典型,发挥榜样作用,为树立创新创业信念与意识提供良好的培育条件,激励更多的大学生投身创新创业活动中。

3.建立社会合作,形成培育合力,创设有利于大学生创新创业教育的合作共同体

大学生创新创业教育仅靠高校的力量太过于局限,应该建立支持系统,联合政府、企业与其他各方力量,统合社会资源,形成大学生创新创业的合力。积极开展产学研合作模式,即高校依靠政府的支持、企业的扶持,共同作用于大学生创新创业教育。该模式不仅为提升高校的创新创业教育注入动力,更为企业的发展提供人力资源与技术支撑,为政府的积极作为奠定基础,实现高校、企业与政府的多赢。此外,还可以利用地理位置、文化特征等区域优势,由教育部、教育厅牵头,建构高校之间的合作平台,开展区域合作,实现图书馆、创新创业师资、实训基地等教育资源共享,促进区域内高校资源的优化配置,为大学生创新创业教育提供更好的实践条件和教育条件,为建构更富有区域特色的高等教育合作共同体提供可能。

二、挖掘高校教育资源,发挥高校育人作用

高校作为大学生创新创业教育的实施主体,在开展大学生创新创业教育过程中有着不可推卸的责任,因此,不论是创新创业的教育理念、管理机制,还是师

资队伍培育、课程体系等方面都需要进一步的完善。

1.明确教育理念,以生为本,引导大学生树立正确的创新创业意识

高校创新创业教育理念的明确,决定了教师的行动方向,也决定了学生的发展方向,规定了课程内容的设置和教学方法的选用。因此,高校的创新创业教育理念要与经济发展的内在要求相一致。党的二十大报告指出,"创新才能把握时代、引领时代","坚持教育优先发展、科技自立自强、人才引领驱动","着力造就拔尖创新人才"。换言之,高校应培养大批符合"创新型国家"需要的人才,满足"创新型国家"建设的需要。这就为高校的创新创业教育指明了方向。高校的创新创业教育理念要以生为本,与大学生全面发展需求相一致,与高校生涯教育的最终目标相一致。高校的创新创业教育不是为了把每一个学生都培养成企业家、大老板,而是为了促进大学生的全面发展,让大学生拥有创新思维,为大学生提供创新平台。因此,其教育目标不仅要引导学生认识自身的物质需求,还需要激发学生的主动性与创造性,注重学生的社会责任感培育,使学生拥有创新精神与创业能力,具备国际视野,让其成为社会所需要的、知行合一的高素质创新人才。

2.加强组织管理,明确职责,为大学生创新创业教育提供组织保障

高校党委是大学生创新创业教育的最高领导机构,是大学生创新创业教育工作的领导者与顶层设计者。因此,高校的创新创业教育要得到保障,首先,需构建以高校党委为核心的创新创业教育管理体制,将大学生创新创业教育纳入学校的整体规划中进行谋划;其次,需要建构校级大学生创新创业教育领导小组,这个领导小组不仅负责牵头制定大学生创新创业教育的总体实施计划,还需要协调各部门将创新创业教育落到实处;最后要建立健全大学生创新创业教育的专职部门,这个部门要按照文件要求,配备专职人员,确定专门职责,同时还需要有教学服务意识,为大学生创新创业教育选配合适教师,组建教学团队,专门从事创新创业教育的课程建设,致力于实现大学生创新创业教育的"校本化",并为大学生创新创业实践提供支持。

3.注重师资队伍,确保从业资质,为大学生创新创业教育提供质量保证

针对当前大学生创新创业教育中师资力量不足的问题,应拓展创新创业授

课教师的来源渠道,确保教师的授课资质,为大学生创新创业教育提供质量保证。一方面,创新创业教育的特殊性,决定了教授此课程的教师需具备多学科专业知识,因此,高校需要充分挖掘资源,充分利用教学、科研、行政、教辅、辅导员等不同岗位的教师,吸收合适、优秀的人员担任创新创业的教师,此外还可以通过高校合作、校友加盟、校外导师等方式,拓展创新创业教师的渠道。另一方面,多元化的教师队伍更需确保授课教师的授课质量,因此,授课教师必须具备特有的素质和教学能力,比如思想道德素质高、具备相应的创新创业理论与实践知识等。只有具备这些基础的标准,并兼具特殊创新创业经历或才能的教师,才能为大学生创新创业教育赋能,为大学生创新创业教育提供质量保证。

4. 科学设置课程,推进课程融合,为大学生创新创业教育注入新活力

课程体系合理与否,直接关系到培养人才的质量高低[①]。因此,大学生创新创业教育是否能发挥应有之义,很大一部分取决于创新创业课程体系的设置是否科学。大学生创新创业教育课程体系的设置要先从目标着手。大学生课程设置目标有两层含义:其一是将大学生培养成为富有社会责任感,具有良好思想道德素质,富有创业能力和创新意识,能自食其力的大学生,这是创新创业教育的底线;其二是根据学生个体的需求,分类施教,重点培育有创业意向的学生,培育他们的核心创业素养,提供政策、技术咨询,并引导其逐步接触社会,与相关企事业单位进行良性互动,以创业带动就业。在此基础上,要以目标为引导对创新创业的课程体系进行完善。创新创业教育的两层含义,决定了创新创业教育应将普适性课程与进阶性课程相结合。所谓的普适性课程,即有教无类的通识课教育,是指面向所有学生系统而广泛地开展创新创业教育,其内涵为道德素质、生涯意识、创业意识、创新精神以及创业能力五大部分,其目的是让学生建立初步的创新意识,并有意识地进行创业能力的培养。在普适性课程的基础上,学校还应该提供进阶性课程,即提供可供学生选择的选修课,该类课程针对不同学生所具备的潜能,实施个性化的培育模式,有计划、有目的地将其培养成社会企业家或创新创业家。

创新创业教育课程体系的设置始终将学生的思想道德素质教育放在首位,模糊学科界限,重视跨学科研究,此外还需重视创新创业的实践性。其一,创新

---

① 　全国十二所重点师范大学.课程论[M].北京:教育科学出版社,2007.

创业教育将思想道德素质放首位,这与生涯教育中的理想信念教育放首要位置相契合。创新创业教育尽管是以培养学生的创新意识与创业能力为直接目标的教育,但其更关注大学生的身心健康,关注大学生的全面发展,关注大学生为社会主义事业服务的理念,因此,大学生正确的价值观是进行创新研究与创业开拓的前提。其次,创新创业教育要模糊专业界限,将创新创业教育融入学生的专业教学中。比如,发掘专业课程中创新创业的资源,支持专业教师在专业教学中融入创新创业教育;又如,鼓励学生根据自己的专业或兴趣选择创新创业教育的偏好,鼓励理科生偏重创业技能,文科生偏重创新思维;又比如,将创新创业教育与专业实习相打通,构建入门、应用、研究三个层次的系统化课程。最后,创新创业教育一定是重实践的教育,高校要将专业教学、社会实践、实习实训等活动结合起来,循序渐进地对大学生创新创业教育进行设置,通过学校、企业、社会等多方资源,落实创业实践平台和基地,真正将创新创业实践落到实处。

5. 健全激励机制,激发主体动力,确保大学生创新创业教育的持续开展

持续开展大学生创新创业教育不仅要对施教者进行激励,也要对受教者进行有效的激励。高校的传统激励模式,对于教师而言,一般以职称需求、自我发展需求等为基础进行激励;对于学生而言,一般采用奖学金、竞赛获奖等方式进行激励,但此种激励方式效果并不理想。

激励若要取得效果必须从个体实际出发,满足个体内在需求。对于参与创新创业实践的教师和学生来说,见证自己的成长,达成自己的目标才是最大的激励。因此,一方面,高校的创新创业激励可以是给表现优异的学生和教师提供技术、资源、场地等软硬件支持,帮助教师和学生进行成果转化或早日实现创业梦想;另一方面,高校的创新创业激励需要采用人性化的激励手段。比如,学生可以通过成长手册的方式,记录其发展变化的过程,让学生从内心深处认可创新创业教育;教师可以通过学生对教师的感恩,从获得感的层面,让教师感受到自己对学生的帮助。值得注意的是,激励模式的构建,需要及时、全面、准确的信息沟通机制,并且需要奖惩分明,公平合理。只有这样,才能真正调动学生与教师的积极性,充分发挥奖惩的意义。

三、改变家庭教育理念,营造良好家庭氛围

在伴随个体成长的全过程中,家庭有着学校、社会不可替代的独特作用,家

庭的支持将会对大学生创新创业活动产生重要且持久的影响。近些年来,家庭教育意识逐渐增强,家长对子女教育方面的重视程度日益增加,但是在对待子女创新创业问题上,大多家庭的观念仍然比较保守与陈旧。一些家长不仅对子女的创新创业行为不支持,甚至出现随意打压的情况,使大学生的创新创业意识消失殆尽。因此改变家庭教育理念,赢得家庭的支持,对于高校创新创业教育的顺利开展至关重要。

家庭对于高校创新创业教育的支持体现为两个方面:其一是家庭为大学生提供较好的物质支持或者社会网络支持,例如创业启动资金、场地、设备、人脉等;其二是家庭为大学生提供和谐稳固的精神支持,包括对创业计划的赞同、对创业失败的包容等。此外,家长还可以实时关注子女的需求,利用各种机会与子女沟通交流。例如,家长可利用网络平台等了解关于大学生创新创业的政策,主动培养子女的创业意识、创业动机以及创新意识,并为子女健康的创业心理塑造提供帮助,以实际行动促进子女的全面发展。

四、激发学生主观能动性,发挥自我提升功效

社会、高校、家庭说到底这些都是创新创业教育的外在影响因素,而大学生认同创新创业教育,在创新创业教育中发挥主观能动性,这才能使大学生创新创业教育效用最大化。

其一,当前大学生对高校开展的创新创业教育仍存在误区。有的大学生认为创新创业教育是非常规的教育,目的是挖掘创新创业潜能,自己没有这方面的天赋,因此与自己无关。还有的大学生对自己的未来发展存在惯性思维,认为自己就应该进企事业单位,独立开办企业等路径与自己毫无瓜葛。因此,要调动大学生的主观能动性,首先就要让大学生了解创新创业教育之于个体的重要性。创新创业教育不仅仅是挖掘创新创业潜能的教育,更是为了促进其创新意识的培养,促进其全面发展。只有大学生对创新创业教育深度认同,从个体需求的角度推动高校的创新创业教育,才能使创新创业的模式更加多元,才能使创新创业教育更具持久性。其二,大学生因为长期生活在大学校园内,缺乏社会实践经验与阅历。因此要提升大学生的创新创业意识、激发其主动性,还需要在日常生活学习中,社会、学校、家庭等进行积极引导,帮助大学生树立目标、了解社会,有意识地培养大学生的意志力,让其即使遭遇困难也不退缩,保持良好的心态面对各种挫折,在不断提升自我的基础上,创造机会,实现目标。

五、改变创新创业教育评价系统，实现创新创业教育提质增效

合理、公正的评价不仅可以引导创新创业教育的发展方向，还兼具激励、诊断等功效，可以促进创新创业教育更好发展。因此，根据创新创业的四大内容体系，评价也需要多元化。关于创新创业教育的评价，因"多主体"系统参与的特质，其评价也具有多元性，包括政府评价、教师评价、学生评价等；因创新创业教育的渐进性、持久性，评价也需要全程性，需贯穿创新创业教育的全过程。

第一，针对创新创业教育，需构建多元化的评价体系。其一，要以教育教学为导向，建立科学合理的创新创业教育评价体系，并将其纳入本科教学质量评估。评价体系中，既要包含课程建设、师资队伍，还应该涉及社会影响力、校友成就以及项目建设情况等，从创新创业教育的实施过程、实施质量、实施成效等方面进行全面的评价，激发高校创新创业教育改革的动力。其二，对高校创新创业教育的评价不应该单纯地由政府负责，应该建构由政府统筹、社会参与的共同评价机制。政府从顶层设计进行评价，社会从社会需求、社会服务、社会辐射面等方面对高校的创新创业教育进行评价，让高校的创新创业教育不流于形式。其三，强化学生和教师的主体地位，重视学生和教师的自我评价，建立以学生发展为主、教师感受为辅的创新创业教育过程评估。学校需要重视学生的体验与教师的感受，只有学生认为满意、教师认为有效的创新创业教育，才是真正适合的创新创业教育。

第二，针对创新创业的主体，需构建全程式的评价体系。其一，对学生而言，创新创业教育要以生为本，注重学生在创新创业教育中的获得感，突出学生创新意识与创新能力的评价。因此，要改变传统的、单一的以考试为主的评价模式，应该把对学生的考核与评价贯穿于创新创业教育的全过程，并且不能仅看学生参与创新创业教育后短时间内的成效，而应该更注重在创新创业教育倡导下，学生个体性的发展和独立思考能力的表现。比如，开展创新实验，参加创新项目，自主研习，积极参与社会实践等都应该作为学生创新创业的成绩。其二，对教师而言，创新创业教育中对教师的评价不能仅看教师的培育成果，而要关注教师授课过程是否注重跨学科创新，是否将创新创业精神融入课程中。此外，由于创新创业授课教师的复杂性，高校应该根据教师的专业特征与专业特长，构建合理的考评体系，激励教师广泛参与创新创业教育。

第四节 "五位一体"生涯教育中的 创新创业教育实践案例

加强创新创业教育是高校深化教育改革,加快内涵式发展,提升大学生核心素养的重要举措之一。然对师范生开展创新创业教育确实存在着现实的困境。就师范生而言,从树立起成为人民教师的志向开始,他们就明晰了自己的生涯道路,对创新思维与创新创业意识的追求较其他专业的同学相对较弱;就学校而言,考虑到师范类专业的特殊性,不论是政策的制定还是考核指标的划分,对师范生都相对宽容;就企业而言,当前企业为师范生提供创新实践条件、资源等的积极性也不高。尽管如此,笔者所在学院一直坚持对师范生开展创新创业教育,强调以创新创业教育激励师范生走上自我发展的道路,引导师范生树立创新创业意识,以创业者思维培育就业者,从而将创新创业意识融入日常生活,不断提升师范生就业的核心竞争力。以下就是师范生在接受"多主体系统参与"的大学生创新创业教育后自身的改变情况,可从侧面反映学院开展"多主体系统参与"的大学生创新创业教育的实效。

案例一:凸透镜文创工作室

凸透镜文创工作室的开创者是 2018 级英语师范专业的小蔡同学。该案例的意义在于小蔡同学是学院创设部部长,一开始她毫无创业想法,却因创新创业课程中授课教师不经意的一句话击中了她,让她萌生了创业的想法。于是她不断找寻培训机会,从学院文创开始做起,挖掘自身潜能,在学校、学院以及家庭的帮助下,最终创立了凸透镜文创工作室。以下就是她的分享。

对于创业想法的由来,她这样说道:"原本就是想安安稳稳地考取教师资格证,成为家乡的一名英语老师。但是接受创新创业教育的时候,老师的一句话彻底打动了我:与其找'铁饭碗',为何不'造饭碗'。我当时就萌生了创业的想法,但因为是师范生,家长并不支持我,我自己也想不好做什么,处于有想法但始终没有采取有效行动的状态。身为学生会创设部的部长,在设计毕业季场景时,我的指导老师点醒了我,她说,'你的创意很好,也拥有

photoshop 技术,有没有想过自己创业?'这坚定了我创业的想法。"

对于文创创意的由来,她这样说道:"当我想创业的时候,我就很纠结自己师范生的身份、家长的态度等。创新创业教育的授课教师开解了我,不仅告诉我创业和师范生并不矛盾,还告诉我学校有很多资源和政策,我可以以自己的实际行动取得家长的认同。不仅如此,创新创业教育的授课教师还与我一同探讨了创业的方向,考虑节约成本,发挥自身优势,我们打算就从文创产品的设计开始。"

对于文创创业之路,她这样说道:"学校、学院、老师的支持是我坚持的动力,尤其是学校为我提供场地,学院为我寻求专业人士的指导,老师为我实时答疑解惑,以及学校、学院为我提供产出文创产品的机会等;创新创业课程体系的设置也让我受益匪浅,我记得我大一的时候上创新创业教育课程,其实老师就是在我的心里埋下创业的种子,告诉了我,人人可以创业,事事可以创新;大二的时候再上这个课,更多的是创新精神和创业意识的培育;但是大三、大四的时候,尤其是我有了创业想法之后,创新创业教育课程更有针对性,不仅告诉我何为创业能力,如何培育创业能力,还特意为我们拥有创业想法的同学开设了专题课程,比如怎么注册公司,又比如如何营销等。因为学院、学校的帮助,我取得了一定的经济效益,我的父母也慢慢理解了我给予了我很大的支持,最终帮助我一起办理了营业执照。现在我与四名设计师合作,其中 2 位是艺术专业在校学生,专业的学科背景与共同的母校情怀更是激发了集体的创作灵感,但是我们的产品已经不再局限于学校。在生产方面,我们与几家印刷厂、服装厂达成了合作关系,现在开始探索线上销售渠道,承接企业、中小学等各类文创产品的设计与开发"。

案例二:齐动网络科技有限公司

2018 年暑假,在笔者所在学校"齐动网络科技"项目团队备受关注。此团队以浙江省第十一届"挑战杯·萧山"大学生创业大赛为契机,由师范专业学生小刘自发组建。为顺应党的十九大报告提出的"全民健身、体育强国"号召,解决线下自主运动所产生的"找不到人打球""没球场"等问题,该团队希望打造一个全新的、提供运动一体化服务的手机 APP(乐球 APP)运营平台,为球类运动爱好者提供球友寻找、场馆教练预约等便利服务。因受到新冠肺炎疫情的影响,该项目自 2019 年末开始试运营,于 2021 年初终止运营。但是笔者于日前联系到小刘,谈及当年的这个项目,小刘仍然认为,这个项目改变了他待人处世的方式,让他改变了固有的思维,使他对未来充满期待。尽管他已然成为一名人民教师,但是若疫情形势好转,他依然愿意再为这个项目而努力。

对于创业想法的由来,他这样说道:"其实作为师范生,我从来没有想到要去创业。大一时,学校创新创业教育课程组织过一次兴趣测试。测试结果出来后,我发现自己占比最高的是企业型人格,非常适合创业,这让我对自己有了新的期待。但因为家境原因,总觉得创业离我太过遥远,因此我也逐渐放下了这个想法。到了大二的时候,学校组织了'挑战杯'比赛,我不仅可以选择心目中的创业导师,更可以实现自己的创业梦想,让我又有了勇气和去尝试的信心。"

对于"乐球 APP"创意的由来,他这样说道:"尽管我的专业是英语师范,但是专业教师们始终告诫我们专业不能限制我们未来的发展,我们不仅可以以创业者的思维做一名优秀的就业者,还可以通过自己的努力成为一名'斜杠'青年。那时国家非常强调'体育强国',结合自己是师范班级中唯一的男生,经常为找不到球友而烦恼,在专业教师的鼓励和引导下,我决定以'挑战杯'为契机,开发'乐球 APP',匹配球友,共享资源。"

对于创业之路,他这样说道:"当我有了真实的创业意向后,我对学校的创新创业课程更感兴趣,也会主动与创新创业的授课教师进行交流。当我认真去关注创新创业课程的时候,我发现学校的创新创业课程其实是一个循序渐进的过程,一开始是普适阶段,帮助同学们树立创新思维的意识与理念;其后是专业课程,同学们可以根据自己的需要进行选课。我有了创业的想法后,其实那时第一阶段的课程已经结束了。对于第二阶段的课程,我选择了运营、融资等模块进行学习,这些内容对我帮助很大。此外,'多主体系统参与'的大学生创新创业教育也让我受益匪浅。我向负责创业工作的教师咨询了很多关于大学生创业方面的优惠政策;学校团委的老师,帮助我组建了创业团队,并吸纳了财务、艺术、体育管理等专业的老师和同学加入我的团队;学院还为我配备了创业导师。考虑到我的家境,我也曾有过退缩的时候。但学校与家庭给予了我很多的帮助。考虑到我贫困生的身份,学校和学院通过创业资助、特殊补贴等方式,给予了我一定的经济支持;我们学校还将体育场馆的优先使用权给了我,换言之,只要我们团队的 APP 投入使用,学校的体育场馆就优先给我们团队试点预约。此外,我的父母非常支持我的创业想法,他们认为这个机会可以开阔我的眼界。最为重要的是,我的创业导师还帮助我积极争取社会资源——'天使投资基金'。尽管最终,这个项目没能成功投入使用并产生经济效益,但这个过程不仅让我的能力得到了极大锻炼,更培养了我的创新意识。"

这两个案例讲述的都是师范生创业的故事,是学校助力学生创新思维养成与创业尝试的典型案例。在第一个案例中,小蔡在家庭并不支持的情况下,在老师的指引和学校的帮助下,慢慢地从学院文创产品入手,开启了资本的原始积累,最终取得营业执照,并成功找到合作伙伴,将产业规模扩大。在第二个案例中,小刘因为创新创业课程中的生涯测试而萌生了创业的想法,专业教师和创业导师的点拨坚定了他创业的想法,学校的"挑战杯"比赛让他有了创新创业的平台,此外,创业导师的支持、父母的支持、社会力量的注入,这些都使得他一步一步开始了自己的创业实践。尽管该项目最终以失败告终,但这一创业的尝试过程,也让其各方面的能力得到了锻炼,让他个人受益良多。我想,这就是创新创业教育应有的作用,也是"多主体系统参与"重要性的体现。

结　语

实现中学、大学生涯教育的有效衔接

学生的生涯成长,是一个前后联通的过程。近年来,随着生涯教育理念在教育体系中的普及,生涯教育已经跳出了单纯的高等教育系统局限,不断向中小学教育体系中延伸,贯通学生生命成长全过程的生涯教育体系正在建构。在"五位一体"的高校生涯教育模式之中,我们倡导生涯教育不应该是封闭的,而是连贯、统一的。其中,特别是要努力建构大学、中学生涯教育的有效衔接机制,一方面让学生的生涯教育更加完整、系统,另一方面,健全中学阶段的生涯教育能让学生缩短大学期间的入校适应期,更好地度过大学生活。

客观地说,随着高考改革的推进,中学阶段的生涯教育正在经历从"旧时王谢堂前燕"到"飞入寻常百姓家"的转型,日渐成为中学育人体系之中不可缺少的重要组成部分。传统高考背景下的生涯选择较为隐蔽,一般采用"两步走"的方式完成,即文理分科以及高考前"短平快"的集中选择。文理分科将复杂的人生二元化,高考前"短平快"的集中选择将人生的决策压力以隐蔽的方式转嫁到了家长与教师的身上,很多学生或许还尚未明白抉择的意义以及对自己未来的影响,就已经完成了整个抉择的过程。但是这种"短平快"的选择其影响滞后且深远,直接的表现就是学生在大学时代的消沉和迷惘。最为常见的是大学生由于缺乏学习目标而无所事事,停滞不前。这种文理分科以及高考前"短平快"的集中选择,不仅割裂了知识之间的联系,更割裂了学习与发展的关系。这种割裂带来的后果就是学生缺乏责任意识与自主意识,责任意识是学生持之以恒的动力,自主意识则是将创造力潜能转化为创造力产品的关键要素。综观大学生的大学适应困境,很多就源于高中时候缺乏应有的自我认知、自我探索、专业认知以及职业探索,所以他们的职业意识极为薄弱,对所选专业甚至没有认同度。一项关于高中生专业填报的研究显示,自我了解缺乏、专业定向模糊、自信心不足等问题都是我国高中生在专业选择时凸显的问题,而究其根本,就是生涯意识不强以及生涯能力不足。"增加学生选择权"的新高考改革,将生涯探索期的迷惘前置,使学生在高中时就需要进行自我的探索与对未来的思考,这是将生涯探索置于高中生涯教育中,是一种主体的回归。这种前置与回归实质上是对教育本质的回归,是对个性的尊重,也是以人为本理念的体现。但突如其来的回归也使得以学业为主的高中学校、学生、家长感到措手不及。因此,高考改革后高中生涯教育的重要意义就开始凸显,其基本任务是着眼于学生在高中阶段所面临的成长与升学的特殊需求,培养学生以选择能力为核心的初步的人生规划能力,帮助他们顺利完成人生的初步选择。

任何一种新型教育模式的价值都应该在解决实际问题的过程中得以彰显,新高考制度的改革凸显了学生合理选择、自主选择的重要性,而现实的调查却恰恰表明,当前时代的高中学生对于如何合理选择和规划自我,普遍存在认知上的困惑和行为上的偏颇。高考改革,时代发展,新时代高中生越来越显示出个体自主意识,但决策能力与实际经验的不足却是生涯教育需解决的重大难题。浙江省的调查显示,70%以上的高中生认为自己在高考选科中占据决定性的地位,然后才是父母、教师①。这就表明,高中生在抉择时非常重视自己的自主意识,重视自己的参与感,这与高考改革方向相一致,即将选择权交还给孩子。那么,高中生缺乏决策知识,不具备良好的决策能力就需引起我们的关注,更凸显了开展生涯教育和生涯指导工作的重要价值。

"分类考试、综合评价、多元录取"的新高考改革模式,从本质上来说,这是建立科学、公正、合理的人才选拔与培养体系的需要,也是迎接未来社会发展的趋势。多种选择、多科组合、多次考试以及多元评价的方式,将传统高考"唯分数论""一考定终身"等惯常评价模式颠覆。但在尚未形成新标准与新评价观之前,由于评价机制与评价经验的缺失,无论是学生还是学校,都很难在短时间内对这种多元评价产生共鸣,这就会导致认同感的缺失。而这种身份认同的缺失,必然会造就内在的不安全感与外在的评价压力。学校如何处理这种压力,如何引导学生做出抉择,如何重新审视自己的学校定位,这是对高考新改革的回应,也是学校对自身的思考。在转型和反省的过程中,高中教育工作者如何定位自己,如何对待学生,如何引导学生正确地对待自己,也就是以何种态度对高中生进行发

---

① 王博,陶建成,牛爱华,等.基于词频统计的高中生职业理想研究及其对高中生涯发展教育的启示[J].天津市教科院学报,2016(1):60-63.

展性指导,这是当前高中学校生涯教育发展的挑战。

生涯教育在解决学生全面发展方面有着自己的理念与方式,是指导人们如何看待多元学生、建立多元舞台、培养多元人才、展现多元通路的重要载体[①]。新高考改革强调"选择性、过程性、综合性",这就需要高中学校具备全面整合的生涯理念,具备多元的发展理念与评价能力。所谓全面整合的生涯理念,有三个核心要义:其一,生涯发展是持续的,生涯发展不仅是为了学生的"升学和就业",更是为了让学生度过完满的一生;其二,多元评价的核心在于尊重,尊重不同的个体,为不同个体提供发展路径,而教师作为过程中的实施者,其职责不单单是评价,更重要的是发现学生的才能,为他们实现梦想提供可能;其三,明晰职业与学业之间的内在逻辑,教师需具备基本的职业知识与发展意识,指导学生理解职业是社会分工的产物,职业的价值与个人的劳动价值需要在交换的过程中得以体现。在此过程中,引导学生做能做之事,做可做之事,寻找未来的可能,找到未来的方向,逐步建立自己与他人、与社会、与未来的联系,提升目标感和驱动力,达到高考改革人尽其才的目标[②]。

在这样的整体导向下,高中生涯教育的探索逐渐铺开,特别是在很多教育整体质量比较好的学校之中,通过课程化的设计提升高中生涯教育的品质逐渐成为一种流行趋势。如上海市华东师范大学第一附属中学以《国家中长期教育发展和改革规划纲要(2010—2020 年)》为指导,积极开展生涯教育指导工作。该校的生涯教育工作旨在回归教育本源,聚集专业师资队伍,以生涯教育为主线整合资源,尤其关注高中学生生涯意识和能力发展,力图帮助学生价值观、能力、兴趣和谐健康发展,助力学生的升学规划与长远发展。

在培养"研究型人格"的生涯教育总体目标下,该校对于生涯教育的课程建设进行了两个维度的思考:

一方面,学校思考了高中阶段生涯教育课程建设的整体指向:希望通过生涯教育指导和生涯教育课程体系变革,构建一个生涯辅导专业测评系统,完成《华东师范大学第一附属中学学生生涯发展档案》;建设一系列生涯规划表,形成学生高中三年的动态生涯规划;搭建一支生涯发展教育教师队伍,完善全员多维生涯辅导导师团队建设;形成一批有创意、有特色、可操作、可复制的研究成果,向外辐射,带动区域生涯教育发展,进一步提升学校形象和影响力。

另一方面,学校对每一学段生涯教育课程建设的着力点进行了思考和整体

---

① 樊丽芳,乔志宏.新高考改革倒逼高中强化生涯教育[J].中国教育学刊,2017(3):67-71,78.
② 樊丽芳,乔志宏.新高考改革倒逼高中强化生涯教育[J].中国教育学刊,2017(3):67-71,78.

性的设计:高一解码自我,重"好奇"。依托心理健康教育课、专业测评等,培养学生对自我的好奇和探究。高二解码社会,重"勇敢"。依托大学初探项目、深研职业项目、社会实践项目等,鼓励学生勇于尝试各种体验,形成各种研究报告,在探究和思辨中主动适应、更加勇敢。高三解码选择,重"正直"。依托寻根之旅项目"光华大夏寻根之旅",整合自身资源与社会资源,在寻根之旅中思考社会责任,在思辨中更客观、更多元、更全面地评估自我与社会,在承担责任中形成正直的人格。在三个阶段的生涯教育中,主动融入道德教育的元素,让立德树人贯穿生涯教育课程建设和实施的全过程。

基于上述思考,华东师范大学第一附属中学2018年的生涯教育主要开展了如下方面的工作:课题引领、队伍建设、学生生涯档案、学生生涯课堂、教师生涯课堂、主题活动、家校合作,从这些工作中学校形成了一定生涯教育工作的特色,取得了一些成果。其中最为重要的是建构了相对完整的生涯教育课程体系,并设计了与这些课程相配套的多样化的生涯教育实践模式。

在上述生涯发展教育的目标定位的基础上,该校对学校课程进行调整和创设,构建了基于课程建设的生涯发展教育顶层设计:

其一,开设以满足学生生涯发展所需基本能力的基础性课程、生涯班会课、心理辅导课以及社会实践。

其二,开设以满足学生个性化需求的供学生自主选择的课程。通过社团打造兴趣,让学生自主报名社团,在社团活动中深入体验和发展兴趣;通过团体课程提升学生能力,让不同能力的学生选择适宜自身的课程,如学生领导力课程等;通过拓展课程加大学生优势分层,让学生选择符合他们优势的拓展课,如机器人、思维训练、头脑奥林匹克等。

这样的生涯发展教育顶层设计,既兼顾了学生的通识能力,又达到了学生对生涯探索的个性化需求。

类似华东师范大学第一附属中学这样的生涯教育探索,在全国各地普遍开展。从现有的文献资料来看,北京、上海、江苏生涯教育起步较早,生涯教育各方面的发展也相对成熟。在新高考政策的推进下,国内各省份大多数中学已经开始进行生涯教育,部分中学已经形成了比较成熟、完善的生涯教育体系。生涯教育开展的区域特点比较明显,除了上述生涯教育起始时间和发展程度的差异之外,不同地区的重视程度也不尽相同,很多地方都根据自身实际制定、出台了区域层面推进生涯教育落实的相关政策和制度,这些政策和制度的出台为高中生涯教育的全面展开提供了良好的政策环境。

从高中生涯教育的实施内容上看,大多数高中开展生涯教育主要是进行学业规划指导,重点从三大块内容入手,通过多种形式的生涯教育活动帮助学生进行自我探索、环境探索和生涯决策,旨在帮助学生更好地进行选课、志愿填报等生涯决策。有研究者对上海市部分普通高中进行实证调查发现,学校开展生涯教育的主要内容体现在选课选考指导、自我认知能力的培养以及学业规划指导方面,而对职业世界探索以及长远的人生规划涉及很少,其他调查研究也得到了类似的结论。另外,比较有代表性的浙江、江苏等地的中学,在设计生涯教育内容的时候往往一方面确保生涯教育主题性目标的实现,另一方面充分挖掘和利用区位优势、校本优势,在生涯教育的内容体系上进行创新。有的学校生涯教育内容主要分为自我探索、环境探索和决策、发展能力培养三大环节;有的学校生涯教育以课程为核心,辅以大量的实践体验活动,从自我探索、环境探索、生涯决策、行动和计划制定等内容入手展开;有的学校生涯教育内容不仅包含自我探索、社会探索、生涯抉择和规划,还将生涯管理训练、心理素质培养及学习能力、人际能力、生活能力的提升等作为生涯教育的内容,在很大程度上延伸了生涯教育的内涵和边界。

关于生涯教育的实施路径,从目前国内介绍高中生涯教育实践情况的文献资料来看,高中生涯教育以课程教学、生涯测评、生涯咨询及各类生涯体验活动为主,随着生涯教育的逐渐普及,生涯教育与其他学科的融合也逐渐被各高中思考和实践。总体而言,课程教学是各学校开展生涯教育的重要手段和主要抓手之一,很多学校都结合自身实际建构了特色化的生涯教育课程体系。同时,由于升学考试的压力,也有一些中学并没有正式开设生涯教育课程,而是以主题讲座或主题班会形式进行。生涯测评是学校在开展生涯教育的过程中的常用手段,为了帮助学生认识和了解自己的兴趣、能力、性格等个性心理特征,澄清价值观,很多学校通过纸笔测验或网络平台测验,开展职业兴趣测验、人格测验、职业性向测验和职业能力测验等。生涯咨询也是常用的生涯教育实施路径,在很多研究者和学校看来,心理咨询作为团体课程和心理测评的补充形式,可以弥补前两种方法的不足,为学生提供个别指导。很多学校由心理健康教师为学生提供一对一的生涯咨询,不仅很好地解答了学生的职业疑惑,也能够为学生更好地融入社会、更好地完成学业提供心理上的帮扶支撑,达到一举多得的效果。由于大多数职业的实践属性,很多学校在开展生涯教育的过程中也将实践体验作为一种有效的实施路径,特别是注重将生涯教育与综合实践活动相结合,使得生涯教育在很多学校之中成为综合实践活动课程的重要组成部分。实际体验不同专业的工作环境,使学生对不同的职业有一个清晰的感知,同时也是对学科课程理论学习的实践检验。但是总体而言,由于实践体验活动对于学校社会资源的要求较高,大多数学校还无法开展真正意义上的生涯体验活动；生涯教育与学科教育的相互融合和渗透是当前生涯教育改革的重要趋势,在学科教育中渗透生涯教育常用的方法,就是了解探索与某一学科相关的职业,探讨某一理论知识在实践中的应用,或者通过了解某一学科的发展历史或著名人物,将学科学习与未来职业联系起来,从而帮助学生获得更多的职业信息,促进学生进行生涯探索和对未来的思考,达到生涯教育的目的。除了常见的几种生涯教育形式,还有学校为学生配备生涯导师,长期全程为学生提供生涯辅导和支持。也有学者建议在学校开展同伴互助,鼓励学生共同进步。

对于当前生涯教育中存在的问题,很多研究也给予了关注,综合相关的研究,我国高中生涯教育过程中至少存在以下几个方面的突出问题：首先,许多地区或学校对生涯教育重视程度不够。尽管国家和一些地方的相关政策法规为生涯教育的开展提供了越来越多的支持,但是由于大部分学校还是以应试教育为主,生涯教育并没有得到足够的重视。虽然很多学校已经开始有意识地开展生涯教育,但是由于条件限制,不少学校的生涯教育流于形式,生涯教育工作缺乏持续性和系统性。其次,缺少专业的生涯教育教师,学生可获得的专业指导有限。目前,我国普通高中大部分学校并未配备专业的生涯指导教师,而学校内的大部分教师又对职业生涯教育认识不足。研究发现,在重点中学开展生涯教育的主要是班主任、心理健康教师及其他专业机构教师,而在普通中学则主要是班主任和任课教师[①]。一项大样本调查发现,仅有 7.1% 的教师表示自己非常了解职业生涯教育,42.9% 的教师表示大概知道职业生涯教育的内容、目的等,46.4% 的教师表示仅仅听说过职业生涯教育这一名词,对于职业生涯教育的目的、内容、实施方式等并不熟悉,另外还有 3.6% 的教师表示完全不知道什么是职业生涯教育[②]。再次,缺乏生涯教育评价体系。从目前开展生涯教育学校的基本情况看,生涯教育工作缺少相应的考核评价机制,造成很多专任教师的工作被埋没或不被认可,迫切需要从教学目标达成情况、学生自我评价、家长评价及班主任评价等方面着手,建立健全生涯教育评价体系[③]。最后,生涯教育的有效课程体系建构还不成熟。课程是支撑生涯教育的有效路径,尽管在很多高中,生涯教育已经通过不同的方式在开展,但是真正能够结合时代发展需要和学生成

---

① 梁茜.普通高中生涯发展规划与指导的现状研究——基于上海市 5 所普通高中的实证调查[J].基础教育研究,2016(9):28-32.

② 王雅文.普通高中职业生涯教育现状和对策研究——基于上海市 6 所高中的调查[D].上海:华东师范大学,2014.

③ 罗扬,赵世俊.我国普通高中生涯教育的现状与问题[J].江苏教育,2017(48):31-33.

长需要建设完善的、独立的、科学的生涯教育课程体系的学校并不多见。很多学校的生涯教育都是依附于其他的课程、学科和活动,没有相对独立的课程目标、课程内容和课程实施方式,这会在很大程度上限制高中生涯教育的实施成效。

从新时代人才培养的系统看,不论是中小学阶段,还是高等教育阶段,生涯教育的重要意义都已经无须赘述。当前,要化解生涯教育的低效现象,除了各个学段自身生涯教育模式的创新之外,更为重要的是,要着眼于"大中小"教育的一体化建设,建构中学和大学生涯教育的有效衔接机制。这种机制的建构,至少需要三个维度的设计:

其一,理论研究层面,要通过理论研究,明确中学和大学生涯教育有效衔接的比较性,探索其多维价值。特别是要通过理论研究明确大学、中学在生涯教育过程中的重心和特点,形成生涯教育中大学、中学有效衔接的理性认识。

其二,宏观政策层面,要通过党和政府的制度设计,明晰大学、中学生涯教育相互衔接的政策要求,明确不同学段的责任、工作重心和目标要求。

其三,微观行动方面,要通过大学和中学的主动交流与合作,探索大学、中学生涯教育有效衔接机制,通过共同开发课程,共同组织实践,组织高中生开展大学生活体验,组织大学生参与高中拓展课教学等方式,建构高中、大学生涯教育的有效衔接平台,让生涯教育真正成为贯穿学生生命成长全过程的有效教育设计。

参考文献

1. BYRAM M. Teaching and assessing intercultural communicative competence [M]. Clevedon:Multilingual Matters,1997.

2. CHEN G M. Relationships of the dimensions of intercultural communication competence[J]. Communication Quarterly,1989(37):118-133.

3. DEARDORFF D K. Identification and assessment of intercultural competence as a student outcome of internationalization[J]. Journal of Studies in Intercultural Education,2006(10):241-266.

4. GALOTTI K M, KOZBERG S F. Adolescents' experience of life-framing decision[J]. Journal of Youth and Adolescence,1996(25):3-16.

5. GEDEON S. Application of best practices in university entrepreneurship education designing a new NBA program[J]. European Journal of Training and Development,2014(3):231-253.

6. HIDI S,RENNINGER K A. The four-phase model of interest development [J]. Educational Psychologist,2006(2):111-127.

7. HOLLAND J L. Making vocational choices:A theory of vocational personalities and work environments[M]. Odess,FL:Psychological Assessment Resources, 1997.

8. HUNTER B,WHITE G P,GODBEY G. What does it mean to be globally competent[J]. Journal of Studies in International Education, 2006 (3): 267-285.

9. KRUMBOLTZ J D. A social learning theory of career decision making[M]// MITCHELL L K,JONES G B,KRUMBOLTZ J D. Social learning and career decision making. Granston,RI:Carroll Press,1979.

10. KURATKO D F. The emergence of entrepreneurship education：Development，trends，and challenges[J]. Entrepreneurship Theory and Practice，2005（5）：577-597.

11. OECD. Global Competency for an Inclusive World[EB/OL]. [2016-09-09]. http//www. oecd. org/pisa/aboutpisa/Global competency for aninclusiveworld. pdf.

12. PETERSON G W，SAMPSON J P，REARDON R C. Career development and services：A cognitive approach[M]. CA：Books/Cole，1991.

13. POPE M. A brief of career counseling in the Unites States[J]. The Career Development Quarterly，2000（48）：194-194.

14. RAYMAN J R. The changing role of career servers[M]. San Francisco：Lossey-Badd Inc Publishers，1993.

15. SCHECHTER M. Internationalizing the university and building bridges across disciplines[M]//CAVUSGIL T. Internationalizing business education：Meeting the challenge. Lansing：Michigan State University Press，1993：129-140.

16. 奥兹门，克莱威尔. 教育的哲学基础[M]. 石中英，等译. 北京：中国轻工业出版社，2006.

17. 巴兰坦. 教育社会学[M]. 朱志勇，范晓慧，译. 南京：江苏教育出版社，2011.

18. 编写组. 中国共产党第十九次全国代表大会文件汇编[M]. 北京：人民出版社，2017.

19. 布鲁贝克. 高等教育哲学[M]. 王承绪，等译. 杭州：浙江教育出版社，1987.

20. 布罗林，洛依德. 生涯发展与衔接教育（第4版）[M]. 张顺生，等译. 南京：江苏教育出版社，2009.

21. 曹永国. 也谈"教育理论指导实践"——兼与彭泽平同志商榷[J]. 教育理论与实践，2003，23（1）：16-19.

22. "创新教育研究与实验"课题组，华国栋. 推进创新教育培养创新人才[J]. 教育研究，2007（9）：16-22.

23. 陈国明. 跨文化交际学[M]. 上海：华东师范大学出版社，2009.

24. 陈建华. 学校应该有自己的教育哲学追求[J]. 教育科学研究，2007（1）：22-26.

25. 陈军. 大学生职业生涯教育研究[D]. 长春：东北师范大学，2005.

26. 陈骏. 一流大学的责任与担当[J]. 中国高教研究，2017（12）：5-9.

27. 陈时见. 比较教育学的概念建构及其现实意义[J]. 比较教育研究，2013，35

（4）：1-10.

28. 陈玉华. 学生立场：教育研究与实践的出发与回归[J]. 中国教育学刊，2017
    （1）：19-22.

29. 戴炜栋，张红玲. 外语交际中的文化迁移及其对外语教改的启示[J]. 外语界，
    2000（2）：2-8.

30. 杜威. 民主主义与教育[M]. 王承绪，译. 北京：人民教育出版社，2004.

31. 杜晓利. 富有生命力的文献研究法[J]. 上海教育科研，2013（10）：1.

32. 樊丽芳，乔志宏. 新高考改革倒逼高中强化生涯教育[J]. 中国教育学刊，2017
    （3）：67-71，78.

33. 房欲飞. 大学生职业生涯教育存在的问题和对策建议——基于实证调研的分
    析[J]. 现代大学教育，2013（4）：104-110.

34. 冯观富. 教育心理辅导精解[M]. 台北：心理出版社，1993.

35. 傅小芳. 德国基础教育阶段的职业指导课程[J]. 教育理论与实践，2005（8）：
    48-50.

36. 高德胜. 幸福·道德·教育[J]. 华东师范大学学报（教育科学版），2012，30
    （4）：1-8.

37. 高晓杰，曹胜利. 创新创业教育——培养新时代事业的开拓者——中国高等
    教育学会创新创业教育研讨会综述[J]. 中国高等教育研究，2007（7）：91-93.

38. 高永晨. 文化全球化态势下的跨文化交际研究[M]. 南京：东南大学出版
    社，2006.

39. 高永晨. 中国大学生跨文化交际能力测评体系的理论框架构建[J]. 外语界，
    2014（4）：80-88.

40. 辜芝兰. 生涯教育理念下成人职业意识的教育[J]. 成人教育，2011，31（10）：
    60-63.

41. 谷峪，姚树伟. 职业教育·生涯教育·终身教育[J]. 江苏教育，2015（4）：6.

42. 郭少英，朱成科. "教师素养"与"教师专业素养"诸概念辨[J]. 河北师范大学
    学报（教育科学版），2013，15（10）：67-71.

43. 韩红. 全球化语境下外语教学中的跨文化意识[J]. 外语学刊，2002（1）：
    105-112.

44. 韩瑞连，韩芳. 生涯教育与职业教育及其相关概念内涵解析[J]. 中国职业技
    术教育，2009（3）：14-17.

45. 洪岗. 基于人类命运共同体理念的外语院校人才全球素养培养[J]. 外语教
    学，2019，40（4）：50-55.

46. 胡凯,彭立春.论职业生涯教育在高校思想政治教育中的地位和作用[J].思想教育研究,2012(1):75-77.

47. 胡塞尔.欧洲科学的危机与超越论的现象学[M].王炳文,译.北京:商务印书馆,2017.

48. 黄敬宝.就业能力与大学生就业——人力资本理论的视角[M].北京:经济管理出版社,2008.

49. 黄岳辉.职业生涯教育研究及其对我国普通高中的启示[D].上海:上海师范大学,2006.

50. 黄志敏.中美职业生涯教育比较研究及其启示[J].教育与职业,2011(36):92-94.

51. 贾义敏,詹青春.情境学习:一种新的学习范式[J].开放教育研究,2011,17(5):29-39.

52. 坚持中国特色社会主义教育发展道路 培养德智体美劳全面发展的社会主义建设者和接班人[EB/OL].(2018-09-10)[2022-05-10].http://www.moe.gov.cn/jyb_xwfb/s6052/moe_838/201809/t20180910_348145.html.

53. 教育部.大学英语教学大纲[M].北京:高等教育出版社,1999.

54. 教育部思想政治工作司.加强和改进大学生思想政治教育重要文献选编(1978—2014)[M].北京:知识产权出版社,2015.

55. 金树人.生涯咨询与辅导[M].北京:高等教育出版社,2007.

56. 荆德刚.新常态视角下的大学生就业形势与任务[J].中国高教研究,2015(12):37-40.

57. 康丽颖.教育理论工作者回归实践的自识与反思[J].教育研究,2006,27(1):62-67.

58. 康淑敏.外语教育中的文化意识培养[J].教育研究,2010,31(8):85-89.

59. 孔庆来,徐文成.试论高校思想政治教育生活化视野下的教育观[J].社科纵横,2009,24(3):139-141.

60. 孔夏萌.高校职业生涯教育课程研究[M].重庆:西南师范大学出版社,2017.

61. 赖德胜.大学生就业难在何处[J].求是,2013(20):52-54.

62. 李勃.当代大学生政治态度现状与教育对策研究[J].长春教育学院学报,2014,30(7):8-9.

63. 李春玲.寻求变革还是安于现状中产阶级社会政治态度测量[J].社会,2011,31(2):125-152.

64. 李吉庆.浅谈大学新生职业生涯规划教育的必要性和内容[J].吉林工程技术

师范学院报,2010,26(3):55-56.

65. 李金碧.生涯教育:基础教育不可或缺的领域[J].教育理论与实践,2005(7):15-18.

66. 李鲁宁.新时代大学生专业素质教育特征及其功能探究[J].新西部,2018(23):139-140.

67. 李路路,钟智锋.分化的后权威主义——转型期中国社会的政治价值观及其变迁分析[J].开放时代,2015(1):8,172-191.

68. 李明.生涯规划视角下普通高中升学指导研究[D].郑州:郑州大学,2017.

69. 李倩,徐谨.日本高校生涯教育的理念与实践[J].思想理论教育,2006(21):58-63.

70. 李太平,刘燕楠.教育研究的转向:从理论理性到实践理性——兼谈教育理论与教育实践的关系[J].教育研究,2014,35(3):4-10,74.

71. 李薇薇."大学生社会实践教育"的概念探析[J].高教探索,2014(6):34-38.

72. 李智.当代大学生跨文化交际能力的建构与培养[J].江苏高教,2014(5):112-113.

73. 梁茜.普通高中生涯发展规划与指导的现状研究——基于上海市5所普通高中的实证调查[J].基础教育研究,2016(9):28-32.

74. 林崇德.21世纪学生发展核心素养研究[M].北京:北京师范大学出版社,2016.

75. 林素琴.从"嵌入"到"融入":思想政治教育亲和力研究[D].杭州:浙江大学,2019.

76. 刘来泉.世界技术与职业教育纵览——来自联合国教科文组织的报告[M].北京:高等教育出版社,2002.

77. 刘丽红.加强大学生职业生涯规划指导实现精准就业[J].中国高等教育,2018(6):44-45.

78. 刘龙婷.基于核心素养观的普通高中生涯规划教育实施研究[D].杭州:杭州师范大学,2017.

79. 刘晓倩.英国中学生涯教育述评[J].外国中小学教育,2014(6):28-32.

80. 刘燕楠.对教育研究的再认识——教育理论研究与教育实践研究之辩[J].教育理论与实践,2014,34(10):11-15.

81. 娄延常.大学生学习兴趣与创新人才的培养——湖北省大学生学情调查的启示[J].复旦教育论坛,2004(2):68-71.

82. 罗来君.十九大报告聚焦"民生":坚持以人民为中心的发展思想[EB/OL].

(2017-11-06)[2022-05-10]. http://theory.people.com.cn/n1/2017/1106/c148980-29628235.html.

83. 罗扬,赵世俊.我国普通高中生涯教育的现状与问题[J].江苏教育,2017(48):31-33.

84. 吕佳敏.2020全球创新力排名:中国第14!日本紧随其后,美国居然不是第一[EB/OL].(2020-09-03)[2022-05-10].https://baijiahao.baidu.com/s?id=1676795251141533486&wfr=spider&for=pc.

85. 马建堂.构建人类命运共同体为世界贡献中国智慧[J].内蒙古水利,2020(6):2-4.

86. 《马克思主义哲学》编写组.马克思主义哲学[M].北京:高等教育出版社,2012.

87. 孟筱,蔡国英,周福盛.新时代教育发展的历史逻辑、理论意涵与实践路径[J].北方民族大学学报(哲学社会科学版),2019(6):149-153.

88. 苗东升.系统思维与复杂性研究[J].系统辩证学学报,2004(1):1-5,29.

89. 南海,李金碧.什么是"生涯"——对"生涯"概念的认知[J].中国职业技术教育,2006(33):16-17.

90. 南海,薛勇民.什么是"生涯教育"——对生涯教育概念的认知[J].中国职业技术教育,2007(3):5-6.

91. 南京师范大学教育系.教育学[M].北京:人民教育出版社,1984.

92. 宁虹,胡萨.教育理论与实践的本然统一[J].教育研究,2006,27(5):10-14.

93. 潘黎,孙莉.国际生涯教育研究的主题、趋势与特征[J].教育研究,2018,39(11):144-151.

94. 切克兰德.系统论的思想与实践[M].左晓思,史然,译.北京:华夏出版社,1990.

95. 邱芳婷.从合作视角看教育理论与实践的关系[J].教育理论与实践,2014(17):3-5.

96. 全国十二所重点师范大学.课程论[M].北京:教育科学出版社,2007.

97. 阮娟.后现代生涯理论视野下的高校生涯教育改革[J].江淮论坛,2017(6):127-131.

98. 沈之菲.生涯心理辅导[M].上海:上海教育出版社,2000.

99. 石伟平.比较职业技术教育[M].上海:华东师范大学出版社,2001.

100. 时龙.追问"人的全面发展"[J].教育科学研究,2010(5):1.

101. 宋洪涛,杨宏伟.大学生社会实践与思想政治教育[J].中国电力教育,2010

(7):157-158.

102. 宋秋前.行动研究:教育理论与实践相结合的实践性中介[J].教育研究,2000(7):42-47.

103. 宋妍.高校创新创业教育与思想政治教育关系研究[D].长春:东北师范大学,2017.

104. 孙国胜.大学生职业生涯教育探析[J].思想教育研究,2010(7):85-87.

105. 孙长缨.当代大学生就业研究[M].北京:高等教育出版社,2008.

106. 索桂芳,高艳春.美国中学生涯教育的特点及启示[J].教学与管理,2018(1):82-84.

107. 索桂芳.核心素养背景下普通中学生涯教育的几点思考[J].课程·教材·教法,2018,38(5):122-127.

108. 童星.新时代民生概念辨析[J].内蒙古社会科学(汉文版),2019,40(1):2,19-23.

109. 王博,陶建成,牛爱华,等.基于词频统计的高中生职业理想研究及其对高中生涯发展教育的启示[J].天津市教科院学报,2016(1):60-63.

110. 王丹.广西独立学院贫困生个性化职业指导的探索——基于霍兰德职业兴趣理论[J].中国成人教育,2017(3):104-106.

111. 王革.新时期高校大学生社会实践概论[M].兰州:西北农林科技大学出版社,2008.

112. 王海燕,李宝富.大学生专业满意程度与学习状态相关性分析[J].中北大学学报,2011(12):34-39.

113. 王慧,赵苍丽.社会需求视角下财经专业大学生能力素质的构建[J].河南教育,2015(9):26-28.

114. 王菁,颜军,孙富惠.大学生专业满意度与就业态度相关性实证研究分析——以非师范类思想政治教育专业学生为例[J].国家教育行政学院学报,2013(6):78-84.

115. 王曼,杜建.网络视阈下大学生政治信仰培育的新路径[J].中国青年研究,2017(3):105-109.

116. 王娜.传统文化融于大学生理想信念教育的价值与实现[J].思想政治教育研究,2017(1):88-92.

117. 王世伟.美国高中阶段生涯教育课程评析[J].比较教育研究,2013,35(9):40-44.

118. 王勋.将中华优秀传统文化融入大学生职业生涯教育的思考[J].学校党建

与思想教育,2017(24):77-78.

119. 王雅文.普通高中职业生涯教育现状和对策研究——基于上海市6所高中的调查[D].上海:华东师范大学,2014.

120. 王占仁.确立追求实效的创新创业观[N].光明日报,2012-07-08.

121. 王兆璟.论有意义的教育研究[J].教育研究,2008(7):39-43.

122. 王征,陈国祥.职业生涯教育:高等教育不可缺少的内容[J].黑龙江高教研究,2007(9):91-94.

123. 魏燕明.美国生涯教育发展历程、特点与借鉴[J].成人教育,2011,31(7):125-126.

124. 温雅.我国高校创业教育的现状、问题及完善——基于25所高校《2014年毕业生就业质量报告》的分析[J].江西社会科学,2015,35(3):251-255.

125. 吴康宁.教育究竟是什么——教育与社会关系的再审思[J].教育研究,2016,37(8):4-12.

126. 习近平.决胜全面建成小康社会 夺取新时代中国特色社会主义伟大胜利——在中国共产党第十九次全国代表大会上的报告[M].北京:人民出版社,2017.

127. 习近平在北京大学师生座谈会上的讲话[EB/OL].(2018-05-03)[2022-05-10].http://politics.people.com.cn/n1/2018/0503/c1024-29961468.html.

128. 习近平在全国高校思想政治工作会议上强调:把思想政治工作贯穿教育教学全过程 开创我国高等教育事业发展新局面[N].人民日报,2016-12-09(1).

129. 习近平:加强合作推动全球治理体系变革 共同促进人类和平与发展崇高事业[EB/OL].(2016-09-29)[2022-05-10].http://www.cac.gov.cn/2016-09/29/c_1119646058.htm? from=timeline.

130. 夏征农.辞海[M].上海:上海辞书出版社,2002.

131. 向晶.追寻目标:学生幸福的教育关照[J].全球教育展望,2014(11):17-24.

132. 项久雨.论思想政治教育的人本价值目标[J].思想理论教育,2014(9):60-65.

133. 肖军.教育研究中的文献法:争论、属性及价值[J].当代教育理论与实践,2018,10(4):152-156.

134. 熊建生.思想政治教育内容结构论[M].北京:中国社会科学出版社,2012.

135. 徐华平.试论我国高校的创业教育[J].中国高教研究,2004(2):2.

136. 徐京跃,霍小光.青年要自觉践行社会主义核心价值观[N].人民日报,

2015-04-05.

137. 徐琳,唐晨,钱静,等.大学生专业兴趣度与转专业倾向及行为的关系[J].心理研究,2011,4(3):72-76.

138. 徐艳国.以精准思维深入推动新时代高校思政改革[J].中国高等教育,2019(1):1.

139. 薛思雅,阮壮.地学研究生职业生涯教育体系的构建及实施路径探究[J].中国地质教育,2019,28(4):74-78.

140. 雅斯贝尔斯.什么是教育[M].邹进,译.北京:生活·读书·新知三联书店,1991.

141. 严静兰.外语人才培养目标与跨文化交际能力培养模式[M]//庄恩平.跨文化外语教学:研究与实践.上海:上海外语教育出版社,2012.

142. 阎光才.毕业生就业与高等教育类型结构调整[J].北京大学教育评论,2014,12(4):89-100,185.

143. 杨光富.国外中学学生指导制度历史演进[M].上海:华东师范大学出版社,2015.

144. 杨婧.从美国生涯教育的经验看我国普通高中生涯教育及其课程设置[D].天津:天津师范大学,2007.

145. 杨盈,庄恩平.构建外语教学跨文化交际能力框架[J].外语界,2007(4):13-21,43.

146. 杨云.大学生职业生涯教育的缺位与补位——以重庆市部分普通高校生涯教育为例[J].教育理论与实践,2019,39(21):15-17.

147. 杨振斌,冯刚.高等学校辅导员培训教程[M].北京:高等教育出版社,2006.

148. 叶卫国.全球英语教学多元化格局下的本土文化意识培养[J].广东海洋大学学报,2008(2):111-115.

149. 衣俊卿.对高等学校开展创业教育的理性思考[J].中国高等教育,2002(10):3.

150. 尹晨曦.能力培养基础上的大学生职业发展与就业指导课程教学研究[J].才智,2013(9):112.

151. 尹兆华.职业生涯规划与就业指导课程建设探索和实践[J].中国大学教学,2019(z1):88-92.

152. 于佳乐,马陆亭.高教改革须防止碎片化[J].经济,2006(34):72-73.

153. 袁国,贾丽彬.人的全面发展:教育改革的基本价值标准[J].教育理论与实践,2018,38(20):7-9.

154.原会建,邬伊男.高校专业认同的影响因素及其培养——以 z 校社会工作专业为个案[J].江西社会科学,2019,39(11):246-253.

155.张德江.对创业教育的认识与实践[J].中国高教研究,2006(5):10-11,14.

156.张海东,邓美玲.新社会阶层的政治态度测量与比较研究——基于六省市调查数据[J].江海学刊,2017(4):81-90.

157.张建云.新时代的内涵阐释[J].学术界,2018(9):18-26.

158.张文.大学生职业生涯教育课程体系改革与创新[J].大学教育科学,2017(1):110-116.

159.张雄,王麒凯,唐胜利,等.高校拔尖创新人才"五个一"生涯规划教育模式的构建[J].西南大学学报(社会科学版),2016,42(3):98-104.

160.张玉改.生涯教育概念的多维透视[D].南京:南京师范大学,2018.

161.赵红灿.学生生存困境超越的生涯教育路径研究[J].江苏高教,2017(10):96-98.

162.赵金华,孙迎光.中国高校创业教育研究 22 年回顾与启示[J].现代教育管理,2012(11):83-88.

163.赵晓琴.浅析大学生跨文化交际能力的培养[J].陕西师范大学学报,2007(s2):281-282.

164.郑永安,孔令华.塑造新人:新时代教育的重大使命[J].中国高等教育,2018(22):6-8.

165.郅庭瑾.为思维而教[J].教育研究,2007(10):44-48.

166.中共教育部党组.深入学习贯彻习近平总书记关于青年学生成长成才重要思想大力培养中国特色社会主义建设者和接班人[EB/OL].(2017-09-08)[2022-05-10].http://theory.people.com.cn/n1/2017/0908/c40531-29522756.html.

167.中共中央关于全面深化改革若干重大问题的决定[N].光明日报,2013-11-16.

168.中共中央宣传部.习近平新时代中国特色社会主义思想三十讲[M].北京:学习出版社,2018.

169.中华人民共和国教育部高等教育司.创业教育在中国:试点与实践[M].北京:高等教育出版社,2006.

170.朱炎军,李爽.高校人才培养框架下的职业生涯规划教育目标——兼论高校职业生涯规划教育的课程设置[J].教育发展研究,2012,32(z1):109-114.

后　记

　　专业领域的阅读是我保持多年的习惯。每次阅读一本书或者一篇硕博士论文，除了细细体会文本的核心观点，我还有一个特别的爱好，那就是静静品味文章的后记或者致谢。在我看来，这些自然状态下的情感流露，不仅是对文章写作的总结，也体现了著作者为人、治学、处世的心态，能够给人更多的温暖和启发。

　　本书写作的酝酿，大致起始于两年前。彼时，我刚刚转任学校教务处副处长，从思政工作岗位转岗让我能够从一种外部的视角审视曾经的工作；而陶诚老师担任英文学院思政辅导员，刚刚结束一次对其职业成长有重大影响的生涯规划指导培训，我们共同参与的杭州市人社厅项目——《"五位一体"的新时代大学生生涯教育模式》研究经过结题论证，并且受到了结题专家和单位的好评。在这样的契机下，陶老师建议，运用她生涯教育学习和培训的理论积累，对我们已经完成的实践研究再进行提升和完善，形成一本生涯教育领域的著作。

　　我是学教育学专业的，对生涯教育的理解和思考不深，起初对于本书的写作也是心有顾虑的。所幸，陶诚老师作为本书的主要倡导者和撰写者，在整本书的写作过程中展现出了对于新时代高校生涯教育理论和实践问题的深度思考和精准把握，在她的整体设计和推动下，写作进行得很顺利。陶老师对于研究和治学的精神态度在很大程度上影响了我，每次我想偷懒、懈怠的时候，眼前总是浮现出陶老师深夜勤学的身影，我想正是因为这样一种勤奋刻苦的态度，本书的写作才能够如期完成。我们在共同完成本书的写作过程中，也结下了深厚的学术情意，并成为工作、学习和生活中的好朋友，这可谓是研究的重要"附加值"。

　　本书的写作完成，得益于众多师长、朋友的关心和帮助。感谢我们读书期间各自的导师，上海大学的张海东教授，上海市教委教研室纪明泽书记，他们不仅在读书时候教会我们研究的方法和治学的精神，在我们毕业后，也依然关心和帮助我们成长。感谢浙江外国语学院马克思主义学院党总支书记田俊杰老师，作为只比我们大一两岁的学术前辈,她一直关心鞭策我们成长,也为本书的写作积极出谋划策,提供了很多有建设性的意见。感谢我们工作的学院、条线的各位领导,赵文波书记、徐勇校长;屠立达部长;蒙兴灿院长、周彩英书记、郝菲菲书记;何伟强院长、姚旻书记、李娟书记等,他们充满民主和人文关怀的管理风格为我们的学习和成长提供了空间。感谢学校科研处的领导和同事们,为本书的写作出版提供引领和后期资质。感谢组织部、英文学院、教育学院的小伙伴和同学们,他们不仅关心我们的成长,也帮助我们在实践中积累了很多的案例和素材。感谢华东师范大学第一附属中学王新书记、陈明青老师等,他们为我们了解高中阶段生涯教育的开展和思考高中大学生涯教育的有效衔接提供了支持。感谢浙江大学出版社和浙江大学梁汲媛、徐霞等老师,他们为本书的顺利出版提供了很大帮助。感谢我们的家人和朋友,他们是我们研究的动力,也是幸福的源泉。在写作后期,《"五位一体"的新时代高校生涯教育体系建构》还获得浙江省教育厅大学生思想政治教育专项课题立项。这是对本书最大的肯定。

　　本书的写作,前后历时两年有余,尽管我们做了大量的努力,但是由于能力所限,一些观点和表述上难免有不当之处,恳请各位学人批评指正。

陶　诚　刘　涛(执笔)

记于浙江外国语学院静思湖畔

2022 年 5 月

图书在版编目（CIP）数据

"五位一体"的新时代高校生涯教育体系建构 / 陶
诚，刘涛著. —杭州：浙江大学出版社，2022.11
ISBN 978-7-308-23203-6

Ⅰ.①五… Ⅱ.①陶… ②刘… Ⅲ.①高等学校—职
业选择—教学研究—中国 Ⅳ.①G647.38

中国版本图书馆 CIP 数据核字（2022）第 198655 号

"五位一体"的新时代高校生涯教育体系建构

陶 诚 刘 涛 著

责任编辑	徐 霞 秦 瑕	
责任校对	王元新	
封面设计	春天书装	
出版发行	浙江大学出版社	
	（杭州市天目山路 148 号　邮政编码 310007）	
	（网址：http://www.zjupress.com）	
排　　版	杭州青翊图文设计有限公司	
印　　刷	杭州宏雅印刷有限公司	
开　　本	710mm×1000mm　1/16	
印　　张	13.25	
字　　数	253 千	
版印次	2022 年 11 月第 1 版　2022 年 11 月第 1 次印刷	
书　　号	ISBN 978-7-308-23203-6	
定　　价	58.00 元	